CHICAGO

MONDA *rs in*

f Grain"

of husband
young as 2
all of whom
influenced
habit the 1st

   Three Pr

   During th
the alleged
committed s
among these
midwife, who
mplicated in
oisonings.
eath when t
er. Her sl
ver, will be t
  Similar tria
ar future i
et and Guyl
ore women
arges.

e figures will free
ed of worry about a
artime.

ops Beaten.

grain crop is the
ced in Italy. Pre-
averaged around

eded in effecting
through drastic
nd by encourag-
fic methods. Six
agricultural ex-
into caravans,
ne country in-
e best methods

W

Se

DAILY TRIBUNE: M

40 'WITCH' WIVES FACE TRIAL FOR HUSBAND MURDER

Ask Death; Cases for Friday, Dec. 13.

BY ROBERT SAGE.

CRIME SCENE
DARKSIDE

ANGEL MAKERS
Copyright © 2023 by Patricia Nell McCracken
Todos os direitos reservados.

Published by arrangement with William Morrow,
an imprint of HarperCollins Publishers

Imagens e Ilustrações © Attila Tokai,
Jennifer Dahbura, Getty Images,
Wikimedia Commons e Alamy

Tradução para a língua portuguesa
© Carolina Simmer, 2024

Diretor Editorial
Christiano Menezes

Diretor Comercial
Chico de Assis

Diretor de Novos Negócios
Marcel Souto Maior

Diretor de MKT e Operações
Mike Ribera

Diretora de Estratégia Editorial
Raquel Moritz

Gerente Comercial
Fernando Madeira

Gerente de Marca
Arthur Moraes

Editora Assistente
Jéssica Reinaldo

Capa e Projeto Gráfico
Retina 78

Coordenador de Arte
Eldon Oliveira

Coordenador de Diagramação
Sergio Chaves

Designer Assistente
Jefferson Cortinove

Preparação
Renato Ritto

Revisão
Francylene Silva
Retina Conteúdo

Finalização
Sandro Tagliamento

Impressão e Acabamento
Ipsis Gráfica

DADOS INTERNACIONAIS DE CATALOGAÇÃO NA PUBLICAÇÃO (CIP)
Jéssica de Oliveira Molinari - CRB-8/9852

McCracken, Patti
  As criadoras de anjos / Patti McCracken; tradução de Carolina
Simmer. — Rio de Janeiro : DarkSide Books, 2024.
  352 p.

  ISBN: 978-65-5598-395-1
  Título original: The Angel Makers: Arsenic, a Midwife, and Modern
History's Most Astonishing Murder Ring

  1. Mulheres homicidas – História – Século XX
  I. Título II. Simmer, Carolina

23-4994   CDD 364.152

        Índices para catálogo sistemático:
        1. Mulheres homicidas – História – Século XX

[2024]
Todos os direitos desta edição reservados à
DarkSide® Entretenimento LTDA.
Rua General Roca, 935/504 – Tijuca
20521-071 – Rio de Janeiro – RJ – Brasil
www.darksidebooks.com

PATTI MCCRACKEN
AS CRIADORAS DE ANJOS

O segredo das envenenadoras de Nagyrév

TRADUÇÃO
CAROLINA SIMMER

DARKSIDE

Em homenagem ao meu falecido pai,
J. Everett McCracken

PATTI McCRACKEN
AS CRIADORAS DE ANJOS

SUMÁRIO

Nota da Autora *13*

Parte I: Os assassinatos de 1916-1925
Dois túmulos e uma noiva *25*
A volta para casa *47*
Uma gripe fatal, um reino destruído, um plano fracassado *69*
"Cante, meu menino querido!" *75*
As suspeitas de um médico *98*
Não importa o meio e a magia *122*
A perda de um juiz *145*
Um batizado apressado *171*
Oito órfãos choram *188*
Avanços *217*

Parte II: A Investigação de 1929

O segredo do sr. Ébner	225
Com carinho, Anônimo (de novo)	228
O festival do Dia de Maio	230
"Os gendarmes estão aqui!"	232
Um caso para Kronberg	245
"Nagyrév é o centro do vespeiro"	248
Fim da temporada de pepinos	257
Ar de culpa	263
No palheiro	265
A armadilha	267
Vigília	274
Pastorinhas de gansos e covas abertas	276
O velho Cser	282
Prestação de contas	284
Resgate e resolução	289
A população se revolta, um advogado se organiza	294
Em segredo, embaixo da cama	306
Uma corrida desesperada	309
"Perdoai os pecados daquelas que deram ouvidos a Satanás"	316
Desfecho	318
Consequências	321
Posfácio	327
Notas e materiais	331
Bibliografia	343
Agradecimentos	345

Nota da Autora

Muitos dos primeiros nomes deste livro foram anglicizados, assim como certos sobrenomes. Alguns primeiros nomes foram modificados para melhorar a compreensão, já que várias pessoas aqui retratadas eram homônimas. Nomes de ruas também foram adaptados. Os nomes de figuras históricas e políticas sem muito destaque foram mantidos na forma original em húngaro.

Esta é uma história real. Todos os eventos aconteceram conforme registrado aqui, ou são suposições minhas baseadas em anos de pesquisa, entrevistas, transcrições do julgamento e a junção de volumes de informações arquivadas.

No entanto, para preencher lacunas, precisei imaginar ou presumir certas situações. Fiz isso com profundo respeito pela integridade do caso.

Os diálogos que estão entre aspas foram retirados diretamente dos materiais encontrado em arquivos.

O *Kis Hírlap*, um jornal de Budapeste, publicou fotos da investigação. Do topo, à esquerda: Espectadores curiosos, que vieram de outros vilarejos da planície húngara, assistem à uma autópsia pela janela do casebre do coveiro de Nagyrév; o advogado de acusação, John Kronberg; um retrato de Tia Suzy, data desconhecida; gendarmes no cemitério; a despensa de Tia Suzy; gendarmes capturam suspeitas em Nagyrév.

Képek Nagyrévről

Dr. Kronberg János szolnoki ügyész, a tiszazugi nyomozás referense. Jobboldali kép: Fazekas Gyuláné, szül. Oláh Zsuzsánna, a nagyrévi Jáger Mari. A méregkeverő bábaasszony öngyilkos lett, amikor a csendőrök le akarták tartóztatni.

A nagyrévi temető halottasháza. Itt gyüjtik össze az exhumált holttestek részeit, hogy az országos bírósági vegyészeti intézetbe szállítsák.

A tiszakürti temetőben csendőrök őrzik a felnyitásra kerülő gyanus sírokat.

Fazekas Gyuláné éléskamrája; a tömeggyilkos nagyrévi bába itt tartotta az arzénes oldatot a befőttes üvegekben.

A tiszakürti csendőrök sorra járva a község házait, adatokat gyüjtenek.

A família de M. W. "Mike" Fodor
e Elizabeth de Pünkösti eram os
proprietários do jornal *Pesti Napló*, de
Budapeste, que publicou essas imagens
dos chamados "Os julgamentos do
arsênico". As mulheres se exercitam no
pátio da prisão sob o olhar de guardas.

ARZÉNES ASSZONYOK REGGELI SÉTÁJA A SZOLNOKI FOGHÁZ UDVARÁN

(ESCHER KÁROLY FELVÉTELEI)

Se o seu marido a faz espumar,
Beladona ele deveria tomar,
Acrescente pimenta para o gosto melhorar,
À noite, ele já estará eternamente a sonhar.

Canção popular húngara

*Nagyrév está localizada em um ângulo formado pela curva do rio Tisza,
em um pequeno vale com cerca de trinta e seis quilômetros quadrados. Parece um vilarejo pitoresco do Velho Mundo, estendendo-se pela beira do rio,
com casebres brancos e baixos cercados por jardins. A estação de trem mais
próxima fica a quarenta quilômetros de distância.*

*Budapeste, tomada pela confusão e vergonha da descoberta desse lugar
calamitoso no simpático interior do país, a menos de cem quilômetros de
suas portas, enviou muitos jornalistas e outros investigadores para descobrir
as condições que possibilitaram tal situação. Eles encontraram [um vilarejo]
habitado por fazendeiros pobres, cuja sobrevivência depende de fazendas e
vinhedos já pequenos e cada vez mais divididos pelos filhos que sucedem
os pais; a região é toda cercada por propriedades imensas que a delimitam
como um cinturão de ferro. É impossível prosperar ali; aos jovens são ne-
gadas terras e oportunidades, e, causado por esse mesmo processo perverso,
filhos deixaram de ser uma benção e se tornaram uma maldição [...] Mas
esse campo de terras devolutas se mostrou fértil para [Tia Suzy].*

*O nome [Nagyrév] está correndo o mundo inteiro. Sua notoriedade
causou desconforto na Hungria como um todo. O vilarejo se tornou publi-
cidade negativa no exterior. No país, foi um choque descobrir, a cerca de
cem quilômetros da capital, uma região que parece pertencer ao período
mais tenebroso da Idade Média.*

É uma história que não combina com o ano de 1930.

— John "Jack" MacCormac, chefe do departamento de Viena,
The New York Times, março de 1930

1
OS ASSASSINATOS DE
1916-1925

Dois túmulos e uma noiva

A ousadia e a frieza pura com que conduziram suas atividades criminosas parecem se equiparar apenas à estupidez dos homens que foram suas vítimas, os maridos e pais que viram amigos após amigos sucumbindo às mesmas agonias repentinas sem jamais descobrirem um segredo que parecia ser conhecido ou imaginado por praticamente todas as mulheres em [Nagyrév].

— **Jack MacCormac**, *The New York Times*

Quarta-feira, 16 de agosto de 1916

Anna Cser estava deitada no chão de sua sala.

Suas costas estavam vermelhas e coçavam. Fazia horas que ela repousava no saco de estopa que a parteira havia esticado ali, e o tecido grosseiro deixava leves marcas em sua pele. Pequenos pedaços enlouquecedores de palha grudavam nela. Uma camada grossa de suor de verão cobria seu corpo, e todas as sujeirinhas teimosas que ela não conseguira limpar na sala haviam pairado até ali, deixando-a cheia de pintas de terra e poeira.

O cabelo castanho oleoso grudava no pescoço e nos ombros. Ela passou a mão rapidamente pela testa para afastar os fios, mas eles logo retornavam para o mesmo lugar e faziam pingar grandes gotas ardentes de suor em seus olhos, escorrendo pelo rosto como lágrimas.

Anna arfou. Agarrou o saco com as mãos e puxou suas coxas. A dor atravessava seu corpo. Ela se ouvia gritando, e ouvia a parteira berrando instruções roucas.

Devagar, com todo o cuidado, ela se obrigou a respirar fundo, superando a dor, e concentrou-se nas palavras da parteira. Anna lembrou-se de que já havia feito aquilo antes, e conseguiria fazer de novo.

Ela logo sentiu as mãos da parteira em cima de sua barriga. Tia Suzy havia colocado um pano molhado quente sobre seu abdômen, e agora o pressionava de leve. Um cheiro ameno de óleo de cozinha veio da compressa, parte de um elixir que a parteira usava para relaxar músculos.

A dor foi se dissolvendo aos poucos. Anna deitou-se de volta no saco, ofegante. As pernas tremiam de cansaço. A palma das mãos ardia por ter agarrado o tecido grosso com força excessiva.

Em comparação com outras mulheres da planície húngara, Anna era pequena. Se fosse bonita, talvez as pessoas a descrevessem como pequena, mas ela era ossuda, com músculos destacados, o corpo exibindo uma geometria desordenada, cheio de ângulos retos que a faziam seguir a vida esbarrando em tudo.

A pele dela era quase transparente. As veias azuis finas pareciam formar vitrais, como se ela não tivesse um pingo de gordura em seu interior. Mesmo grávida, ainda estava esguia e magricela como sempre.

Tia Suzy tinha passado quase a tarde toda com Anna. Ela andava ao seu redor, os pés descalços dando passos pesados pelo chão frio de terra. Havia deixado as botas na varanda quando chegara mais cedo com o marido de Anna, Lewis, que tinha sumido de vista desde então. Queria saber onde ele havia se metido, e estava preocupada.

Tia Suzy, como sempre, usava um vestido preto com um avental amarrado. Os bolsos do avental abrigavam itens essenciais. Um deles guardava o cachimbo de sabugo de milho e um saquinho com seu tabaco favorito, junto a uma caixa de fósforos. No outro, havia um frasco de vidro com sua solução, fechado com um tampo de madeira e coberto por papel branco.

Em sua opinião, a solução era uma de suas melhores magias.

A parteira remexeu o bolso e pegou o cachimbo. Ela o acendeu e deu uma tragada demorada, reflexiva, enquanto pensava nas possibilidades. Lewis nunca ia muito longe. Pensava que ele pudesse estar no barracão, ou talvez ainda estivesse no bar. A parteira soltou uma nuvenzinha fantasmagórica de fumaça branca, que saiu encaracolada da boca e pairou brevemente no ar à sua frente antes de se dissolver. Onde estava Lewis? Essa era a questão.

Aquela sala de estar deprimia Tia Suzy. Era pequena, com o teto tão baixo que quase conseguia tocá-lo com a mão gorda. As paredes estavam vazias, com exceção de umas poucas imagens católicas acomodadas dentro de molduras artesanais. Pendiam, frouxas, dos pregos, penduradas com um barbante grosso que Anna pegara no barracão. A parteira pensou em como ninguém tinha inveja dos católicos em Nagyrév, que eram os pobres mais pobres, sem terras, como Anna.

Um aparador surrado se apoiava, torto, na parede mais distante. Uma toalha esfarrapada estava pendurada em um prego, assim como um calendário, distribuído de graça pelo conselho administrativo do vilarejo. Objetos aleatórios estavam espalhados pelo chão e pela mesa: um velho balde de madeira que Anna usava para pegar água no poço, um banco-degrau, tigelas, algumas quebradas e lascadas, e uma luminária de parafina, para a qual Anna nunca tinha óleo. Havia um único banco de madeira em que se sentar — nada além disso. À noite, Anna dormia ali com os filhos, nas esteiras de palha que esticavam. Lewis voltava do bar de vez em quando e desmaiava ali mesmo, preenchendo o espaço com seus roncos irritantes.

Era um cômodo lotado de quinquilharias de pobres, uma mistura desoladora de itens essenciais puídos espalhados entre as poucas lembranças gastas de uma vida triste. Tia Suzy se sentia inconformada com aquilo. Junto, tudo ali valeria tanto quanto a terra que ela varria de sua calçada, mas a visão também a incomodava, lembrando-a da escassez e das dificuldades que ela mesma enfrentara muito tempo atrás, e nas quais odiava pensar.

Uma porta levava à cozinha, o outro cômodo da casa. Não havia trinco. Nagyrév era um vilarejo de portas sem trincos e trancas. Normalmente, isso era ótimo para Tia Suzy, mas hoje não.

Ela observou a porta. A superfície estava marcada por arranhões e cortes profundos, parecendo ter sido removida de uma casa ainda mais decrépita. Só um pedaço dela estava preso ao batente, deixando raios fracos de luz passarem pelos espaços desiguais e entrarem na sala.

Ao longo da tarde, Tia Suzy tinha ido até a janela para observar a confusão de casebres brancos. Eram dispostos com a mesma aleatoriedade dos galhos caídos no chão de uma floresta. As casas eram minúsculas, a maioria contendo no máximo quatro cômodos, o restante apenas dois, e ficavam apertadas uma ao lado da outra nas ruelas secundárias. O vilarejo era como uma macarronada de ruas e caminhos de terra cheios desse tipo de casa. A parteira sabia que o velho provérbio da planície húngara era verdade, que um aldeão construía seu lar onde quer que um tijolo caísse da sua carroça.

Tia Suzy deu outra tragada lenta no cachimbo, sem afastar o olhar da rua. Viu a filha pequena de Anna. A mãe tinha feito uma boneca para ela com espigas de milho e corda. A garotinha gostava de brincar com ela no gramado fino diante da valeta, mas a parteira agora a observava no pequeno quintal, sentada em meio às galinhas.

Ela também observou o filho de Anna ir e vir do quintal. Mais cedo, ele saíra pelo portão com uma vareta comprida e dura, além de um balde de madeira. O garoto tinha seis anos e meio e passara boa parte do verão no Tisza, pescando com vara e anzol improvisados. Mas agora ele estava de volta, encarregado de tomar conta da irmã caçula.

Mesmo com a porta fechada, Tia Suzy escutava cadeiras e bancos arranhando o piso do bar. Ele era ligado ao casebre dos Cser como um terceiro braço, e Tia Suzy ouvia o timbre das vozes aumentar e diminuir conforme o bar se enchia com a clientela da tarde.

Um barulho alto acabou com os devaneios da parteira. Ela se virou para a porta e viu a maçaneta sacudindo para cima e para baixo.

Tia Suzy não tinha como obstruir a entrada. O banco era pequeno demais para ser enfiado debaixo da maçaneta, e ela não conseguia encontrar nada mais nos arredores vazios para usar. O cômodo havia se tornado um beco sem saída.

Aquilo que a parteira passara a manhã toda temendo estava prestes a acontecer.

A porta se escancarou. Bateu contra a parede e ricocheteou de volta.

O sol da tarde veio da cozinha. Por um instante, Tia Suzy enxergou apenas a silhueta maciça de Lewis na porta, mas seu cheiro foi o maior indicador de sua presença. Fedia a conhaque e urina, e ao cheiro de tabaco velho que se prendia à camisa e calça. O fato de as mesmas roupas nunca saírem de seu corpo o transformava em um buquê fétido do demônio.

Gotas de suor se espalhavam por seu rosto e pescoço. Lewis era tão imundo quanto os vira-latas que vagavam pelas ruas do vilarejo, e quase tão pulguento quanto eles. Seu banho semanal na banheira de carvalho do quintal fazia pouca diferença, já que ele mal era capaz de se concentrar o suficiente ou pelo tempo necessário para se ensaboar direito. Camadas de sujeira e gordura tinham se entranhado em sua pele, oferecendo proteção para os piolhos sanguessugas que se aninhavam nela.

Lewis estava ainda mais bêbado agora do que quando tinha acordado naquela manhã. A maioria dos homens do vilarejo apreciava o primeiro gole de conhaque após o café, talvez até na hora do almoço, mas todo mundo sabia que Lewis gostava de tomar uma golada antes mesmo de a luz do dia bater em seus olhos. O conhaque era uma mistura local de ameixa e beterraba fermentadas (às vezes com o acréscimo de damascos e batatas que tinham estragado), mas, quando ele estava em falta, Lewis tomava vinho, sempre disponível em abundância.

Ele deu uma guinada na direção da esposa. As pernas pareciam alheias a seu corpo, tão duras e pesadas quanto troncos de carvalho. Ele as mexia com grande esforço. Cada passo desajeitado, estrondoso, aumentava sua fúria. Quando suas botas finalmente aterrissaram sobre o saco de estopa, Lewis fervilhava de raiva. Ele se inclinou sobre Anna, segurando o fôlego em uma tentativa de se equilibrar, soprando o bafo de álcool e dentes podres no rosto dela.

"Mulher idiota", berrou ele, fechando a cara.

Ele apertou os lábios em um beicinho, seu rosto assumindo um ar profundamente concentrado enquanto ele focava toda a atenção na tarefa de acumular um monte de saliva na boca azeda. Jogou a cabeça para trás e cuspiu na esposa.

"Se você não fosse uma vadia tão idiota, não engravidaria todo ano."

Anna tinha fechado os olhos quando Lewis entrara no cômodo. Ela os apertava ainda mais agora. As fibras ásperas da estopa se enfiavam em suas mãos enquanto ela as pressionava. A contração que tinha começado desaparecera, e agora se movia por seu corpo feito náusea. Ela não ousava nem respirar.

Lewis afastou a perna para chutá-la. Tentou se segurar de novo no ar, mas não adiantou de nada. Perdeu o equilíbrio. Seus braços giraram como rodas enquanto ele tentava recuperar seu centro de gravidade. Finalmente, cambaleou para trás, como se tivesse levado um soco de um adversário invisível.

Tia Suzy aproveitou a oportunidade. Seus pés descalços acertaram com força o chão enquanto ela avançava na direção dele, a saia farfalhando entre as coxas gordas. Esticou os braços para a frente enquanto jogava todo o peso do corpo sobre Lewis. O cachimbo voou de suas mãos. Sentindo a imundície da camisa ensopada de suor dele em suas palmas, ela o empurrou com a maior força que já tinha aplicado na vida. A velha parteira mal era páreo para um homem do tamanho de Lewis, mas sentiu-o fraquejar. Um grunhido escapou enquanto o arremessava para o outro lado do cômodo pela porta, onde ele caiu no clarão da cozinha. Seu corpo fez uma barulheira tremenda ao acertar a mesa.

A parteira bateu a porta. Usou o corpo para pressioná-la como a barricada de que tanto precisara minutos antes.

Mais cedo naquele dia, quando Lewis estava menos embriagado, ele havia conseguido buscar a parteira em sua casa para vir cuidar do parto da esposa. Tia Suzy morava perto dos Cser, um pouco acima da rua Órfão, no número um.

A casa de Tia Suzy era uma das melhores de Nagyrév. Localizada em um terreno grande, a cerca alta de madeira praticamente escondia de vista seu querido jardim. Na primavera e no verão, ela cultivava uma variedade magnífica de flores, que cobriam o quintal como uma colcha de retalhos.

Normalmente, ela deixava uma pequena fogueira acesa no quintal, independentemente do clima, e era lá que seu velho cachorro favorito gostava de dormir à noite.

Morava ali há mais de quinze anos. O conselho administrativo tinha dado a casa para ela quando fora nomeada parteira oficial do vilarejo. Ela também recebia um salário generoso, apesar de poder cobrar taxas das pacientes quando quisesse. O acordo com o conselho a proibia de cobrar das mulheres mais pobres da população, mas Tia Suzy sempre encontrava um jeito de ser confortavelmente recompensada.

Os deveres como parteira eram abrangentes, uma vez que ela também era, na prática, a médica do vilarejo. O médico de verdade morava em Cibakháza, uma viagem de oito quilômetros e que levava uma hora e meia nas estradas esburacadas com marcas de carroças. O velho dr. Szegedy tinha um consultório em Nagyrév e vinha todas as terças-feiras em que a estrada não estava alagada ou cheia de gelo — condições nas quais passava metade do ano. Como resultado, os aldeões só tinham Tia Suzy com quem contar no dia a dia.

Na despensa da cozinha, ela guardava um suprimento de frascos de vidro cheios da sua solução, e mantinha um estoque maior em esconderijos.

Ela preparava poções com regularidade. Um quarto de vinagre destilado era despejado em um tacho de cerâmica e esquentado no fogão, ou na fogueira do quintal. Ela mantinha o fogo baixo e, quando o vinagre aquecia o suficiente, jogava várias folhas de papel pega-mosca em forma de hexágono, que comprava em maços na mercearia Feldmayr na rua Árpád. O estabelecimento não ficava muito distante do bar dos Cser.

O vinagre evaporava aos poucos. Era um processo lento, que demorava várias horas, mas sua conclusão resultava em uma solução concentrada de "arsênico branco" líquido no fundo do tacho. A parteira cuidadosamente o separava em frascos. O tom esbranquiçado do fluido vinha da cola do papel pega-mosca. A toxina em si era incolor, inodora e praticamente indetectável. Tia Suzy gostava de dizer que "nem cem médicos perceberiam" a presença do seu elixir fatal nos corpos dos aldeões que se tornavam suas vítimas.

Anna se ergueu do saco de estopa e mais uma vez se agachou. Seus joelhos doíam com a pressão, as pernas magras novamente tremiam de exaustão. Um riacho de suor corria pelas costas, e outro filete serpenteava por um caminho torto em seu peito, passando por entre os seios pequenos.

Mais de uma hora havia se passado desde que Lewis irrompera no quarto. O odor forte de urina velha e hálito podre continuava pairando sobre Anna mesmo depois de ele ter ido embora. Ela só conseguiria começar a se desatar após o cheiro desaparecer.

Outra contração veio. Ela puxou o ar e fez força. Arregaçou os dentes. A boca estava tão travada que sentiu uma dor aguda atravessar a mandíbula. Os olhos tinham começado a arder com as lágrimas. Ela soltou um grunhido alto e prolongado que rolou do seu interior como se descesse por uma montanha. O som parecia monstruoso aos seus ouvidos.

Tia Suzy estava ajoelhada na frente de Anna. Tinha erguido o vestido, e os joelhos expostos pressionavam o chão. As mãos estavam apoiadas nele, e dava para sentir o frio subindo pelas palmas quentes. Conforme o dia tinha escurecido, o cômodo perdera a iluminação. Ela trouxe a lamparina para mais perto e pegou o pequeno espelho que tinha ao lado dela. Abaixou a cabeça até o nível do chão e segurou o espelho embaixo de Anna. No reflexo, a parteira já via que o bebê coroava, com tufos brilhantes de cabelo castanho despenteado, em espirais. O bebê estava de lado.

A parteira sabia que faltava pouco.

Anna puxou o ar de novo e, com um gemido alto, empurrou com força mais uma vez. Tia Suzy observou pelo espelho a cabeça da criança recuar e voltar de novo, agora se revelando mais.

Outro gemido poderoso e outro empurrão demorado, e a cabeça do bebê saiu. O cabelo molhado estava emoldurado pela ponta das orelhinhas.

Lentamente, a criança foi virando a cabeça para a esquerda, seguida por todo o corpo na mesma direção. O bebê, agora, estava do outro lado.

Mais um empurrão forte e os ombros saíram. Tia Suzy se inclinou para chegar o mais perto possível. Esticou as mãos, as palmas para cima.

Anna descansou, arfando. Engolia o ar como se tentasse bebê-lo. Berrou, deu mais um empurrão prolongado e poderoso até o bebê deslizar completamente para fora, como uma cobra saindo da pele, e cair nas mãos da parteira. O cômodo pequeno foi preenchido pelo aroma almiscarado do recém-nascido.

Tia Suzy aninhou o neném em uma das mãos, segurando a barriga dele com cuidado. Com a outra, gentilmente esfregou as costas, incentivando-o a respirar. Um fôlego minúsculo preencheu os pulmões com o ar do vilarejo.

Em seguida, colocou a menininha sobre a barriga de Anna, onde ela começou a se remexer na direção do seio da mãe. Ela abriu os lábios cor-de-rosa e fez um pequeno círculo com a boca, ansiando pelo mamilo e pelo alimento. Anna pegou a filha, puxando-a para mais perto. A bebê se agarrou, e a mãe observou as depressões em suas bochechinhas enquanto ela tentava sugar o leite. Quando nada veio, chupou com mais força, depois com mais força. Ela franziu a testinha, o monte de rugas se transformando em sinais de determinação. Quando ficou claro que não havia nada ali, que o poço dos seios da mãe estava seco, a bebê soltou o peito de Anna e exalou um choro alto de fome e desdém.

Não era a primeira vez que Anna decepcionava os filhos. Se ela morasse em Szolnok, poderia conseguir leite no mercado de amamentação gratuita, mas Nagyrév não oferecia esse tipo de assistência para mães. Tinha rezado para ser diferente desta vez. Observado e esperado os seios se incharem de leite. Quando isso não acontecera, só lhe restara temer por aquele momento. Olhou para a filha, que estava vermelha como uma cereja e tremendo de raiva.

As palavras da parteira foram diretas e impassíveis.

"Quer que eu dê um jeito na criança?"

A rua Órfão ficava próxima a uma floresta, de onde se ouviam sons de lobos à noite e as melodias de rouxinóis cortejando suas fêmeas em certas épocas do ano, que permeavam as ruas silenciosas de Nagyrév. Naquela noite, o ar tinha sido abençoado por uma brisa. A lua estava quase cheia, iluminando o caminho de Petra Joljart no escuro.

Ela saiu pelo portão da cerca, levantou o vestido comprido e atravessou a valeta. Um grupo de vaga-lumes piscava suas luzes ao redor dela. A noite estava tranquila, e Petra parou por um instante para prestar atenção nos sons. Mesmo distante da casa, ainda conseguia escutar o marido. Inclinou-se sobre a valeta para fechar o portão e continuou pela grama desordenada até chegar no portão do terreno ao lado, de Tia Suzy.

Ela viu o brilho de uma lamparina dentro da casa da parteira. Seguiu o caminho bem-cuidado até a porta e passou pela fogueira, onde o cachorro dormia. Na varanda, bateu à janela. Não conseguia ver lá dentro, já que a parteira sempre mantinha as cortinas fechadas.

A filha de Tia Suzy estava em casa. Mari era alguns anos mais velha que Petra, casada, com dois filhos pequenos. A jovem família de Mari morava com a parteira, "dividiam o pão", como os moradores do vilarejo costumavam dizer, e a parteira gostava muito daquela situação. Tia Suzy adorava ter a família por perto. Na verdade, um dos seus maiores medos, depois da pobreza, era ser abandonada pelos filhos. Fazia de tudo para que isso não acontecesse. Quando se tratava do marido, no entanto, a coisa mudava de figura. Tia Suzy tinha se casado com um *gadjo*, na terminologia do povo romani, uma pessoa branca, não romani, que havia ido embora anos antes e nunca mais voltara. O fato não tinha incomodado nem um pouco a parteira.

Mari era a primogênita de Tia Suzy, seguida por dois filhos homens. O mais velho era casado, e o caçula, divorciado. A parteira tinha deixado bem claro, no vilarejo, que este cargo estava vago.

Fazia dois anos que Petra morava na casa vizinha à de Tia Suzy, com os avós do marido, o sr. e a sra. Ambrusz. Petra e sua bebê recém-nascida tinham se mudado para a casa do casal na eclosão da Grande Guerra, quando o marido fora convocado para a batalha. Estava há apenas cinco meses no front quando os russos invadiram a trincheira de Stephen, jogando granadas. Como consequência do ataque, ele tinha perdido um olho, ficado cego do outro e passado seis meses como prisioneiro antes de ser devolvido para a Hungria.

Era o sofrimento do marido que trazia Petra à casa da vizinha naquela noite. Fazia meses que Stephen era assolado por doenças, embora fosse a insônia implacável que o deixasse à beira da loucura. Petra torcia para a parteira lhe dar algo para acalmá-lo.

Ela bateu à janela de novo. Olhou para seus sapatos de madeira, molhados de orvalho. Algumas lâminas de grama estavam presas no calcanhar. Petra fitou o cachorro. Observou o peito dele subir e descer no ritmo estável de um relógio. De novo, bateu à janela. Outra brisa soprou, farfalhando as folhas e estalando os galhos das árvores mais antigas. Ela ainda conseguia escutar os gritos de Stephen, mesmo na varanda da parteira.

De repente, a cortina se abriu, e Petra se deparou com Mari na janela, iluminada por trás pela lamparina que estava sobre a mesa. Ela viu Mari balançar a cabeça em negação e apontar para a placa próxima ao portão. Pintada à mão, a placa com a imagem de um bebê havia sido retirada do apoio e deixada sobre o chão, um sinal de que a parteira estava fora. Petra não a notara ao entrar. Ela se virou e voltou pelo caminho, tomando cuidado para não acordar o cachorro.

● ● ●

A bebê desistiu de tentar mamar. Encolheu os pés e fechou as mãozinhas em punhos. Arqueou as costas em fúria. Anna a apertou mais contra si, porém a pequena não se permitia ser consolada. Seus gritos carregados, agudos, dominavam o espaço.

Anna olhou para os cachos que adornavam a cabeça da recém-nascida. Seus bebês sempre tinham lindas madeixas, que ela adorava acariciar. A criança parecia tanto com os dois irmãos — era como se ela voltasse a segurar um deles. Foi nesse momento que percebeu que, por mais que a bebê tentasse, nunca conseguiria extrair uma gota de leite do seio vazio da mãe.

A resposta para a pergunta incisiva da parteira voltou à sua mente. "Eu não ligo", dissera ela.

Anna deitou-se de novo sobre o saco de estopa enquanto Tia Suzy se punha a trabalhar. A parteira foi andando a passos pesados até a cozinha, encontrou um cubo de açúcar e uma *findzsa*, uma pequena xícara usada pelos aldeões para tomar café forte no estilo turco. Tia Suzy serviu um pouco de água de um jarro que encontrou sobre a mesa. Acrescentou o cubo de açúcar, depois enfiou a mão no bolso do avental e retirou um frasco de vidro. Afastou o papel branco e tirou a tampa de madeira. Despejou um pouquinho de nada da poção em uma colher de chá e a misturou com a água açucarada. Em silêncio, ela voltou para a sala. Tia Suzy mergulhou o dedo na mistura e mexeu, então o levou até os lábios e a língua da recém-nascida, molhando-os com a poção.

O guarda noturno vagava pela rua Órfão. A capa escura e bolorenta cobria seus ombros ossudos, escondendo tanto o pão quanto o frasco que carregava consigo. Seu turno ia do pôr do sol ao nascer do sol, e ele dava três ou quatro voltas pelo emaranhado de ruas antes de terminar o serviço.

Passou lentamente pela casa da parteira. Já estava escuro, mas lamparinas brilhavam na casa vizinha. As janelas tinham sido fechadas contra o ar noturno frio da planície húngara, mas ainda assim ele conseguia escutar a barulheira vinda do lar do velho sr. Ambrusz. Geralmente, uma algazarra como aquela faria um guarda ir até lá e investigar o problema, mas ele sabia das dificuldades que o velho casal enfrentava desde que Stephen Joljart retornara do front. A tragédia corria de boca em boca pelo vilarejo. O guarda seguiu em frente.

Dentro da casa, Stephen estava deitado na cama, com a mente envolta em confusão. Fazia quase um ano que pensamentos racionais tinham desaparecido. Com frequência, ele passava três, quatro, cinco dias sem dormir, e sua única defesa contra a insônia era a raiva. Ele enchia o quarto de palavrões. Mandava a esposa ir para o inferno. Dizia o mesmo para os avós. Sua língua era uma serpente venenosa, que só se desenrolava para amaldiçoar a todos.

Suas diatribes duravam horas. Era um jorro noturno de ódio e angústia alimentado por um coquetel de exaustão, dor, pânico e autocomiseração.

Petra e os avós tinham tentado estabelecer um cronograma para conseguirem dormir — ou pelo menos descansar — em turnos, mas não havia lugar na casa em que Petra não ouvisse o tumulto. Ela havia tentado ficar do lado de fora com a filha, para dormirem no estábulo, como o sr. Ambrusz sempre fazia. Os fazendeiros tinham o hábito de tratar o estábulo como um santuário particular. Mas, mesmo ali, o barulho ainda as encontrava, da mesma forma que encontrara o guarda.

Os ataques de Stephen eram alternados por períodos de um silêncio resoluto, quando ele tentava se obrigar a dormir. Ele preparava uma armadilha, ficando imóvel. Se não mexesse nem um fio de cabelo, pensava ele, o portal da inconsciência se abriria, e ele poderia mergulhar para o outro lado. Ainda assim, não demorava até um teatro de imagens surgir em sua mente, rostos grotescos e perturbadores, sons maliciosos que zombavam dele — produtos de um cérebro sedento por sonhos. Tinha certeza de que estava enlouquecendo.

Na mesa de cabeceira ao lado da cama de Stephen estava um par de óculos de moldura de arame. Um pano grosso, preto, havia sido habilmente preso sob as lentes. Os óculos tinham sido feitos meses antes no Hospital dos Cegos de Budapeste, onde ele havia recebido um olho de vidro. O olho que restara a Stephen havia sido cegado, e ele tinha passado boa parte do último ano lá, ou no Hospital Zita, também em Budapeste. Ele ia ao Hospital dos Cegos para aprender novas habilidades que lhe permitiriam continuar trabalhando; lá ele aprendeu a fazer vassouras e a trançar cestos. Enquanto isso, no Zita, os médicos tentavam curar suas muitas doenças, que iam de infecções pulmonares a severas dores intestinais. Os hospitais do país tinham quartos lotados de jovens veteranos de guerra como Stephen, mas, devido ao Bloqueio da Europa, suprimentos médicos eram escassos. Não havia lençóis para as camas, medicamentos para os doentes, ataduras para os feridos. Médicos precisavam cobrir machucados com papel e torcer para isso ser suficiente para prevenir infecções.

Fazia pouco tempo que ele voltara para Nagyrév, com 25 anos e arruinado. Ele vivia repetindo para Petra que preferia ter morrido com um tiro no campo de batalha.

Pouco antes das três da manhã, Petra entrou silenciosamente na cozinha. Acendeu a lamparina sobre a mesa. Subiu na escada até o palheiro sobre a despensa, pegou um punhado de feno de uma cesta e desceu de novo. Abriu a portinhola do fogão, jogou o feno lá dentro e o acendeu. Sobre o fogo, colocou um jarro com água, que a sra. Ambrusz usaria mais tarde para a limpeza. Petra foi ao estábulo para ordenhar as vacas. Pouco antes de amanhecer, sairia para os campos.

A Grande Guerra havia esvaziado quase todos os homens de Nagyrév (apesar de os filhos de Tia Suzy terem conseguido evitar o recrutamento). Petra e as outras esposas tinham assumido o trabalho nas fazendas e pegavam a caravana das quatro horas toda manhã. Uma fila comprida de carroças com lamparinas bruxuleantes iluminava o vilarejo escuro. O estrépito e o tinido dos equipamentos balançando agitava o ar noturno. Os passos dos cascos de cavalos rufavam como tambores enquanto as fazendeiras substitutas saíam do vilarejo. Elas passavam pela longa fileira de choupos, alinhados e eretos como vigias indiferentes, e seguiam para a vasta amplitude da planície húngara, as silhuetas dos mastros de poços de água salpicando o horizonte enquanto o sol nascia sobre os campos.

A parteira arrumou tudo antes de sair da casa de Anna. Ela tirou o saco de estopa do chão para limpá-lo na própria casa. Molhou um pano com um pouco da água que restava no jarro e ajudou Anna a tomar banho. Devolveu a esteira de palha de Anna ao chão, no lugar do saco de estopa, e esticou as esteiras das crianças. Enquanto saía, coletou seu pagamento.

Havia pouca comida nos armários, então ela afanou alguns itens da cozinha e os enfiou em suas cestas — Tia Suzy quase sempre carregava um cesto em cada braço — antes de entrar no bar agora escuro para pegar um ou dois jarros de conhaque e seguir para casa. Enquanto subia pela rua, ela ainda conseguia escutar a neném berrando.

Na penumbra, Anna ficou deitada na esteira, aninhando a bebê. Seus dois outros filhos se aconchegavam perto dela, tentando dormir apesar do choro. Apostava que Lewis havia apagado no barracão.

A maioria das mães que ela conhecia não dormia no chão depois de parir. Elas dormiam na *primeira cama*, uma cama admirável, cheia de travesseiros fofos, recheados com pena de pato, e colchas, que Anna cobiçava sempre que as via. Mães que amamentavam permaneciam na cama por seis semanas, sob um dossel para afastar o "mau-olhado". Mas Anna não tinha um dossel, nem cama. Como sempre, precisava se contentar apenas com sua esteira de palha.

A bebê, decidira, se chamaria Justina. Agora no escuro, ela a acariciava.

Não tivera a intenção de se casar com Lewis. Sempre tivera medo dele, e, quando o via se aproximar, tentava fugir. Às vezes, atravessava a rua, ou entrava em uma loja para esperá-lo passar. O fato de ela não gritar nem lhe dar tapas, como faziam as outras mulheres que ele atormentava, devia parecer um convite. Anna nunca se sentira capaz de lutar contra ninguém, então, quando tinha se visto sozinha com ele, não soubera o que fazer. De repente, lá estava a boca dele pressionada com força contra a sua, abrindo seus lábios para aquela língua azeda explorá-la com avidez. Em pouco tempo, ele a prensava. O corpo dele era tão pesado sobre o seu que ela não conseguia respirar. Só queria que aquilo tudo acabasse. Ela flutuava para fora do próprio corpo, subindo para as nuvens, pairando como um balão pela atmosfera, quando fora trazida de volta de repente, com violência, pela dor aguda que sentira quando ele a penetrara.

Seu primogênito tinha nascido em janeiro do ano seguinte. Por meses, Lewis se recusara a assumir o filho. Muitas mulheres teriam procurado a parteira para abortar a gravidez, mas Anna, por fé ou medo, o deixara viver.

Lewis era casado quando engravidou Anna. Mas, vendo a esposa fugir e sem ninguém para cuidar dele — nem do bar e dos pais doentes e idosos —, ele tinha decidido que chegara a hora de se casar com Anna.

Agora, o marido era seu carcereiro. Havia meses em que ela mal conseguia se lembrar de sair do terreno da casa e do bar, exceto para buscar baldes de água no poço da praça. Detestava passar pelo grupo tagarela de *mulheres-corvo*, como os católicos chamavam as calvinistas por se vestirem apenas de preto. Elas se juntavam para fofocar lá todas as manhãs. "Olha só para ela", zombava o grupo, apontando para qualquer mulher com mais de dois filhos que passasse. "Está procriando feito uma cadela."

Anna sabia que também zombavam dela, e os olhares silenciosos que recebia sempre que se aproximava do poço a deixavam ainda mais nervosa. Ela era como um beija-flor perdido, agitada e medrosa, incapaz de comer mais do que poucas mordidelas, incapaz de descansar por mais de um minuto, e quase sempre lutando contra as lágrimas. Era presa fácil para a provocação das mulheres.

A alegria sempre a pegava de surpresa, espreitando pelas rachaduras de sua vida. Ela não conhecia os prazeres bem o suficiente para chamá-los pelo nome. Subitamente, emocionava-se ao ver os dedos do filho se esticando para pegar uma fatia de pão das mãos dela, ou as escápulas da filha, molhadas e brilhando com sabão sob a luz do sol, ou as depressões suaves sob seus pescoços. Esses momentos eram filamentos estreitos de felicidade costurados na manta de frenesi que sempre parecia cobri-la. Quando os reconhecia, criticava a si mesma por sua tolice e puxava as linhas para removê-los.

Quinta-feira, 17 de agosto de 1916

Pela hora do café da manhã, o calor já estava sufocante. O velho sr. Ambrusz trabalhava desde o amanhecer, cuidando dos animais, afiando as ferramentas, arrumando o estábulo. Ele estava velho demais para ir aos campos todos os dias, mas cuidava meticulosamente do quintal e dos poucos animais que tinha.

O calor dificultava o trabalho, mas ele persistiu até o meio da manhã, quando pegou um pão para levar até a casa de Tia Suzy. Torcia para ter mais sorte do que Petra na noite anterior. Desta vez, a parteira estava em casa. Reuniu suas cestas e seguiu o velho fazendeiro até seu lar.

Os Ambrusz e Tia Suzy eram vizinhos desde que ela havia se mudado para a cidade. Ela e o casal de idosos tinham passado muitas noites de fim de verão na varanda deles, tomando vinho e debulhando milho. A irmã da parteira, Lidia, morava mais acima na rua e frequentemente se unia ao grupo, chegando antes do pôr do sol com conhaque.

A parteira tinha socorrido o sr. Ambrusz nas muitas vezes em que ele tinha dado um mau jeito nas costas, aplicando cremes e unguentos especiais produzidos a partir do extrato de plantas. Às vezes, ele pagava pelos serviços dela em dinheiro, que ela guardava em uma caixa atrás do fogão. Boa parte do que recebia ficava lá, mas ela também havia costurado cédulas nas barras de suas anáguas, assim como no forro de algumas fronhas. Além de alguns potes de dinheiro enterrados pelo quintal. Quando se tratava do velho sr. Ambrusz, ela gostava de negociar, e quase sempre conseguia o que desejava. Naquele dia, ele ofereceu baldes de leite fresco, que a parteira aceitou com prazer.

A sala de estar dos Ambrusz era elegante. Almofadas acolchoavam cadeiras, jarros e tigelas delicadamente pintados à mão decoravam as prateleiras. Muitos dos móveis mais bonitos tinham vindo com Petra quando ela se mudara, e Tia Suzy admirava todos.

O sol brilhava sobre as paredes recém-pintadas de branco. No meio de duas janelas havia a litogravura de um soldado galante com um ferrótipo minúsculo do rosto de Stephen posicionado sobre o corpo ilustrado. A família havia recebido a imagem de presente para celebrar o serviço que Stephen prestara ao exército austro-húngaro. Ao lado da litogravura estava uma foto do *kaiser* Guilherme II.

Petra estava sentada debaixo das duas imagens. Desde a crise com Stephen, ela costumava voltar dos campos mais cedo para ajudar os avós. Alguns parentes tinham o hábito de levar almoço para as trabalhadoras, e ela pedia carona a um deles para voltar ao vilarejo.

Tia Suzy sentou-se em meio ao luxo. Tirou o cachimbo de um bolso do avental, tomando cuidado para evitar o conteúdo do outro por enquanto.

Nuvens de fumaça cerraram o ar. Ela trazia seu *putsi* pendurado no pescoço, um gris-gris romani, onde guardava seus talismãs preciosos: um amuleto para proteção, um ramo de tramazeira para atrair magia e riqueza. Fora sua avó quem lhe ensinara a entalhar o galho para aumentar o poder. Atenciosa e impassível, ela brincava com o *putsi* entre os dedos enquanto escutava Petra desabafar sobre o sofrimento do marido.

Tia Suzy sempre tinha sido o tipo de mulher com quem os outros se confidenciavam. Conhecia estranhos, talvez na barca ou no trem, e, após oferecer um ou dois detalhes insignificantes sobre sua vida, eles imediatamente começavam a tagarelar sobre problemas com cônjuges, chefes, filhos. Alguns iam embora se perguntando por que tinham compartilhado segredos com uma desconhecida que revelara tão pouco sobre si mesma.

A parteira analisou Petra enquanto ela falava. A jovem não era alta nem baixa, não era gorda nem magra, apesar de tender a ser mais pesada, e Tia Suzy conseguia imaginá-la ficando rechonchuda como ela mesma dali a alguns anos. Tia Suzy nunca havia se considerado uma beldade. Seus olhos estreitos e muito fundos ficavam perto demais do nariz, e os lábios finos pareciam fechados por um zíper entre as duas planícies largas de suas bochechas. Ela costumava prender o cabelo castanho, esvoaçante, em um coque apertado, em vez de cobri-lo com uma echarpe como as outras mulheres faziam.

Na juventude, aplicara farinha no rosto para clarear o tom moreno de sua pele romani. Agora, bastava uma pitada do seu elixir tóxico para torná-la mais pálida.

Petra até que era bonita, pensou a parteira. Também tinha uma boa reputação no vilarejo. Era educada e reservada, tinha completado os cinco anos de escola, assim como os homens mais estudados de Nagyrév. Melhor ainda, para a parteira, ela vinha de uma família rica da planície húngara. Seu pai tinha quantidades invejáveis de terras, incluindo os lagos de pesca grandes e bem-abastecidos que cercavam toda a fronteira oeste de Nagyrév.

A lista de reclamações de Petra sobre Stephen era longa, e nada daquilo surpreendia Tia Suzy, que monitorava a situação havia um tempo. Ela se lembrava de ter sido levada à janela em uma tarde, ao ouvir os grunhidos e rangidos das rodas de uma carroça quando um cavalo havia parado diante do portão dos Ambrusz. Com as mãos grossas, ela afastara as cortinas de renda para ver Stephen saindo desajeitado do veículo, guiado pelo irmão. Era a primeira vez que ele voltava do hospital. A parteira tinha ficado de olho nele desde então.

Petra perguntou se ela poderia dar algo para acalmar o marido.

"Tenho uma solução", disse Tia Suzy.

Petra a levou até o quarto, onde Stephen esperava.

Sábado, 19 de agosto de 1916

A pele de Justina estava azulada. Os lábios minúsculos, brevemente vermelhos, agora tinham a cor da meia-noite. Por três dias, ela havia berrado numa sirene de fúria, mas nenhum choro ou gemido escapara da sua boquinha em formato de lua na última hora. Desde o momento da sua chegada, ela mantinha o corpo pequeno tão tenso que chegava a tremer, parecendo eletrocutada pela indignação. As mãos ficavam fechadas em punhozinhos de fúria vermelha, e ela as mantinha contra as bochechas como uma boxeadora tentando se defender. Agora derrotado, o corpo dela estava drenado, e, quando as mãos se abriram, Anna viu as leves linhas da vida da bebê tracejadas em suas palmas.

Lewis tinha feito um comentário gentil sobre a nova filha ao conhecê-la. Dissera que o cabelo castanho dela era lindo, e Anna concordava. Ela era cabeluda, fileiras de cachos alegres cobriam sua cabeça como um gorro apertado.

Lá fora, os aromas do jantar eram carregados pelas brisas do vilarejo. Anna ouviu o sino metálico da igreja anunciando a hora.

Pouco depois das seis da noite, o coração de Justina parou de bater.

A lua iluminava a vala como uma lamparina, e Tia Suzy trabalhava sob seu brilho, de cócoras na terra molhada. Inclinada para a frente, golpeava o chão com uma pá, às vezes parando para arrancar pedaços grandes do solo com as próprias mãos. Lidia e Mari vigiavam, já que a irmã e a filha frequentemente a ajudavam, mas Tia Suzy acreditava que a tarefa estava a salvo de olhares curiosos. O cemitério ficava a quase dois quilômetros do centro do vilarejo, e o cuidador, que morava em uma cabana sem reboco no terreno, era conhecido por passar boa parte das noites de verão no pequeno vinhedo que tinha nos limiares da cidade.

As mulheres cavaram até as pás baterem na superfície dura que procuravam. Tia Suzy se inclinou sobre o buraco raso e afastou tantas minhocas e tanta terra quanto possível das tábuas de madeira sujas enterradas ali.

A parteira tinha ficado alerta a qualquer som de transeuntes, mas não escutou ninguém. Certa de que estavam sozinhas, enfiou a mão em uma de suas cestas de vime e tirou um embrulho bem-fechado. Na outra cesta estava um caixão de madeira novo, aberto. Ele era tão pequeno que parecia feito para uma boneca. A parteira o encomendara. Colocou o embrulho dentro do caixão e rapidamente o fechou com pregos.

Cada mulher segurou um lado do caixão minúsculo. Elas o desceram para dentro do buraco até posicioná-lo sobre as placas de madeira. Precisaram prender a respiração contra o fedor de mofo e pinho apodrecido que vinha das ripas, já que abaixo delas estava outro caixão minúsculo, que abrigava os restos mortais do irmão de Justina.

O menino havia nascido três anos antes, prematuro e "meio-vivo", segundo Anna. Ela também não tinha uma gota de leite para alimentá-lo, e o assistira definhar até ficar pele e osso. Após três semanas, ele havia caído no sono e nunca mais acordado, e fora então que Tia Suzy aparecera para levá-lo embora.

O terreno do cemitério era fertilizado pela carne dos bebês secretos de Nagyrév. Tia Suzy olhava ao redor e via túmulos assinalados apenas pela sua memória. Quando vinha à noite para cavar um novo local de descanso, pensava no seu próprio segredo enterrado ali. Ela lhe dera o nome de Henry.

As três mulheres rapidamente cobriram o buraco. Quando terminaram, pisotearam o túmulo para pressionar a terra.

Quase três semanas tinham se passado desde que a família de Stephen pedira ajuda à parteira. Após o primeiro tratamento, a insônia dele tinha sido praticamente curada, segundo Tia Suzy, pelos comprimidos que dava a ele. Mas ela havia continuado a tratá-lo, andando desengonçada até o quarto dele em seu avental, carregando suas cestas. Lá, os dois ficavam sozinhos.

Ela dizia a Petra que o elixir que acrescentava à água do marido — Stephen deixava um pequeno copo de água sobre a mesa de cabeceira — não passava de remédio para o estômago.

Os sintomas dele permaneciam relativamente consistentes com os que sofria pelas enfermidades da guerra, e incluíam, no geral, tosse e diarreia. A dose que Tia Suzy administrou naquele dia específico, que esperava ser a última, era bem mais forte. Se tivesse cronometrado tudo perfeitamente, como acreditava que tinha, quando Petra chegasse à conclusão de que era melhor marcar um horário com o médico, seria tarde demais para Stephen.

Enquanto Tia Suzy saía pelo portão do sr. Ambrusz, ouviu um sino e o som baixo de cascos. Ela parou na beira da valeta, segurando a saia do vestido, e observou o veículo se aproximar. Ele chegou mais perto. Era uma carruagem deslumbrante puxada por dois cavalos cobertos por uma impressionante pelugem marrom, com uma capa de couro preto macio por cima. Ambos pareciam muito bem-alimentados. O pelo deles brilhava com uma saúde impressionante.

A carruagem era uma das mais lindas que ela já havia visto. A visão fez com que se sentisse em meio às grandiosas avenidas de Budapeste, não em uma das estradas poeirentas do vilarejo, cheias de marcas de carroças e caçambas apodrecendo pelo caminho.

No geral, Tia Suzy preferia ir caminhando para os lugares. Estar a pé oferecia a oportunidade de entrar facilmente em uma casa e coletar pagamento. Mas, ao ver quem conduzia a carruagem, não conseguiu resistir à oportunidade. Ergueu o braço gordo e chamou o condutor.

Lawrence Czaszi viu a parteira acenando e puxou as rédeas, interrompendo os cavalos. Tia Suzy correu até a carruagem com suas cestas. Puxou a porta e se içou até o banco de trás, desabando sobre o elegante couro marrom. O material suspirou com seu peso. Lawrence, com a esposa sentada ao seu lado, sacudiu as rédeas. Os cavalos seguiram em frente.

A amplitude do interior impressionou a parteira. Conseguia visualizar a família inteira cabendo ao lado dela. A elegância de tudo a fazia se sentir esplêndida, como se subitamente tivesse sido adornada com joias e estolas.

Lawrence era primo de Petra, parte do mesmo clã rico que dominava Nagyrév, e seria impossível para Tia Suzy não pensar nas possibilidades fortuitas que tinha nas mãos.

Pediu a Lawrence para deixá-la na praça do vilarejo. Enquanto eles trotavam ao longo da rua Árpád, o casal puxou conversa com Tia Suzy. Perguntaram como estava Stephen.

O pobre veterano de guerra estava doente e piorando, relatou a parteira. Ela soltou um suspiro triste e aborrecido, olhando para Lawrence, depois para a esposa dele.

"Quem sabe quanto tempo mais ele irá aguentar?"

Lawrence ficou surpreso com a notícia. Visitara Stephen havia menos de duas semanas e não vira nada que sugerisse a gravidade da doença do marido de sua prima.

Aproveitando a oportunidade para plantar uma ideia, Tia Suzy continuou. "Sinto pena do Stephen", disse ela, "mas a vítima real é Petra, que precisa cuidar dele."

A parteira fez uma pausa enquanto suas palavras eram absorvidas, então prosseguiu.

"Se Stephen falecer, espero que aceitem meu filho como novo membro da família de vocês. Petra seria uma boa esposa para ele."

Lawrence ficou chocado. Olhou para a esposa esperando que ela soubesse o que responder às palavras ousadas e chocantes da parteira. Mas ela também estava atônita. Encarou o marido de volta, boquiaberta.

Ele voltou a olhar para a rua.

"Cabe à Petra decidir com quem vai se casar", disse ele. "São necessárias duas pessoas para selar um acordo."

Quinta-feira, 21 de setembro de 1916

A chuva caía torrencialmente desde a manhã. A umidade no ar impedia que a tinta secasse por completo na madeira. Mantendo a tradição, o fabricante de caixões tinha um esquema, pintava os caixões de pessoas mais velhas com um tom escuro de marrom; os de crianças pequenas, de branco; e os de adolescentes e jovens adultos, de azul real. Era essa cor que agora manchava as palmas das pessoas que carregavam o caixão de Stephen.

Petra estava parada em seu quintal molhado. As botas afundavam no chão lamacento. Puxou a capa por cima da cabeça para se proteger da chuva inclemente. Pela última vez, olhou para dentro do caixão. Ela havia vestido o marido com sua camisa cinza-escuro favorita. Tinha colocado os óculos de lona preta e posicionado seu quepe de lã do exército, agora limpo, na mão esquerda. Ela deu um passo para trás enquanto um pano branco era usado para cobrir o rosto de Stephen. O caixão foi rapidamente fechado com pregos.

Stephen havia parado de respirar pouco depois do meio-dia da tarde anterior, e a parteira havia sido chamada no mesmo instante para ajudar a família. Como não havia médico em Nagyrév, Tia Suzy sempre era a primeira pessoa a ser convocada quando ocorria uma morte no vilarejo. Ela fazia os planos com o coveiro, preparava o corpo para o enterro e chamava o sineiro, que não apenas anunciava a morte para o vilarejo ao tocar os sinos da igreja, como ia à câmara para registrar uma causa oficial de morte, sussurrada a ele por Tia Suzy.

O caixão foi erguido até a carroça dos Ambrusz. O condutor pegou as rédeas, guiando os cavalos com um galope lento. Uma fileira de enlutados seguiu a pé atrás dela pela longa e molhada procissão até o cemitério. Petra estava na dianteira. A jovem viúva carregava sua bebê contra o quadril, tentando evitar as rodas vibrantes da carroça, que cuspiam lama grossa em sua direção. Ela havia puxado o casaco da filha por cima da cabeça da menina para protegê-la do clima.

Um pouco atrás, Tia Suzy estava de olho em Petra. Não havia nada que a impedisse agora. Ela daria o bote no funeral. Puxaria Petra para um canto, explicaria seu plano e, em pouco tempo, a jovem viúva seria sua nova nora. Nas últimas semanas, não conseguia pensar em nada além disso, e estava muito empolgada.

Só não havia cogitado a hipótese de Petra recusar a ideia. Ou pior, de se voltar contra ela.

A volta para casa

Um homem sábio sabe ter medo quando é necessário.
— Antigo ditado romani

Quarta-feira, 2 de maio de 1917

O banco do vagão estava cheio de farpas e um pouco bambo. Maria sabia que ele se partiria ao meio, dependendo das circunstâncias. Se um homem gordo desabasse no meio dele, onde estava mais fundo. Se uma caixa pesada de um fazendeiro fosse apoiada sobre ele. Se uma criança malcriada sentasse nele com o dom da destruição.

Ao olhar ao redor, notou que as paredes do compartimento eram feitas da mesma madeira vagabunda que o banco. Elas tinham sido pintadas artisticamente para passar a impressão de elegância, mas Maria não se enganava. As rachaduras ziguezagueando pelo piso mostravam a verdade barata, assim como o som oco que a madeira emitia sempre que suas costas batiam nela.

Fazia horas que ela sacolejava dentro do trem, sendo jogada para a frente e para trás como uma pedra na peneira de um mineiro, e conseguia sentir cada quilômetro da jornada em seu corpo pequeno. O cansaço se instaurava nela como um vírus.

Sentia um gosto metálico em sua boca, com resquícios persistentes na língua e no hálito. O gosto a acompanhava desde sua chegada na estação de trem Keleti, em Budapeste, naquela manhã.

Ao chegar, não tinha visto fogo ardendo nos aquecedores da estação, apesar do frio do início da manhã. Os dias dos abastecimentos intermináveis de carvão tinham acabado; combustível não era desperdiçado aquecendo viajantes que esperavam por trens. De toda forma, havia bem menos locomotivas sendo usadas. Quase metade estava fora de serviço. Algumas tinham sido confiscadas pelos militares, mas milhares precisavam de consertos e peças e tinham sido simplesmente largadas no pátio. Muitos ainda tinham condições de funcionar, mas não eram usados pela falta de combustível. Entretanto, mesmo com menos trens em uso, e menos fogo ardendo nos aquecedores da estação, o ar da plataforma permanecia abafado pelo carvão, e Maria estava coberta por uma fina camada de fuligem quando havia chegado a hora de embarcar no trem.

Maria queria ter saído de Budapeste no dia anterior. Sua velha amiga Suzy Fazekas, talvez sua única amiga, frequentemente a lembrava de que o primeiro dia de maio era o verdadeiro nascimento da primavera e um momento auspicioso para novos começos. Maria levava a orientação mística de Tia Suzy a sério. As duas mulheres mal tinham se visto ao longo dos anos, tirando os eventuais momentos em que a parteira precisava resolver alguma questão em Budapeste ou fazia a viagem para visitar algum primo. Mas Maria continuava contando muito com a velha bruxa romani. Ela a usava como um bastão de radiestesia para descobrir pistas invisíveis sobre seu futuro, ou para bolar um estratagema para escapar de qualquer situação difícil em que se metesse. Maria consultava Tia Suzy antes de tomar quase todas as suas decisões, enviando telegramas para as urgentes e cartas para as menos urgentes.

Decidir qual seria o dia mais propício para a jornada de volta a Nagyrév lhe parecia a decisão mais crítica que já precisara tomar. Estava tomada pela empolgação sobre tudo que imaginava que estaria por vir. Ao mesmo tempo, Maria sentia que sua alegria era superficial, construída sobre estruturas que haviam enfraquecido, e tinha consciência de que aquela seria sua última chance. Não restavam outras opções. Desta vez, ela precisava fazer as coisas do jeito certo.

Porém seus planos para sair de Budapeste no Dia de Maio tinham caído por terra. Da janela de seu apartamento, ela havia visto as multidões nas ruas. Fábricas e oficinas tinham sido fechadas para o Dia Internacional dos Trabalhadores, e a cidade fora tomada por manifestantes. Eram mães, trabalhadores, militantes e prisioneiros de guerra retornados que gritavam palavras de ordem marxistas aprendidas com seus captores russos em Moscou. Os manifestantes exigiam de tudo, desde mais pão nos mercados até o fim do império. O dia inteiro, Maria havia escutado o rugido inquietante das multidões hostis do lado de fora da sua janela. Nunca vira nada parecido com aquilo. Nas ruas, só havia paz em becos e vielas tortas e obscuras, que abrigavam os estabelecimentos tranquilos de sapateiros e alfaiates, e onde as habitações bloqueavam o som, deixando apenas o zumbido musical das sovelas e máquinas de costurar.

Com a cidade dominada, não havia nada que Maria pudesse fazer a não ser esperar sozinha, na segurança de seu apartamento, e partir no dia seguinte.

As multidões podiam ter sido a solução perfeita para encobrir a fuga de Maria. Como todo o foco estava nos protestos, talvez ela conseguisse escapulir do prédio sem ser vista. Poderia ter aberto caminho até a estação de trem a pé, uma pequena beldade coberta de joias que tentava atravessar as ruas cheias de gente. Mas Maria levava um baú fechado, já que aquela era uma viagem da qual não retornaria.

Pela manhã, ela havia chamado uma carruagem para levá-la até a estação. Estava torcendo para ninguém no prédio ter visto sua partida. Entretanto, se tivessem, não fazia mais tanta diferença assim.

Maria estava feliz por se livrar de Budapeste. Aquela não era mais a cidade que ela conhecera. Os bueiros entupidos exalavam fedor. Os teatros estavam fechados com tábuas. As cafeterias, antes lotadas de jogadores de xadrez em partidas acaloradas, de jornalistas e dramaturgos escrevendo anotações em cima das mesas de tampo de mármore dignas de serem usadas por imperatrizes que tomavam chá, tinham sido tomadas por patifes que se aproveitavam da guerra. Os grandes mercados, antes carregados de aromas agradáveis, estavam praticamente vazios. Ninguém conseguia trazer alimentos do interior, onde havia abundância deles. Faltavam trens para transportar os produtos.

A cidade estava mais abarrotada de pessoas do que nunca, todas se apertando em apartamentos feito passageiros de um bonde. O cheiro de corpos sujos se alastrava. A água era um bem tão precioso e caro como ouro, então o banho das pessoas parecia se resumir a algumas gotas e um pouquinho de sabão conseguido de forma ilícita. Muitas estavam doentes ou passando fome, e, quando morriam, seus corpos eram rolados até a sarjeta das avenidas antes gloriosas, e deixados ali por dias. Não havia ninguém para removê-los.

Ainda era possível encontrar um conde idoso ocasional, com um bigode bem-encerado empoleirado sobre o lábio como uma cortina de palco, e sobrancelhas peludas prendendo com firmeza um monóculo para analisar a vizinhança arruinada como uma coruja de um olho só. Mas Budapeste, a Grande Dama, estava arruinada — e Maria se convencera de que era apenas por isso que estava indo embora, e nada mais.

Talvez devesse sentir arrependimento, ou quem sabe até uma centelha de fracasso, mas não era o caso. O ritmo do trem, a batida ritmada das rodas sobre os trilhos, lhe diziam que Budapeste se afastava, e, com ela, a pequena chaleira de problemas que começava a borbulhar. Assim que pisara no trem, ela havia parado de se preocupar com isso.

Ela se empertigou ainda mais no banco e sorriu para si mesma.

Agora, conseguia sentir todas as possibilidades fervilhando dentro de si. Estava carregada de energia, como se um raio de força e esperança tivesse atravessado seu corpo. Maria estava prestes a iniciar uma nova grande aventura, e ninguém conseguiria convencê-la do contrário. Após quase vinte anos, Maria voltava para casa.

Lá no fundo do fruto dessa nova grande aventura havia uma sementinha sombria, na qual habitava sua maior catástrofe, o desastre que a fizera fugir de Nagyrév. No momento, Maria estava apenas levemente ciente desse fato como um espaço silencioso, morto, que ocupava o centro de sua alegria. Ainda não conseguira detectar a podridão dele.

O bebê dela estava chorando. Conseguia escutá-lo pela casa, mesmo no quarto dos fundos onde tinha passado a manhã inteira com a porta fechada para os gritos dele. Havia deixado Alex Junior sozinho na sala.

A cama estava ensopada de suor. Suas pernas, entrelaçadas às dele. O peso dele a pressionava. Ela sentia o calor do hálito dele em sua orelha, em seu pescoço. Nos últimos dias, desde que tinham começado a se encontrar assim, os dois se esgueiravam para o quarto toda manhã após o nascer do sol, muito depois do marido dela, Alexander, sair para os campos.

Os galos cantavam no quintal lateral. Ela não ouviu o estrépito dos cascos enquanto a carroça se aproximava lentamente do portão, nem o clique da porta da frente sendo aberta com cuidado, nem os passos leves no corredor. Ela não ouviu nenhum som do marido até ouvi-lo arfar. E então escutou a pancada e o baque que balançou a porta quando ele desabou sobre a madeira.

O vagão sacolejou quando o trem trocou de trilhos, jogando Maria para a frente. Sua saia e anágua se agitaram como se estivessem incomodadas com toda aquela confusão. As malas bateram umas nas outras no porta-bagagem acima dela. Maria sabia que faltava pouco agora.

Ela achava que Alex tinha ido aos campos naquela manhã. Por que ele decidira entrar de fininho em casa? Tinha sido uma armadilha?

Maria tinha fatiado aquele drama escandaloso com sua faca corretiva, separando apenas os detalhes que lhe serviam. O que restara era uma pilha de fatos aleatórios separados da verdade feito uma espinha dorsal removida de um corpo, e todos os resquícios de culpa tinham se dissipado.

A indignação permanecera com ela, mesmo após o divórcio apressado de Alex. Se o marido estivesse onde tinha dito que estaria, nada de ruim teria acontecido. Ela não cedia nesse ponto. Era o principal fato do seu evangelho. Maria havia entalhado sua verdade a partir desse detalhe trivial, fazendo o vilarejo se voltar contra ela. Apenas Tia Suzy permanecera sua amiga fiel.

Sem dúvida, Maria tinha sido forçada a fugir de lá por uma mera questão de desencontros, mas estava triunfante agora. Por uma oportuna ironia do destino, ela havia conquistado um partido muito melhor do que Alexander Kovacs. E bem em Nagyrév. Ela voltava do exílio para se sentar no trono de rainha do vilarejo. Nada poderia ser melhor.

Conforme o trem seguia vagarosamente pela planície húngara, ela manteve as mãos ocupadas, aprumando-se. Secava o rosto com um lenço de renda. Esfregava levemente as palmas pelo vestido, pelo corpete, pelas mangas, pela saia, deliciando-se com a sensação da seda cara. Removia linhas invisíveis, puxando-as com desdém, observando-as caírem invisivelmente ao chão. Passava as mãos pelo cabelo longo e liso, ainda muito preto, com apenas um ou dois fios grisalhos. Ajeitava os colares e pulseiras, lembrando-se dos homens que tinham lhe dado cada um deles. Maria mantinha um registro atualizado de todos os homens que conhecera e dos tesouros que tinha recebido deles, como uma ladra de bancos contabilizando assaltos. Os homens que entretinha em Budapeste eram seu maior motivo de orgulho. Eles não eram moedas baratas, como os aldeões simplórios da sua juventude. Eram barras de ouro. Membros do Parlamento. Governadores de províncias. Banqueiros. Ao longo dos anos, eles tinham lhe dado muitos presentes e, a melhor parte, eram discretos. Mesmo assim, nem todos tinham passado despercebidos por seus vizinhos de Budapeste. Ela havia entendido quando chegara a hora de ir embora.

À tarde, Maria estava rouca. O ar tomado por carvão havia secado sua garganta, mas ela também passara o dia inteiro falando sem parar, sempre tendo algo a dizer. Quando os passageiros se levantavam para desembarcar, ou para encontrar um assento em outro compartimento, ela prosseguia, sem se deixar abalar pela interrupção. Quando alguém novo entrava no vagão, ela dava um resumo da sua história até aquele ponto, para que não perdessem nada. Não existia assunto no qual Maria não se colocasse em foco. Com apenas um ou dois segundos para se concentrar, usando uma tomada de fôlego para disfarçar, ela conseguia associar quase tudo a si mesma. Boa parte do que dizia não passava de tagarelice, mas ela discorria sobre sua grande aventura e o convite repentino que a fizera voltar correndo para seu vilarejo natal. Sobre Budapeste, pouco falou.

A locomotiva diminuiu a velocidade, rangendo. O bonde balançou de leve para os lados, como um barco em um lago preguiçoso. Maria secou o rosto com o lenço pela última vez. Tentou analisar sua aparência na janela enquanto sacudia para frente e para trás. A falta de elegância das mulheres ao seu redor tinha sido uma fonte secreta de diversão para ela durante a jornada. Sapatos com solas feitas de sobras de madeira presas com tachas. Meias furadas. Xales esfarrapados. Sentiu-se grata, ao olhar para o próprio reflexo, por ser lembrada de que não tinha se permitido ser marcada pela guerra como aquelas mulheres.

Um assobio demorado e alto soou conforme o trem se aproximava da estação. Quase dava para enxergá-la agora.

Uma onda de adrenalina percorreu Maria, acompanhada quase imediatamente por um lampejo de pânico.

E se ele não estiver lá?

Maria percebia só agora que tinha colocado seu destino nas mãos de uma única carta.

E se ele mudou de ideia?

Ela cutucava a cobra das dúvidas. E se tivesse se enganado sobre ele? E se tivesse cometido um erro? Um plano frenético a faria estar de volta a Budapeste na noite seguinte. Mas para onde iria? Não voltaria para o apartamento, sem dúvida. Será que poderia ir para Szolnok? Para Kecskemét?

O chiado ritmado dos freios fez a locomotiva parar com um solavanco leve, pontuado por um chiado estrondoso de vapor. Maria foi jogada contra o encosto duro uma última vez.

O barulho frio e cinza das partidas começou a preencher o vagão. Sombras passavam por ela conforme os passageiros se esticavam para pegar as malas. A prateleira de madeira estalava e grunhia sempre que era aliviada de outra valise. Maria não tinha pertences no vagão. Antes de sair de Budapeste, ao embarcar no trem, havia garantido que seu baú não seria vítima dos patifes do tempo de guerra e o guardado em um vagão específico para bagagens.

Maria espiou pela janela. O brilho branco do sol da tarde quase apagava a cena, mas, se ela curvasse a mão sobre a testa para bloquear a luz, era possível começar a discernir formas. Só então conseguiu enxergar bem a pequena estação de Újbög. Ficava em Tiszaföldvár, a apenas uma travessia de barca pelo Tisza, mas a quarenta quilômetros de Nagyrév pela estrada marcada pelas rodas de carroças.

Nada havia mudado desde a última vez que a vira. A pequena estação quadrada continuava carente de pintura, como se não tivesse recebido uma camada de tinta durante todos os anos que ela havia passado fora. As letras na placa permaneciam rachadas e desbotadas. Ainda existia um campo do outro lado, onde vacas pastavam. Tudo parecia intocado, assim como a lembrança de sua partida anos antes. Ela não se esquecera de quase nada daquele momento terrível. A expressão desgostosa no rosto de seu pai. A mãe segurando Alex Junior, então com catorze meses, que não parecia doente na época.

Maria tinha ansiado por entrar no trem e fugir. Ver seu bebê sumindo de vista e, com ele, as ruínas de sua antiga vida. Na época, Maria estava tão ansiosa por um recomeço quanto se sentia agora.

Estreitou os olhos para a janela do vagão e analisou a plataforma. Havia algumas mulheres-corvo com os filhos. Vinham recepcionar os maridos e pais que voltavam do mercado em Szolnok, onde Maria trocara de trem. Havia alguns cachorros farejando as beiradas da plataforma, a uma distância segura dos sons estridentes da locomotiva. Um ferroviário coberto de fuligem corria de um lado para o outro na beira dos trilhos. Pequenos grupos de homens se reuniam, fumando cigarros. A terra macia, cinza, da planície era soprada da estrada, e ela a observou girando no ar.

Em meio a tudo isso, estava Michael.

O sol refletia nas mechas grisalhas de seu cabelo. Seu rosto estava corado pelo calor. Tanto a blusa quanto a calça precisavam ser passadas, e o brilho do dia destacava as muitas dobras e vincos. Uma pulseira de ouro ocupava um pulso, e os dedos grossos exibiam manchas de charuto. As solas das botas estavam cheias de serragem, acumuladas do piso de seu bar favorito e da carroça. Michael Kardos era um proprietário de terras que tinha a aparência apressada de alguém que corre para pegar um bonde, ou uma mula fujona. Ele parecia despenteado pelo vento e devasso.

Segurava um buquê de flores, colhidas para ele pelo agente da estação de trem, que cuidava de um pequeno e bonito jardim na lateral do prédio.

Quando Maria avistou Michael, o passarinho do pânico, que brevemente fizera um ninho dentro dela, saiu voando. Sua paz foi restaurada, e tudo nela voltou ao normal.

Ela respirou fundo em vanglória.

Havia tantas pessoas que deveriam estar ali para testemunhar sua chegada: Maria Szendi, vestida em seda cara, estendendo sua mão para Michael Kardos beijar. Maria Szendi aceitando o buquê de Michael.

Por quase vinte anos, Maria tinha fantasiado com punir as pessoas de Nagyrév de forma grandiosa. O fato de que o trem não poderia levá-la direto ao centro do vilarejo e deixá-la bem na praça era decepcionante. Seu momento teria que esperar.

Maria levou um instante para notar quem estava ao lado de Michael. Foi preciso apertar os olhos para enxergar além do burburinho e da bagunça que agora tomava o vagão, conforme passageiros começavam a passar com as malas diante da janela, seguindo até os parentes reunidos lá embaixo. Ela o encarou pelo vidro sujo, analisando-o.

As costas dele eram tortas feito uma estrada de terra. As pernas, finérrimas, soluçavam com tremores. Ele estava inclinado para o lado e tinha jogado a cabeça para cima para enxergar, o que lhe imprimia uma aparência de louco. Era magro como um esqueleto e, aos olhos de Maria, parecia que partiria ao meio se um vento forte o ajudasse.

Talvez não o reconhecesse, já que conseguia contar nos dedos de uma das mãos a quantidade de vezes que o vira nos últimos vinte anos. Mas ele tinha os olhos azuis-claros e o cabelo louro-pálido do pai, traços inconfundíveis dos homens da família Kovacs.

Maria desceu para a plataforma. O céu azul da planície não exibia nenhum resquício da fumaça de carvão da cidade grande. Uma brisa primaveril veio em direção a ela, e um redemoinho de terra se formou aos seus pés. Ela se moveu pelo ar arenoso até Michael, que a cumprimentou com um beijo nas duas bochechas.

Alex Junior estava ao lado dele. Com a respiração arranhada, cada fôlego parecia fazê-lo tossir e engasgar. A pele dele parecia ictérica; o cabelo era fino e seco. Exalava um leve odor de decadência que fez Maria torcer instintivamente o nariz. Ela se inclinou o bastante apenas para dar um beijo frio em cada bochecha do filho e logo se afastou. Sempre lamentara que seu primeiro bebê tivesse morrido, em vez deste.

Maria não soubera da condição de Alex Junior antes de sua partida de Nagyrév, porque os sintomas mais óbvios ainda não tinham aparecido. Mas, ao completar 8 anos, os avós tinham recebido o diagnóstico de um especialista em Budapeste: Alex Junior nascera com sífilis, transmitida a ele no útero por Maria, que era uma portadora assintomática. Desde então, a doença, progressiva e sem tratamento, havia roubado os músculos e nervos do menino, causando dores cada vez mais intensas.

Ele não devia ter nascido, pensou Maria. Ela entremeou seu braço ao de Michael e aceitou o buquê quando ele o ofereceu. Na opinião dela, não fazia sentido Michael ter levado Alex Junior para a estação.

Michael pegou o baú dela no compartimento de bagagens e os três embarcaram na barca de volta a Nagyrév. O Serviço de Barca Csongrád-Szolnok operava uma rota de ida e volta duas vezes por dia, da primavera ao outono. No inverno, quando o Tisza congelava, muitas pessoas simplesmente atravessavam o rio a pé.

O motor da barca era tão alto que Maria precisava conversar com Michael aos berros. Sua voz falhava com o esforço, e ela engasgava com o vento leve causado pela velocidade da embarcação. O motor rugiu enquanto a barca saía da estação Újbög, oscilando pela curva rumo a Nagyrév. O estrondo causou uma vibração forte, que entorpeceu os pés de Maria até ela quase não senti-los mais. Suas mãos tremiam loucamente, e as pétalas macias das flores em seu buquê estavam sendo destruídas pela tremedeira intensa. Michael permanecia ao seu lado, impassível.

Maria tinha conhecido Michael durante a vida toda. Tinha só 9 anos quando ele tinha 19, mas ouvia as histórias da vida amorosa dele que circulavam pelo vilarejo desde que se entendia por gente. O que ela sabia, o que todos no vilarejo sabiam, era que Michael não desistia de uma garota até fazê-la se apaixonar por ele, e isso nunca era difícil.

O caso de Maria com Michael tinha começado apenas semanas antes. A esposa dele havia falecido recentemente, escrevera ele na primeira carta que tinha enviado para ela. Iria até Budapeste a trabalho. Será que poderiam se encontrar? A carta chegara na hora certa.

A embarcação diminuiu a velocidade ao se aproximar das margens. O comandante desligou o motor para deixar a barca ser levada pela corrente nos últimos metros, e os ajudantes a prenderam no cais.

Maria desembarcou e seguiu com dificuldade pela margem molhada, tomando cuidado para não sujar o vestido de seda. Ao chegar ao topo, parou por um instante, desestabilizada, porém destemida, e começou a assimilar tudo.

As canções dos pássaros do rio e dos pica-paus eram tão familiares a ela quanto o suave aroma de pinho que agora inalava. Ela conseguia ouvir crianças brincando na curva do rio. À sua frente, um pouco fora de vista, estava a igreja, cujo campanário alto dominava a praça desolada que ocupava. Havia sido ali que ela se casara com Alexander Kovacs, em um dos casamentos mais suntuosos que Nagyrév já tinha testemunhado. Os Szendi eram, sem dúvida, os aldeões mais ricos da província, e o casamento havia unido o clã com os ricos Kovacs. A festança tinha se estendido por dias.

Mas não era nesse marido que ela pensava agora. Era o segundo que estava em sua mente. O de Budapeste. Por um instante, ela se perguntou o que ele faria quando voltasse para casa e descobrisse que ela havia ido embora.

Na manhã seguinte, Maria acordou em mais um dia de sol forte. Sob a luz, ela imediatamente viu tudo que precisava ser feito. Na noite anterior, quando havia chegado com Michael — na casa *deles* agora —, já escurecia, e as luminárias fuliginosas de parafina tinham feito um péssimo trabalho em permitir que ela conseguisse enxergar seu novo lar. Mas agora conseguia vê-lo.

Não havia nem sinal da ordem que seria esperada de alguém de sangue azul como Michael. O chão não tinha sido varrido. Os tapetes se mostravam embolorados. As janelas estavam sujas e cheias de poeira. Não fazia tanto tempo assim que a esposa de Michael havia falecido, mas ficou bem claro para Maria que ele negligenciara qualquer tipo de limpeza e organização da casa desde sua morte. O lugar precisava de uma boa arrumação, mas, primeiro, Maria queria apagar os sinais da finada esposa; então, da chaleira à colcha na cama, tudo precisaria ser trocado.

Maria pegou o cesto de vime da falecida e foi às compras. Quinta era dia de feira no vilarejo, uma oportunidade perfeita para encontrar novas mercadorias e muito mais, como Maria bem sabia.

Ao sair do portão, ouviu a barulheira do bar dos Cser. A casa ficava do outro lado da rua do bar, e Maria já desgostava dessa localização. Michael era dono de várias casas, algumas das quais talvez pudessem até ser chamadas de chácaras, e Maria teria preferido morar em qualquer uma delas para se afastar da agitação do local. Porém, o número sessenta e cinco da rua Árpád ficava a uma curta caminhada da casa de Tia Suzy, que Maria sabia que visitaria quase diariamente.

Suas pulseiras balançaram quando ela fechou o portão. Levantando a saia comprida, ela pulou sobre a vala estreita para chegar à rua. Um pouco de terra espirrou em seus pés. À sua frente, crianças brincavam com bonecos feitos de sabugos de milho sob a sombra de uma alfarrobeira.

Alguns aldeões se viraram para encará-la enquanto sacolejavam em cima de carroças, sem acreditar em quem estavam vendo. Maria seguiu seu caminho com tranquilidade. Ela ergueu a cabeça, como se tentasse escutar um segredo sussurrado pelo céu. Quando vira-latas começaram a segui-la, ela os afastou com um chiado firme e a ameaça de acertá-los com a cesta.

Ela passou por todos os comerciantes e oficinas familiares de sua infância. O armarinho, onde seu primeiro vestido de noiva fora confeccionado; a mercearia Feldmayr, em que comprava bengalas doces açucaradas quando menina; o correio, cujo tinido do telégrafo tocando alcançava a rua.

Ao chegar à praça, ela viu a bagunça familiar de barracas de madeira espalhadas por cada canto, formando o mercado improvisado da cidade. Havia espaço para apenas alguns corredores abarrotados e serpenteantes, mas o ar era perfumado pelo aroma de temperos. Cerca de uma dúzia de cavalos e mulas estava amarrada a estacas que tinham sido marteladas no chão próximo ao poço naquela manhã. As carroças tinham sido desprendidas e deixadas perto dos vendedores. Comida fora levada em grandes embrulhos e espalhada sobre uma mesa comprida perto do banco de açoitamento, e garrafões cheios de vinho tinham sido abertos para oferecer amostras. Algumas crianças corriam entre as barracas, embora a maioria estivesse distraída brincando de pega-pega no gramado da igreja. O dia bonito havia atraído muitos compradores, e um clima alegre que Maria bem lembrava reinava, quase como o de um festival.

O dia da feira era um evento aguardado pelos aldeões toda semana. O vilarejo nunca recebia vendedores exóticos de Constantinopla ou Sarajevo, como as feiras maiores em Kecskemét e Szolnok (apesar de a guerra tê-las interrompido). No geral, havia apenas uma ralé de mascates que atravessava a pé as estradas escaldantes da planície para vender louças de barro, apetrechos de costura, Bíblias e tonéis de banho. Às vezes algum romani aparecia vendendo partituras de música por um centavo. Aldeões também vendiam produtos, e essas eram as pessoas que mais interessavam a Maria.

Por boa parte da manhã, ela analisou as barracas. Ergueu panelas de cerâmica contra a luz para inspecioná-las. Espiou dentro de tigelas, franzindo a testa para a péssima qualidade. Fez cara feia para lenços, baldes de madeira, conchas, vasos ornamentais. Mostrou farpas e barras esfarrapadas. Os olhares se focavam nela. Bolou perguntas para que a escutassem falando em seu dialeto de Budapeste. Ela havia se esforçado para se livrar de qualquer sinal do sotaque de Nagyrév em sua fala e queria exibir seu trabalho árduo. Para ninguém específico, soltava expressões em alemão, frases que havia aprendido com o marido de Budapeste, então olhava ao redor para ver se alguém tinha percebido.

Quando finalmente foi embora, Maria tinha se certificado de que Nagyrév soubesse que ela estava de volta.

A primavera talvez fosse a época do ano mais atarefada para a parteira. Não era apenas a temporada de nascimento de carneiros e bezerros, já que Tia Suzy fazia frequentemente os partos dos animais de fazenda também, mas era a época de plantio e debulha, quando era comum acontecerem lesões em músculos sobrecarregados. Tia Suzy tinha uma longa lista de fazendeiros com dores nas costas que dependiam dela para sentirem alívio. Várias mulheres no vilarejo ofereciam massagens e sanguessugas para tratar dores de cabeça, mas aflições maiores, como espasmos musculares, tendões rompidos ou até hérnias, dependiam do remédio de Tia Suzy.

Em muitas manhãs, ela partia para a floresta antes do nascer do sol para colher ervas para a produção de tinturas. Com frequência, saía à caça da fatal beladona. Era preciso colher a planta enquanto florescia, momento em que seus botões estavam mais saturados de atropina e hiosciamina. A beladona era uma das ervas medicinais mais úteis que ela conhecia, e muito eficiente para tratar as dores dos fazendeiros.

Naquele dia, Tia Suzy voltou da coleta de ervas na hora do café da manhã e logo partiu para realizar as rondas diárias. Como sempre, começou pela casa dos Ambrusz.

A relação entre a parteira e o sr. e a sra. Ambrusz permanecia amigável. Oito meses tinham se passado desde o enterro do neto deles, e o velho casal tratava Tia Suzy como sempre. O sr. Ambrusz ainda a enchia de leite e outros produtos, e o clube de costura que a sra. Ambrusz organizava todo inverno tinha contado várias vezes com a presença de Tia Suzy e sua irmã Lidia. O grupo de mulheres-corvo se reunia e costurava sob a luz de lamparinas na sala da sra. Ambrusz, como faziam todo ano, embora Petra não tivesse comparecido ao encontro durante todo o inverno. Se a sra. Ambrusz tinha notado que a viúva do neto estava evitando a parteira, não comentara nada sobre o assunto com Tia Suzy.

A parteira abriu o portão dos Ambrusz. Espantou as galinhas do caminho e foi até o estábulo.

Ao lado das caixas de forragem estavam os bancos de ordenha e os baldes de leite, e Tia Suzy abriu caminho entre eles fazendo barulho para alcançar a bancada do sr. Ambrusz. Ali, ele havia deixado alguns ovos em uma caixa para ela. Tia Suzy colocou os ovos em sua cesta e depois seguiu para a casa.

Lá dentro, ela escancarou as cortinas. Foi batendo os pés para a cozinha e abriu um armário. Pegou uma lata de temperos secos. Abriu a tampa e enfiou a mão lá dentro para recolher um punhado. Em outro armário, revirou a elegante louçaria de Petra. Pegou uma xícara e a colocou na cesta, tomando cuidado para não quebrar os ovos.

A rejeição de Petra à ideia de se casar com o filho de Tia Suzy tinha surpreendido a parteira no começo. Ela se esforçara para não acreditar que era verdade. Tentara conversar com Petra de novo sobre um casamento. Tinha analisado as casas em que o casal poderia morar, que seu filho conseguiria comprar com os recursos de Petra. Tinha analisado até a própria casa em busca de tudo que poderia trocar com um pouco do dinheiro dela: uma nova pia, um novo aparador, uma nova tapeçaria para a sala. Uma vez, tinha visto um comerciante que vendia espelhos grandes que ficariam ótimos em seu quarto.

O fato de Petra resistir ao plano era inconcebível para a parteira. Tia Suzy havia aliviado a jovem de uma vida de sofrimento, e Petra se recusava a pagar o preço dela.

Como Petra negara a Tia Suzy acesso às suas riquezas, ela as tomaria, uma xícara de cada vez.

Saiu com o passo arrastado da casa dos Ambrusz para continuar a ronda. Precisava visitar pacientes, mas também coletar pagamentos.

Muitos aldeões tinham se acostumado a voltar para casa e encontrar a parteira em seu palheiro no sótão, revirando o estoque de feijão ou lentilhas, ou de olho na carne defumada pendurada nas vigas para curtir.

Após terminar as rondas, Tia Suzy finalmente entrou na rua Árpád, encaminhando-se para sua recompensa diária. Passou pelo correio, onde seu primogênito trabalhava entregando correspondências por toda a região. Tia Suzy tinha vários pacientes em locais distantes, graças às suas conexões com os romani e aos muitos comerciantes que faziam propaganda de seus benéficos remédios. O trabalho do filho no correio facilitava o acesso a essas pessoas. Ela podia enviar poções diretamente, sem que a correspondência fosse verificada pelo administrador. Fora por esse exato motivo que ela conseguira o emprego para ele. Tia Suzy conhecia vários conselheiros do vilarejo, e tinha uma amizade especial com o secretário, o sr. Ébner, uma relação que se esforçara para cultivar. As amizades dela eram úteis para colocar pessoas nos lugares em que ela precisava delas.

A parteira olhou para o outro lado da rua, onde ficava a barbearia do genro. Daniel mantinha a loja aberta por dois dias na semana durante o inverno, mas já mudara para o horário de verão, quando trabalhava apenas aos sábados. Ele tinha um lote nos campos e, assim como muitos homens da planície, mantinha uma pequena cabana de juncos lá, onde costumava passar as noites quentes. Entretanto, a ausência de Daniel estava sendo especialmente sentida nos últimos dias. Mal era visto em Nagyrév.

Quando a parteira chegou ao bar dos Cser, já tinha andado vários quilômetros com suas cestas. Bufava com o esforço exigido dela pelo peso de seu corpo. Dali a duas semanas, ela completaria 56 anos, e sentia cada dia desse tempo.

Tia Suzy espantou os vira-latas que rondavam a porta. Ela se inclinou sobre as cestas e, grunhindo, lançou uma cusparada grossa no chão. Os cachorros saíram correndo. Com outro grunhido, ela puxou a porta do bar.

O lugar estava escuro e fresco. A luz do sol lutava para entrar por uma pequena janela. Na parede, chapéus imundos de velhos fazendeiros estavam pendurados em ganchos. Eles cheiravam a suor. As mesas estavam arranhadas e posicionadas em lugares aleatórios, como se uma tempestade tivesse passado por ali. Havia serragem espalhada pelo chão.

Ela seguiu a passos pesados até uma mesa e colocou as cestas sobre o tampo. Desmoronou sobre o banco, apertando-se entre os homens. A parteira era a única mulher no vilarejo, talvez a única mulher em qualquer província do reino, a ousar passar pelas portas de um bar.

O local era tão familiar e confortável para ela quanto a sala da própria casa, e ela com frequência o considerava exatamente isso. Também conhecia todos os segredos do bar. Podia olhar para qualquer um daqueles homens e saber quais problemas os esperavam em casa, às vezes melhor do que eles. Sabia sobre a filha do sr. Takacs, já que muitas moças grávidas e assustadas de Nagyrév procuravam a parteira. Sabia sobre a assadura do sr. Nagy, tratada por ela. Sabia que o sr. Csabai, recém-chegado do front, havia começado a bater na esposa, e sabia que a esposa do sr. Virag morria de medo dele. Ser a guardiã desses segredos a fazia se sentir mais poderosa do que qualquer poção preparada em sua cozinha.

Tia Suzy berrou seu pedido para Anna. Remexeu o avental em busca do cachimbo e o acendeu entre os lábios finos. Analisou o salão. Lewis estava jogado sobre o bar. Alex Junior jogava cartas em sua mesa perto da janela.

Alex Junior era um bom jogador de cartas. Ele dominava vários jogos, o que certamente lhe trazia vantagem sobre os amigos. Quando ganhava, ele pagava rodadas de bebidas para todos e voltava para casa com os bolsos tão vazios quanto tinha chegado.

Sentia-se mais confortável sentado. Passava horas ocupando a mesa em que jogava, seu corpo ossudo recostado na cadeira, deixando as pernas desfalecidas. Gostava de bebericar café e drinques ao longo do dia. Também fumava, mas não fazia nada além de brincar com a comida.

Com o passar dos anos, o passo dele tinha se tornado mais enrolado e desajeitado conforme os músculos das pernas iam se atrofiando. Às vezes, ele sentia dores fortes no abdômen.

A maioria dos amigos com quem Alex Junior havia crescido tinham sido convocados para a guerra, porém alguns fazendeiros mais velhos tinham se aproximado dele, e alguns adolescentes que o encaravam como um primo também o tratavam com intimidade.

Ele era sereno e tinha um bom gênio. Ainda carregava um ar travesso, mas seus dias de fazer bobagens tinham ficado para trás. As traquinagens que aprontara na adolescência agora só serviam de histórias que podia contar enquanto mais um maço de cartas era embaralhado e distribuído.

Tia Suzy sofria com a aparência dele. Era uma pena, pensava ela, que não tivessem tomado nenhuma providência sobre ele muito tempo atrás. Uma vida pela metade, como a dele, não passava de um problema que devia ser resolvido. Ela sabia muito bem o que faria com ele, se tivesse oportunidade.

Quando a parteira viu Michael, sentiu algo fraquejar dentro de si. Ele não era cliente assíduo do bar. Preferia o clube de leitura, um lugar em que podia apreciar um copo do vinho doce de Tokay enquanto lia os jornais semanais que chegavam ali. Vê-lo no bar dos Cser era uma surpresa para a parteira, mas ela logo se recuperou do susto. Com os anos, tinha aprendido a parecer indiferente a Michael. O que tinha acontecido entre eles fazia anos, como ela frequentemente lembrava a si mesma.

Michael era tão bem-visto em Nagyrév quanto qualquer pessoa. Tinha sido um juiz popular anos antes, e quase todos o consideravam um amigo. Michael Kardos era o homem que todos os outros homens queriam ser e que todas as mulheres queriam em sua cama. O fato de ele ter escolhido Maria após a morte da esposa tinha chocado muitos, e destroçado as esperanças de mais pessoas ainda.

Se a parteira se ressentia do novo relacionamento entre Maria e seu antigo amante, escondia muito bem o rancor de sua querida amiga. Ela gostava bastante de Maria, que a lembrava das mulheres romani com quem crescera, cheias de vida e completamente diferentes das mulheres-corvo que faziam hora no poço para fofocar (um pecado que Tia Suzy e sua irmã também cometiam).

Michael estava no bar para comemorar o aniversário de seu nome.* Sentado à cabeceira de uma mesa cheia de jarros de vinho e montanhas de comida e presentes, ele estava cercado de seus companheiros mais próximos. Tia Suzy o observou como uma águia observa a presa.

---

*   Em inglês, "name day". Trata-se de uma tradição cristã de muitos países da Europa e da América, além de outras regiões onde o cristianismo é praticado. Consiste em um dia de celebração, durante o ano, que é associado ao nome de batismo de uma pessoa, obrigatoriamente o de um personagem bíblico ou santo. Não está ligado, necessariamente, à data de aniversário dessa pessoa.

Quando estava pronta para ir embora, bateu o dedo gordo no fornilho do cachimbo e o esvaziou. Bebeu o restante do conhaque em um gole e bateu o copo na mesa. Levantou-se do banco e ajeitou as cestas pesadas nos braços.

"A senhora vai pagar hoje?", gritou Anna para ela.

A parteira nem se deu ao trabalho de erguer o olhar. Foi andando a passos pesados até a porta, avançando com dificuldade entre as mesas em seu caminho.

"O Senhor misericordioso proverá!", berrou ela.

De volta à rua Árpád, ela seguiu para casa, para tirar sua soneca diária.

Maria passou as primeiras semanas de volta a Nagyrév se readaptando ao vilarejo. Ela desceu até a curva do rio, onde brincava de boneca quando era pequena, e foi até a planície para supervisionar seus lotes. Eram campos cheios de ervas daninhas, com grama seca e amarronzada que batia acima da cintura de Maria, mas ela ainda assim se sentiu reconfortada ao vê-los. Era a última sobrevivente da sua família. Toda a fortuna dos Szendi pertencia a ela.

Quando Maria voltava de suas andanças pela tarde, passava frequentemente por vizinhos nas varandas de casa debulhando milho para a forragem dos animais. Parava para cantarolar um "olá" no portão. Em retribuição, recebia respostas secas, as vozes soando tão polidas e rápidas quanto o som do milho sendo removido dos sabugos. Além de algumas primas que se sentiam na obrigação de serem educadas com ela, Tia Suzy permanecia sendo sua única amiga.

Às vezes, quando chegava em casa, encontrava Alex Junior tendo conversas profundas com Michael. O rapaz morava com o pai, mas tinha se tornado amigo de Michael desde que Maria voltara para o vilarejo. Os dois conversavam na sala, ou iam para os estábulos e bebiam de um frasco de conhaque que Michael guardava lá. Michael era paciente com Alex, e a paciência que ele demonstrava apenas servia para despertar a ira de Maria. Ela se incomodava ao ver como o vilarejo paparicava o filho. Sempre havia alguém parando para lhe oferecer carona até o bar, à câmara do vilarejo, ao rio, ou onde quer que ele precisasse ou quisesse ir. O padeiro se certificava de preparar um filão extra para ele sempre que lembrava, mesmo que ultimamente Alex mal tivesse apetite para comer. Toda bondade demonstrada a ele parecia custosa para ela. *Por que tanto estardalhaço por um garoto aleijado?*, era o que ela queria entender.

Um único incidente de peraltice que acontecera três anos antes tinha dado a Maria todas as mostras do problema com o filho. Por ter sido desafiado, ele tinha roubado três galinhas do quintal de um conselheiro enquanto trabalhava como guarda noturno. Michael era o juiz na época e tinha dado a Alex Junior a menor sentença possível. Mas ele acabou perdendo o emprego de guarda e não encontrou mais trabalho decente desde então.

Por mais dificuldade que ela tivesse com o filho, Maria também achava que o problema com seu ex-marido Alexander era complicado. Tinha subestimado como seria difícil voltarem a viver no mesmo vilarejo. A todo lugar que ia, a sombra de seu pecado a seguia.

Pressionada por esses fardos, Maria só tinha uma opção: procurar a amiga, Tia Suzy, que leria seu futuro e lhe diria o que fazer.

Maria foi até a rua Órfão e entrou pelo portão de Tia Suzy. Ela subiu na varanda e bateu à janela. Quando a parteira abriu a porta, Maria foi recebida pelo cheiro doce e enjoativo do tabaco da amiga. A cozinha era onde a parteira passava boa parte do dia quando não estava perambulando pelo vilarejo, e o cheiro costumava ficar entranhado ali.

Maria sentou-se à mesa comprida da parteira, usando um de seus vestidos simples, que passara com o ferro naquela manhã. Ansiosa, sentou-se e esperou a parteira se aproximar. Aquelas visitas diárias à Tia Suzy lhe ofereciam mais do que apenas companhia. As cartas e telegramas que as duas tinham trocado por anos haviam sido uma força que guiara Maria durante sua época em Budapeste. Agora que moravam tão perto, ela conseguia buscar os conselhos de Tia Suzy para praticamente tudo. Maria considerava a parteira sua feiticeira pessoal, capaz de enganar o futuro para se moldar às suas vontades. Não havia descontentamento que ela não levasse para ser resolvido à mesa de Tia Suzy.

A parteira andou até o aparador para buscar seu velho baralho. Ela voltou para a mesa e desabou sobre o banco diante da amiga. Não precisava perguntar a Maria no que estava pensando. Tia Suzy escutava as reclamações sobre Alex Junior com frequência. Já estava cansada delas.

"Por que ainda perde tempo com ele?", perguntava sempre a parteira.

Tia Suzy depositou o baralho sobre a mesa. Puxou várias cartas da pilha e as espalhou em sua disposição preferida para previsões. A parteira tinha várias ferramentas que usava para prever o futuro, mas Maria preferia o baralho. Após virar várias cartas, Tia Suzy contemplou cada uma. Em seguida, explicou para Maria o que elas lhe diziam.

Esticou a mão para o outro lado da mesa e pegou seu tabaco. Jogou uma pitada no cachimbo e o fechou. Pegou seu palito fino na mesa e cutucou o centro do fornilho enquanto observava Maria analisar as cartas.

"Tenho uma solução", disse a parteira para a amiga.

Tia Suzy revirou o avental em busca de fósforos. Reacendeu o cachimbo, dando uma tragada demorada, gratificante.

"Não vai demorar muito", avisou Tia Suzy, assoprando a fumaça pela boca ao falar.

A parteira esticou a mão e juntou as cartas em um monte.

"Não vai mais precisar ficar assistindo à tortura de seu filho."

Quanto ao segundo dos dois problemas de Maria, Alexander Kovacs, Tia Suzy também tinha uma ideia. Como Maria bem sabia, a parteira arranjava solução para qualquer problema.

As safras de verão trouxeram grande fartura para o vilarejo. As melancias e batatas tinham sido férteis, e, ao fim de setembro, o trigo estava sendo colhido. Em um dia no fim do mês, chegou aos campos a notícia de que Alexander Kovacs tinha morrido. A morte dele foi um choque para o vilarejo. O Alex mais velho tinha apenas 44 anos e passara o verão inteiro trabalhando pesado nos campos. Todos se surpreenderam por um homem tão resistente ter partido tão rápido.

Se Maria tivesse ficado curiosa, ou pelo menos ousada, teria ido à câmara do vilarejo para dar uma olhada no registro de óbito. Teria lido qual era a causa relatada da morte dele. Desta vez, Tia Suzy dissera ao sineiro para escrever "apoplexia".

Alexander não queria contato com Maria desde o retorno dela para a cidade, mas, mesmo assim, a mulher sentia a presença do ex-marido a todo lugar que ia. Ele parecia espreitar cada corredor de loja, cada esquina, cada curva na estrada; como uma névoa pesada que a cobria. Com a morte dele, a névoa se dispersava. Maria conseguia enxergar com clareza o que fazer a seguir.

Ela não conseguira aceitar a solução de Tia Suzy para seu filho problemático, mas elaborara uma forma de removê-lo da própria vida em Nagyrév. Agora, com Alexander fora do caminho, não perdeu tempo para colocar o plano em prática. Ainda mantinha contatos valiosos em Budapeste e, por meio deles, conseguiu um emprego para Alex Junior na Administração Pública de Trânsito da cidade.

Finalmente, Maria estava livre para recomeçar.

Fazia semanas que Daniel estava morando no seu lote, e as noites de outono tinham se tornado frias. Durante boa parte do verão, ele havia dormido a céu aberto, deitado em sua esteira sob o brilho das estrelas. Fazia isso todas as noites, às vezes cantarolando para si mesmo enquanto se preparava para dormir. A voz dele pairava pela planície como a de um pássaro canoro.

De vez em quando, dormia dentro da cabana de juncos, mas o topo dela alcançava no máximo a altura das pilhas cônicas de palha que salpicavam os campos. Precisava se abaixar para entrar e sair, então, se o clima permitisse, preferia dormir do lado de fora.

Daniel bebia o bastante para se aquecer. Usava o casaco de pele de carneiro como cobertor e mantinha ao seu lado um frasco em formato de cruz que tinha ganhado de presente anos antes. Levou-o aos lábios e tomou um gole, sentindo a ardência do conhaque descendo pela garganta.

Refletia sobre o que fazer. Tinha sentido o olhar maldoso da parteira.

Nos nove anos em que morara debaixo do mesmo teto que Tia Suzy, tinha passado a conhecer a sogra da mesma forma como alguém conhecia um sequestrador. Daniel a observava seguindo com seus dias, entrando a passos duros pela porta com suas cestas lotadas e saindo de novo para se embebedar no bar dos Cser. Também vira como ela tratava o filho e a filha dele, avaliando com um olhar criterioso o que comiam, arrumando-os para a escola todos os dias, dando voltas com os dois pelo quintal para ensinar-lhes sobre as plantas e alertá-los sobre as folhas e frutos venenosos. Era tão cuidadosa e atenciosa com os netos quanto a própria avó dele tinha sido com ele.

Mas a luz que ela projetava havia mostrado a Daniel as artimanhas da trama que tecia. Com o tempo, ele havia entendido que as poções preparadas em sua cozinha nem sempre tinham o objetivo de curar. Ainda há pouco, havia escutado as conversinhas de fim de noite murmuradas entre a parteira, a esposa e os irmãos dela. Eram conversas que não deviam ter chegado aos ouvidos dele.

Uma tarde, ele havia deixado de pegar a caravana de volta para casa e simplesmente ficado nos campos. Muitos homens solteiros passavam semanas ali durante o verão, e ele também fizera isso quando solteiro, mas por motivos diferentes dos atuais.

Daniel sabia que não poderia ficar ali por muito mais tempo. Com o inverno chegando, teria que voltar para o vilarejo. Tinha passado várias noites fazendo planos, pensando em onde morar. Finalmente, havia decidido ajeitar um espaço pequeno para si mesmo nos fundos da barbearia. A única certeza que tinha era que jamais poderia voltar para o número um da rua Órfão. Assim como seu sogro tinha feito anos antes, Daniel sabia que precisava fugir.

PATTI MCCRACKEN
AS CRIADORAS DE ANJOS

Uma gripe fatal, um reino destruído, um plano fracassado

> [Tia Suzy] era extremamente observadora, muito perspicaz, e parece ter sido um monstro cheio de energia e falta de escrúpulos. Uma figura gorda e sorridente, semelhante ao Buda, ela sabia de todos os interesses e problemas dos habitantes do vilarejo.
>
> — Jack MacCormac, *The New York Times*

O lenço de Tia Suzy estava ensopado. A parteira o embebera em seu preparado de vinagre de Marselha. Pressionou o lenço sobre o nariz e a boca para se proteger da doença ao seu redor. Era uma enfermidade diferente de tudo que já vira. Derrubava as pessoas feito galhos em uma tempestade. Os olhos de lagarto dela se apertavam sobre o topo do lenço. Ardiam com a cânfora forte. Porém seu nariz de herborista ainda conseguia detectar as outras ervas que misturara na poção, assim como o vinho que tinha acrescentado, tudo para potencializá-la.

Era chocante a rapidez com que o vírus tinha chegado e o prejuízo que estava causando. O país havia enviado três milhões e meio de homens para a batalha, e agora, com o fim da guerra se aproximando, totalizava dois milhões de mortos. Mas aquela praga, chamada de gripe espanhola pela imprensa norte-americana, era uma arma brutal e derradeira lançada por uma fera desconhecida. E parecia ter um apetite específico por jovens adultos. A própria parteira havia observado isso.

O lenço molhado estava dolorosamente frio. Segurá-lo fazia suas mãos artríticas latejarem. Inclinou-se para pegar o último cobertor do chão e seu *putsi*, sempre pendurado no pescoço, caiu e se emaranhou diante do rosto dela. Tia Suzy tinha certeza de que os amuletos dentro da bolsinha de couro eram tão responsáveis por seu bem-estar quanto o vinagre de Marselha. Também atribuía sua relativa boa saúde, diante de tudo que a cercava, aos rituais que executava em casa. Eles a protegiam. Ela pensava com frequência que, se os *gadjos* respeitassem a magia romani, não seriam tão fracos de corpo. Enrolou o cobertor em uma bola e o enfiou no saco de estopa que tinha trazido de casa. Depois, limpou as mãos com o lenço ensopado.

A parteira abaixou-se e ficou de quatro. O casaco de lã preta a apertava desconfortavelmente. Tinha sido feito pelo peleiro do vilarejo anos antes, quando ela era um pouco menos rechonchuda, mas agora as costuras estavam estufadas, e na posição em que estava no chão, esticando a lã, elas se estufavam ainda mais. Próximo a ela estava um balde de madeira repleto de vinagre e água. Pegou um pano que flutuava na mistura e começou a esfregar o piso terroso. Toda vez que enfiava o pano no balde, jogava mais água gelada no chão diante de si. Conseguia enxergar a própria respiração quando bufava com o esforço da limpeza. Naquela manhã, nenhum fogo tinha sido aceso para aquecer o casebre arejado, suscetível ao clima. Aquela pequena habitação permanecia glacial.

Quando Tia Suzy terminou de esfregar o chão, levantou e limpou as paredes encardidas. Também estavam frias, além de úmidas, com rachaduras e frestas por onde o vento soprava. O casebre surrado do pregoeiro era, na sua opinião, a casinha mais deteriorada do vilarejo.

Havia passado tanto tempo ali recentemente que tinha notado cada detalhe decadente da casa de dois cômodos à beira do rio: a porta mal-ajambrada, os armários vazios, a tapeçaria desbotada pendurada em pregos bambos na sala da frente. Não havia mais ninguém ali agora, e ela ansiava por ir embora.

Por semanas, o casebre do pregoeiro estivera lotado de aldeões doentes que tinham sido mantidos em quarentena ali. Tia Suzy havia cuidado deles durante a primeira onda da gripe espanhola, e agora, durante a segunda. Fazia dois anos que remédios não chegavam ao vilarejo, embora

Tia Suzy tivesse mais confiança em seus emplastros e tinturas do que em qualquer coisa que médicos e hospitais utilizavam.

O chão havia sido coberto de *dikus* nos quais os doentes se deitavam — esteiras de palha que fazendeiros costumavam guardar nos estábulos para tirar sonecas. Alguns dos doentes tinham levado seus *dikus* consigo para o casebre. Outros tinham recebido depois, enviado por parentes a pedidos de Tia Suzy. As famílias também levavam pão, sopa e *goulash*. Ficavam na varanda e entregavam as panelas para a parteira. A maioria dos pacientes dela estava doente demais para comer, mas Tia Suzy consumia de bom grado o banquete.

Tia Suzy tivera dificuldade em manter o casebre do pregoeiro aquecido para os aldeões doentes. Havia queimado toda a lenha, depois palha, depois sabugos de milho seco, então esterco e quaisquer folhas velhas que conseguia encontrar, apenas para manter o fogo aceso no fogão à lenha da pequena cozinha. Tinha enrolado os pacientes em cobertores de lã que eles tinham trazido de casa.

Havia uma mesa velha e arranhada na sala principal, que ela havia empurrado para um canto para abrir espaço para a enfermaria. Pilhas de comadres se enfileiravam diante das paredes, todas lavadas e esterilizadas recentemente com sua mistura de vinagre. Tia Suzy tinha passado boa parte do tempo esvaziando os recipientes na latrina do lado de fora, e estava feliz por finalmente ter se livrado dessa tarefa. A cozinha estava situada em um dos lados da sala principal, e o único outro cômodo da casa pequena fazia as vezes de quarto. Era ali que Tia Suzy se recolhia para sonecas.

Assim como a casa de Tia Suzy, o casebre do pregoeiro tinha sido oferecido a ele pelo conselho administrativo do vilarejo. Quando a casa fora desapropriada para a quarentena, o pregoeiro se mudara para uma antessala na câmara da cidade levando roupas e seu tambor. O espaço era principalmente usado como almoxarifado, apesar de também ser ali que, de tempos em tempos, aldeões eram presos por pequenos delitos. Alguns eram chicoteados no banco de açoitamento na praça, outros caminhavam pelas ruas carregando uma placa que dizia, talvez, "Roubei o bode do sr. Takacs", e alguns passavam a noite no almoxarifado. Era lá que Michael tinha ordenado que Alex Junior fosse preso como punição por roubar as galinhas.

O pregoeiro tinha começado a carreira como pescador. Era filho e neto de pescador, mas, desde a implementação de uma barragem no rio Tisza cinquenta anos antes, a maioria dos peixes não chegava mais a Nagyrév. Com redes e linhas de pesca vazias, ele havia sido obrigado a aceitar o cargo de pregoeiro quando surgira a oportunidade.

Gritava boletins e notícias pelo menos dois dias na semana, cinco vezes por dia, começando ao nascer do sol no poço da praça e movendo-se para vários outros locais no vilarejo. Abria seu pergaminho e berrava as manchetes dos jornais de Budapeste e Szolnok que eram enviados por telégrafo, mas também gritava os boletins que o secretário do vilarejo lhe entregava para ler.

Com o tambor preso ao peito, trinava uma batida longa antes de entoar:

"Uma nova professora foi contratada na escola."

"O regulamento de agricultura do condado de Szolnok será imposto imediatamente."

"O sr. Bera está vendendo sua vaca."

"O sr. Toth tem novos barris de vinho disponíveis para venda."

"O filho do sr. Papp foi libertado do campo de prisioneiros da guerra na Rússia."

Tudo mais de que o pregoeiro precisasse para fazer seu trabalho — panos para limpar os dois postes de querosene, uma vassoura para varrer os arredores da câmara do vilarejo e os dias depois da feira — era mantido no almoxarifado em que ele agora dormia.

O pregoeiro tinha também outro dever: manter os registros vitais e administrar a agenda semanal de consultas do velho dr. Szegedy.

Apesar da segunda onda da pandemia, que havia chegado ao vilarejo com quase tanta força quanto a primeira, fazia semanas que ninguém via o velho médico decrépito. Chuvas torrenciais tinham alagado as estradas até Nagyrév, tornando-as intransitáveis até mesmo para o visitante em potencial mais determinado. Tia Suzy não esperava voltar a ver o velho fazendo rondas semanais em Nagyrév até a próxima primavera, momento em que o clima melhorava e as estradas finalmente eram desobstruídas.

Por enquanto, o pior tinha passado. Nagyrév já tinha perdido aldeões para a gripe mortal, mas não tantos quanto tinham morrido em outros lugares, e o último paciente da parteira finalmente voltara para casa.

Tia Suzy pegou o saco de estopa com o cobertor e o pendurou no ombro. Estava satisfeita com a limpeza dos resquícios de doença do casebre do pregoeiro. Pegou o *diku* restante e o prendeu sob o braço. Equilibrou as cestas nos antebraços e abriu a porta. Chuva e um vento gélido a atingiram. Ficou parada por um instante na varanda apodrecida. Mal conseguia enxergar o Tisza, apesar de ele estar a apenas alguns metros à sua frente. Tentou se proteger da areia do rio que batia em seu rosto. Seguiu para a estrada Shoreditch, um caminho enlameado que dava a volta desde a casa do pregoeiro, no rio, até a praça do vilarejo atrás dele. A parteira ia para a própria casa para ferver o cobertor.

Seguiu a passos pesados pela igreja e atravessou a praça vazia; quando deu por si, estava na frente da barbearia. Daniel costumava deixar a porta aberta, e a parteira conseguia enxergar lá dentro, ficando de olho nele. A pandemia havia forçado o fechamento de quase todas as lojas, mas Tia Suzy ia até lá mesmo assim. Espiou pela janela. Olhou para além da loja até o quarto fechado por uma cortina nos fundos, onde sabia que ele dormia.

O fato de Daniel ter deixado o lar da família não a incomodava muito. Era a alternativa mais simples.

Em novembro, chegou ao vilarejo a notícia de que uma trégua havia sido assinada. A Grande Guerra havia chegado ao fim. O Império Austríaco, que comandava a Europa central desde a queda do Império Romano — nos últimos cinquenta anos junto da Hungria — estava em frangalhos. O Reino da Hungria, intacto por mais de mil anos, não existia mais. Havia se reerguido rápido demais como República Democrática Húngara, mas todo mundo sabia que o país corria grande perigo. Os inimigos romenos ocupavam a Transilvânia, uma região ao leste da Hungria, havia quase dois anos. Os Aliados ameaçavam dividir boa parte do que restava do país e entregar os espólios aos outros vitoriosos. Dois terços do território húngaro estavam em jogo.

Ao mesmo tempo, os prisioneiros de guerra húngaros que tinham sido radicalizados em campos de prisioneiros russos queriam tomar o controle e colocar bolcheviques comunistas no poder.

Budapeste estava tomada por baderneiros, revolucionários e assassinos, e a nação estava arrasada. Mas a única notícia a chegar que importava para Maria era que seu marido tenente, que voltara da guerra para descobrir que ela havia ido embora, havia lhe concedido o divórcio.

Por todos aqueles meses desde que voltara a Nagyrév, ela vivera "amigada" com Michael. Ainda legalmente casada com o marido em Budapeste, aquele era o único tipo de união que poderia ter com Michael. Mas estivera muito decepcionada por não estar sendo tratada como se de fato fosse esposa dele. Havia imaginado uma situação bem diferente para si mesma do que a que encontrara, e parecia que nada do que fazia para melhorá-la rendia frutos. Nagyrév ainda a tratava com o mesmo desdém da época em que tinha ido embora, e isso a enfurecia.

Em raras ocasiões, contabilizadas em algumas noites insones, Maria sentia-se tomada pelo arrependimento de ter ido embora de Budapeste. Era verdade que estivera entediada lá, e solitária também. O marido tinha passado metade do casamento deles lutando na guerra. Sem mencionar as dificuldades da vida na cidade, que eram impossíveis de descrever. Ela havia deixado de lado esse horror e prometido para si mesma que jamais falaria sobre aquilo, uma promessa que tinha mantido. Mas ser a esposa de um homem proeminente a fizera subir mais alto na escada que tentava escalar desde o dia em que aprendera a engatinhar. Havia demorado, mas ela conquistara a posição social que sabia merecer.

Agora, poderia se casar com Michael. Nada impedia os dois. Se os aldeões não lhe tratassem com respeito por vontade própria, logo seria capaz de exigi-lo deles.

Ainda assim, quando uma pedra era removida de seu caminho, outra era arremessada nele. No mar de telegramas que começara a inundar o correio no caótico encalço do fim da guerra — o secretário Ébner recebia atualizações a cada hora da volátil crise política —, chegou um telégrafo de Alex Junior. A Administração Pública de Trânsito de Budapeste o declarara "inepto ao trabalho". Ele estava voltando para casa.

"Cante, meu menino querido!"

*Sabemos que onde quer que os ciganos vão,
lá as bruxas estão.*

— **Velho ditado romani**

Quando chegou a primavera, os fazendeiros seguiram em caravana para os campos, como sempre, mas agora com o coração pulsando de medo.

A principal forma como a guerra afetara o vilarejo fora pela necessidade de mandar os filhos para a batalha. Entretanto, os aldeões tinham sido protegidos do pior de muitas maneiras. Quando se tratava de remédios, sempre tinham a parteira. Quando se tratava de comida, tinham suas safras. Quanto aos campos de batalha, estavam a centenas de quilômetros dali. Então o fato foi que, após o fim da Grande Guerra, a real ameaça à vida deles começou.

No fim de março, um regime comunista brutal tomou conta do país. Controlou a imprensa, as escolas e os bancos e criou uma nova força militar: o Exército Vermelho.

O povo de Nagyrév temia, acima de tudo, um grupo chamado Garotos de Lênin, que perambulava pelo interior da nação matando e torturando a bel-prazer aqueles que acreditavam ser contra o novo regime. Os aldeões ficaram sabendo que os "Garotos" tinham quebrado os dentes de uma mulher com um cinzel e costurado a língua de outra ao nariz dela. Tinham martelado um prego na cabeça de um homem. Certa tarde, em

Szolnok, o líder dos Garotos de Lênin — o comissário de relações militares do Exército Vermelho — havia executado vinte e quatro pessoas, incluindo o presidente do tribunal.

O pavor mantinha os aldeões reféns do medo. Eles ansiavam pelos dias em que o pregoeiro leria boletins sobre quem estava vendendo vacas, em vez das listas de atrocidades que agora berrava.

O Exército Vermelho, por sua parte, lutava contra invasores. Desde o fim da Grande Guerra, no outono anterior, boa parte da Hungria tinha sido ocupada, principalmente pelos romenos. Por mais de quatro meses, o Exército Vermelho tinha segurado o front final em Szolnok antes de se render à Romênia no final de julho.

Sexta-feira, 1º de agosto de 1919

O sino do correio não parava de bater. A maior das remessas relatava a localização dos romenos que avançavam rumo à capital para declarar vitória. Já havia alguns relatos de saques e conflitos nos vilarejos pelo caminho.

Apenas notícias parciais eram transmitidas aos locais, porém os aldeões estavam em polvorosa sobre o que aconteceria. E a maioria deles preferia que qualquer pessoa diferente de Ébner os guiasse durante uma crise.

Ébner lhes parecia um personagem saído de uma história contada nas magníficas noites de verão antes da guerra. Naquela época, uma série de contadores de histórias, trovadores, artistas e mascates haviam passado com frequência pelo vilarejo: profetas de cabelo comprido vendendo grandes Bíblias, engolidores de espada, amoladores de faca, ursos dançarinos e poetas; entretanto, os visitantes mais comuns e mais populares eram os contadores de histórias. Passavam noites no estábulo, onde uma fogueira queimava e um frasco de conhaque era passado pela roda. As crianças, em seus pijamas, apoiavam os corpos macios contra uma vaca sonolenta presa a uma corrente ou se aconchegavam sob um cobertor. Os adultos ficavam sentados, atentos. Alguns fechavam os olhos para conseguir imaginar as cenas com mais clareza. Nas sombras dançantes da luz do fogo, um contador de histórias preenchia o estábulo com imagens de conquistas de reis, de corvos mágicos, de cachorros com poderes divinos e de nobres egoístas, tolos, privilegiados, que os lembrava do sr. Ébner.

Ele parecia um estrangeiro entre o povo local, um idoso montanhês que usava botas encomendadas por catálogo e um chapéu tirolês com um tufo de pelo de bode preso à fita. Costumava carregar um cajado grande na mão reumática, que usava para afastar cachorros de rua.

Ébner tinha sido nomeado secretário do vilarejo em 1900, no mesmo ano em que Tia Suzy virara a parteira local. Era o cargo mais elevado do vilarejo. Ele era membro da alta burguesia, e acreditava que ser líder era seu direito de nascença. Inseria-se em vários conselhos e nomeava-se a cargos, mas, fora isso, passava seus dias caçando e fazendo apostas.

Na opinião dele, Tia Suzy era uma das vantagens de sua posição. A parteira lhe oferecia tratamentos gratuitos para todos os males que lhe afligiam (assim como os que afligissem sua esposa e suas duas filhas mimadas). Mas ele também sentia um carinho verdadeiro por ela. Quando a mulher entrava a passos arrastados no bar dos Cser e desabava na cadeira à frente dele na mesa, Ébner sempre ficava feliz em vê-la.

De sua parte, a parteira sabia que Ébner era o homem que ela precisava que estivesse no comando em Nagyrév, um nobre poderoso, embora indolente, que encarava os aldeões como seus brinquedinhos. Para ele, era divertido pregar peças cruéis no povo. Encher as carroças deles de penas. Soltar seus porcos. Nas entranhas de Nagyrév, ninguém o levava a sério. Nem mesmo a parteira.

Tia Suzy havia testado Ébner uma vez. Os dois estavam bebendo no bar quando ela enfiara a mão no bolso do avental, tirara seu frasco, desembrulhara-o do invólucro de papel branco e o entregara a ele.

Ébner o aproximara da lamparina sobre a mesa, observando a solução esbranquiçada. Abrira a garrafa e fungara com as narinas largas. O frasco, tão perto do nariz, havia feito cócegas nos pelos ásperos de seu bigode de morsa.

Não sentia cheiro de nada, para além de um leve toque metálico. Para o olfato dele, parecia água velha.

"O que é?", tinha perguntado.

"Arsênico", respondera a parteira. "Aí tem o suficiente para matar cem homens. Nenhum médico conseguiria detectar."

Ébner rira. A parteira e suas ideias loucas sempre o divertiam. Tia Suzy havia rido também, e guardado a poção de volta no bolso.

Mas nem mesmo Ébner conseguia fazer piada agora. Na câmara do vilarejo, recebia as notícias sobre o avanço do exército com extrema preocupação. Chamou o pregoeiro com urgência à própria sala. Enfiou o telegrama na mão aberta do homem e lhe disse que tivesse pressa. Os aldeões precisavam ser informados de imediato. O pregoeiro pegou o papel amassado e saiu correndo da câmara com seu tambor. Enquanto isso, Ébner foi reunir o conselho para uma reunião de emergência.

O pregoeiro correu primeiro para a praça. Abriu caminho entre um grupo de ovelhas e mulas, que tomavam água no poço. Algumas mulheres-corvo estavam reunidas, baldes aos seus pés. Ele se posicionou na frente do banco de açoitamento.

Rufou furiosamente no tambor. As mulheres-corvo se afastaram do barulho. Quando terminou de bater, ele gritou o mais alto que conseguiu: "ATENÇÃO!!! TROPAS ROMENAS MARCHAM NA DIREÇÃO DE NAGYRÉV!".

As mulheres-corvo saíram correndo. Pareciam uma colônia de formigas confusas enquanto partiam em disparada para casa em todas as direções, a água espirrando dos baldes de madeira. Uma pequena multidão havia se reunido no pátio da igreja para ouvir o pregoeiro, e essas pessoas também correram para casa. Alguns aldeões soltaram, apressados, suas carroças dos cavalos e galoparam até os campos para dar a notícia.

Em casa, as pessoas faziam o que podiam para preparar seus pertences. Alguns tinham adegas de vinho improvisadas no quintal, um dos melhores lugares para esconder itens valiosos. Analisavam os próprios casebres e juntavam os melhores bordados, os melhores jarros, os estimados relógios de bolso comprados como suvenires em Budapeste, e os carregavam para a adega. Arrancavam as trepadeiras que cobriam as cercas e espalhavam as plantas por sobre a entrada da adega em uma tentativa improdutiva de escondê-la. E escondiam dinheiro onde quer que pudessem.

As forças romenas não podiam ocupar as propriedades nas redondezas de Nagyrév. O Exército Vermelho tinha destruído todas as mansões. Em vez disso, as tropas se alojariam dentro do vilarejo. Recrutas dormiriam nos estábulos. Oficiais, que assumiriam a administração do lugar, ficariam nas melhores casas.

Com uma cavalaria vindo em direção a Nagyrév, o conselho administrativo sabia que o vilarejo pouco poderia fazer para se preparar para a invasão. A única atitude que poderiam tomar era proteger os membros mais vulneráveis da população contra o comportamento brutal que temiam receber de recrutas violentos. O mais indefeso, todos sabiam, era Alex Junior.

No começo da tarde, Maria foi surpreendida com uma batida rápida em seu portão. O som foi seguido pelo rufo do tambor do pregoeiro. Ela e Michael haviam estado freneticamente imersos nos preparativos. Sabiam que os oficiais romenos, sem dúvida, ocupariam a casa deles, dada a posição de Michael.

"Marriiiaaa Szendi! Apareça, por favooor!", gritou o pregoeiro.

Era raro que o pregoeiro visitasse casas no vilarejo. O protocolo exigia que ele acompanhasse gendarmes — o braço da lei que policiava as províncias — quando iam fazer uma prisão. Entretanto, fazia mais de uma geração que ninguém via um gendarme em Nagyrév. Nenhum tipo de força policial visitava o lugar havia mais de cinquenta anos. Sendo assim, quando um pregoeiro aparecia na frente de uma casa, ele quase sempre estava acompanhando um conselheiro que tinha algum assunto para resolver com um residente.

Maria voou até o portão e o abriu. O pregoeiro estava com as mãos sobre o tambor. Parado na grama às costas dele, parecendo tão mal-ajambrado quanto uma erva daninha soprada pelo vento, estava Alex Junior, cercado por um pequeno grupo de conselheiros.

Maria se frustrara cada vez mais com o filho nos meses desde que ele havia retornado ao vilarejo como um condutor fracassado da Administração Pública de Trânsito de Budapeste. Ele voltara a Nagyrév e retomara as mesmas rotinas odiosas. Desperdiçava seus dias jogando cartas no bar. Assim como antes, mancava até a beira do rio à tarde, onde fumava cigarros e observava os poucos barcos que passavam de um lado ao outro pela curva no rio. À noite, voltava ao bar para jogar cartas. Todo dia era a mesma coisa. Maria reclamava sobre o infortúnio com que Deus a amaldiçoara para qualquer um que quisesse escutar, mas geralmente a única pessoa que a escutava era a parteira. Desde o retorno de Alex Junior, Maria sentava-se diariamente à mesa da cozinha de Tia Suzy, perguntando a ela o que fazer. A resposta era sempre a mesma: "Por que você insiste em perder tempo se preocupando com aquele garoto doente?".

Maria olhou bem para o filho. Mais uma vez, notou como tudo nele era desalinhado, como se um terremoto tivesse encontrado a falha geológica em seu corpo. Sentiu-se tomada por uma onda de amargura, porém sua atenção logo foi levada ao que os conselheiros diziam. Recrutas romenos certamente se alojariam no estábulo do filho dela. Os conselheiros confiavam que os oficiais se comportariam nos lares que ocupassem, mas não tinham tanta fé nos recrutas. Temiam pela segurança de Alex Junior caso ele permanecesse em sua casa.

Maria analisou os conselheiros. Todos tinham conhecido o pai de Alex Junior, e ela sentiu que estavam fazendo isso mais em nome dele do que para proteger o filho com deficiência. Nagyrév sempre tentava proteger Alex Junior. Muitos no vilarejo agiam como se fossem pais dele, um motivo importante pelo qual o pai nunca o enviara para viver em um hospital em Budapeste, como os médicos tinham orientado. O retorno de Alex Junior após sua breve experiência com a administração pública de trânsito tinha sido marcado por uma comemoração. Este último fato fizera o desdém de Maria alcançar níveis intoleráveis.

Porém, Maria era uma raposa astuta e sentiu o cheiro da oportunidade. Sabia, com a mesma certeza que tinha escutado o rufo do tambor do pregoeiro, que, nos ossos tortos e doentes do filho parado à sua frente, residia uma reviravolta do destino que a beneficiaria. Só conseguiria compreender a dimensão daquele presente depois de algum tempo. Mas, por enquanto, sabia que precisava aceitá-lo.

Prontamente, e para a surpresa dos conselheiros que tinham vindo prontos para argumentar, Maria apressou o filho portão adentro de sua casa. Sim, é claro que ele poderia ficar com ela.

• • •

As ruas de Nagyrév ficaram tão vazias quanto o túmulo de um fantasma. O burburinho constante do trânsito de um dia de trabalho havia desaparecido de repente. O suave sapateado de cascos trotando, o tinido da oficina do ferreiro, as batidas do martelo do sapateiro, o zumbido da sovela do armarinho, tudo havia parado.

Horas se passaram. Brisas balançavam árvores onde pássaros gorjeavam. Cachorros iam de um lado para o outro pelo meio da rua, felizes ao comandarem à luz do dia o domínio que apenas ocupavam à noite.

Os aldeões se escondiam em casa. Portas normalmente deixadas abertas no calor de agosto tinham sido trancafiadas. Galinhas haviam sido reunidas e guardadas nos galinheiros. Venezianas estavam fechadas sobre as janelas. Alguns habitantes podiam ser vistos indo de fininho até a própria adega mal escondida para ocultar um último tesouro. Crianças mais velhas estavam sérias, imitando o comportamento dos pais. Caminhavam lentamente de cômodo em cômodo. O lar delas, que até então era como uma segunda pele, parecia estranho; a agitação e o medo corriam como sangue em suas veias.

Mais horas se passaram.

O primeiro sinal veio quando os pássaros fizeram silêncio. Um momento depois, uma vibração passou a ser percebida sob o chão terroso. Janelas balançavam. Algumas poucas pessoas corajosas saíram para o quintal e espiaram pelas frestas das cercas de madeira para acompanhar a cavalaria chegando.

Cachorros assustados saíram correndo pela rua na frente dos cavalos galopantes. Pulavam por sobre valetas e se encolhiam sob arbustos. Os menores se apertavam para passar embaixo de cercas. Os cavaleiros vieram pela rua Árpád com um estrondo. Seus capacetes amassados desciam por sobre as testas com o balanço dos cavalos. Mochilas empoeiradas sacolejavam em suas costas. Baionetas batiam na lateral de seus corpos. Atrás deles vinha uma companhia cheia de soldados de infantaria sujos.

Os cavalos pararam. Os oficiais levaram cornetas aos lábios e as sopraram. O som ecoou pelas ruas alvoroçadas, chegando aos campos pantanosos que ladeavam as margens do rio, onde as reclusas cegonhas pretas se escondiam entre os juncos, esperando pela fuga outonal.

Ao fim de setembro, Nagyrév tinha se tornado irreconhecível. Enquanto antes a rua Árpád era cheia da agitação de cavalos e carroças, agora ela era tomada por recrutas fardados e armados. Caminhavam para cima e para baixo pelo meio da rua como uma matilha de lobos ameaçadora. Saqueavam o que queriam das lojas. O dono do armarinho tinha sido forçado a costurar novos vestidos de graça para os soldados levarem para as esposas. As prateleiras da mercearia Feldmayr estavam praticamente vazias. Os recrutas interrompiam a passagem de qualquer aldeão que cruzasse seu caminho. Pressionavam suas baionetas afiadas contra o peito deles e exigiam conferir o cartão nacional de identidade de cada um. Enquanto o aldeão procurava o documento, os homens armados surrupiavam quaisquer que fossem os parcos bens que estivessem na cesta dele. Alguns soldados obrigavam transeuntes a se ajoelharem. Ali, na calçada, os obrigavam a jurar lealdade ao rei Fernando da Romênia.

Ébner tinha sido expulso pelas forças invasoras. O comandante romeno havia assumido o cargo dele. Na câmara do vilarejo, o comandante tinha montado uma alfândega que cobrava taxas exorbitantes até dos produtos mais simples.

A feira da quinta-feira foi cancelada. As mulheres-corvo não se reuniam mais no poço da praça. Os recrutas, que suavam em seus uniformes de lã durante os meses de calor, tinham tomado conta do poço e o usavam para se limpar.

Nem mesmo Tia Suzy ousava ir ao bar dos Cser. O local agora era domínio das tropas inimigas. Lewis finalmente havia perdido o posto de mais temido no vilarejo.

E, à noite, os guardas encapados, que nunca carregavam nada além de uma lanterna, tinham sido substituídos por tropas que patrulhavam as ruas com rifles.

Um toque de recolher tinha sido instaurado às nove da noite, apesar de o sol só desaparecer do céu uma hora depois. Dia ou noite, os aldeões preferiam ficar em casa para proteger seus lares. Mais especificamente, poucos estavam dispostos a deixar as esposas desprotegidas.

• • •

Maria cortou a ponta queimada do pavio da lamparina com uma velha faca da cozinha. Limpou a fuligem no vidro com um pano e acendeu a pequena luminária, observando a chama subir pela abertura no topo. O cheiro de parafina era forte. Pegou a lamparina. A chama balançou ao puxá-la para perto de si.

A luz se refletiu nas baionetas enquanto ela andava de fininho feito uma ladra pelos cantos da sua sala de estar. Passou sem ser notada pelo grupo de oficiais que ainda comia à mesa. O ar estava enuviado pela fumaça de cigarros. Os uniformes estavam cheios de pólvora e pelos de cavalo. Ela passou por cima de uma pilha feia de bolsas de lona que acumulavam dias de poeira e seguiu pelo corredor estreito.

Michael havia saído de casa em algum momento depois do jantar. Costumava se esconder no estábulo. Se houvesse palha ou esterco seco suficiente, acendia uma fogueira quando anoitecia. Maria conseguia ver o brilho dela pela janela. Se não houvesse nada para queimar, ficava sentado no escuro, enroscado nas cobertas, até dormir.

Nas primeiras semanas após a invasão, Michael tinha permanecido perto de Maria. Quando ela saía para alimentar as galinhas, ele ia junto. Quando ela seguia para a cozinha, ele ficava perto o suficiente para conseguir vê-la. Apesar de não querer perdê-la de vista, ele tinha se acalmado com o tempo. A ameaça de estupro ou de surras era válida para as famílias que abrigavam recrutas, mas os oficiais não ofereciam o mesmo perigo. Tinham demonstrado um comportamento apropriado quando se tratava de Maria, distantes, porém educados, e Michael havia começado a se isolar nos estábulos tanto quanto podia. A casa dele estava abarrotada de dominadores, estrangeiros com um idioma estranho, e isso era intolerável. Toda noite, ele pensava nos opressores reunidos em sua sala, planejando dominá-los enquanto ocupavam a mesa de jantar dele, comendo da comida dele.

Se ainda restavam reservas a Michael sobre deixar Maria na casa com os oficiais, estas tinham se acalmado pela presença de Tia Suzy. A parteira havia começado a aparecer na casa quase todos os dias, e ele sabia que Maria estava tão segura com ela quanto com ele. Os romenos sabiam que não deviam incomodar uma curandeira romani.

Maria abriu a porta do quarto de Alex. No canto, havia uma cama de solteiro ocupada por ele, que tremia. Um lençol fino cobria seu corpo, e ela conseguia enxergar o contorno ossudo dele por baixo. As extremidades pontudas dos seus ossos se destacavam sob a coberta.

Fazia dias que ele não saía da cama. O intestino solto era esvaziado na comadre. O recipiente ficava a poucos centímetros de seu leito, e mesmo assim ele conseguia se sujar na maioria das vezes.

Ele se remexia e estremecia sob o lençol. Exigira um esforço enorme, mas tinha conseguido vestir o pijama. Ele tinha deixado as roupas que usara para Maria recolher. Ela havia começado a lavar os dois conjuntos todos os dias.

Mais cedo, naquele mesmo dia, Tia Suzy tinha levado uma xícara de café para Alex. Ele a tomara depois que ela fora embora. Na parede em que a cama estava encostada, havia o peitoril de uma janela fechada com tijolos muito tempo antes. Ele tinha deixado a *findzsa* vazia ali, na janela inexistente, onde ainda permanecia.

Em seus momentos mais sombrios, Alex havia confessado à mãe que temia que a doença que o perseguia desde o nascimento finalmente o tivesse alcançado. Por outro lado, tinha perguntado à Tia Suzy, que vinha visitá-lo todos os dias, se ele estava com gripe espanhola.

Maria tirou a xícara da janela inexistente para levá-la de volta à cozinha. Pegou as roupas dele. Fediam demais. O quarto inteiro fedia a latrina. O mal cheiro tinha começado a infectar até o ar fora do quarto. Maria deixou Alex e correu com as roupas para o quintal, onde as deixaria penduradas antes de lavá-las pela manhã.

A parteira abriu a cortina. Uma camada de gelo cobria a janela. A respiração fria dela embaçou o vidro, e ela o esfregou com o punho para desanuviar a vista.

Suas árvores e arbustos estavam cheios de cristais de gelo. O cachorro tinha se abrigado no estábulo. A fogueira que ela mantinha no quintal não era acesa havia dias. Em circunstâncias normais, Tia Suzy teria combustível o suficiente. Mas o outono já estava mais frio e chuvoso do que o habitual, e ela não conseguia reabastecer seu suprimento. Os romenos confiscavam toda carga de carroça que entrava em Nagyrév, não importava quem a guiasse nem o que havia lá dentro. Ela temia que o estoque que ficava no estábulo agora tivesse que durar para sua família até a primavera.

A parteira tinha sido menos afetada pela ocupação do que a maioria dos habitantes de Nagyrév. Ninguém havia se mudado para sua casa ou estábulo, nem a atormentavam ou a incomodavam da mesma forma que faziam com seus vizinhos. Mesmo assim, era uma das épocas mais difíceis da qual conseguia se lembrar. A presença dos romenos tinha custos que ela nem conseguia começar a calcular. Tivera que abrir mão das rondas para coletar pagamentos, e seu filho havia sido removido do emprego no correio. Um oficial romeno o substituíra. Isso significava que Tia Suzy não conseguia mais entregar elixires para os pacientes fora do vilarejo.

Havia começado a se sentir quase tão pobre quanto era na infância. Lembrava-se muito bem daquela época, quando corria com um prato de brasas quentes da cabana dos vizinhos para acender o fogo no barraco da sua família. Ela se lembrava de ir de carroça até a câmara do vilarejo no Natal, para os *gadjos* jogarem suas roupas velhas para a multidão de crianças romani em nome da caridade. A pequena Suzy pegava todos os farrapos em que conseguia colocar as mãos.

Tia Suzy escancarou a porta e saiu a passos pesados para a varanda, onde a chuva gélida começava a respingar. Desceu os degraus e passou com cuidado pelo caminho escorregadio coberto pelas folhas do outono. Abriu o trinco do portão e o empurrou com força para soltá-lo do gelo. Enquanto seguia cambaleando pela rua, cuspiu na valeta.

A rua era uma mistura horrível de lama e gelo. Seguiu andando pelo canto, onde até as folhas molhadas ameaçavam fazê-la escorregar. Caminhava feito uma caçadora, calculando cada passo.

Havia deixado as cestas em casa. O documento de identidade estava guardado no bolso do avental, ao lado do cachimbo e do saco de tabaco. Seu frasco, como sempre embalado em papel branco, estava cheio. Ela olhou para cima. Colocou as mãos em volta do rosto para protegê-lo da chuva que caía. Analisou a rua para cima e para baixo, mas estava vazia, com a exceção de um recruta solitário fazendo patrulha. Ela sabia que somente uma alma determinada sairia de casa em um clima tão terrível.

A parteira atravessou o quintal de Maria e subiu com dificuldade até a varanda. Entrou na casa sem bater.

Lá dentro, estava mais quente do que sua casa havia estado durante todo o mês. Não havia gelo acumulado em nenhuma das janelas dos Kardos. Fumaça de madeira pairava no ar. Tia Suzy olhou para a fartura de lenha, que os recrutas confiscavam dos aldeões e davam para os oficiais.

Misturado à fumaça estava o cheiro aromático de *goulash*. Quando Tia Suzy o inalou, sentiu a barriga roncar baixinho, de forma satisfatória.

Vários oficiais estavam sentados à mesa. Colheres tiniam e tigelas batiam. Bancos arranhavam o chão. Ela olhou para Michael enquanto ele levava sua tigela à boca para beber o caldo do ensopado.

Na cozinha, Tia Suzy notou Maria parada diante de uma panela fumegante de *goulash*, que borbulhava no fogão.

"Alex está igual?", perguntou a parteira.

"Sim, é claro", disse Maria.

Tia Suzy desabotoou o casaco. Parou no batente e certificou-se de que o corpo largo bloqueava a visão de Michael e dos oficiais da cozinha. Enfiou a mão no bolso e o revirou em busca do frasco.

"Isto aqui, querida Maria", sussurrou ela para a amiga, "também vai lhe custar seis mil coroas."

Aquele não era o primeiro frasco que Tia Suzy fornecia. O filho doente de Maria não estava sucumbindo tão rápido quanto a parteira havia previsto.

O valor estava exorbitante. O suficiente para comprar dez toneladas de trigo. Era quase todo o dinheiro que restava a Maria. O maço de notas era tão gordo que Maria tivera dificuldade em escondê-lo durante aquela manhã.

Tia Suzy pegou o dinheiro e o enfiou rápido no fundo do bolso do avental.

O pagamento era o suficiente para quarenta doses adicionais.

Tia Suzy removeu o tampo de madeira e serviu duas colheres de chá do seu elixir de papel pega-mosca em um copo que Maria tinha enchido de água. A solução podia ser misturada a qualquer coisa e não ser detectada: ensopado, café, vinho.

As vozes na sala de estar aumentavam e diminuíam como uma onda.

"Comece a dar isso aqui para o Alex três vezes por dia", sussurrou Tia Suzy, esvaziando a solução em uma tigela de *goulash*. Mexeu a sopa com o dedo gordo até estar completamente misturado.

Ela entregou a tigela para Maria, que desapareceu pelo corredor.

A parteira abriu um armário e pegou uma tigela para si mesma. Serviu-se de uma concha generosa de *goulash* e levou a tigela para a mesa de jantar. Desabou sobre um banco, apertando-se contra o oficial ao seu lado. Mergulhou a colher na sopa cheia de carne. Sabia que sua soneca ficaria mais gostosa depois de uma refeição substanciosa.

Domingo, 2 de novembro de 1919
Dia de Todos os Santos

O céu desabava com tanta chuva.

Cavalos e mulas exaustos lutavam para puxar carroças pelo lodaçal com trinta centímetros de profundidade. As rodas estavam empapadas de lodo e giravam devagar pelas marcas profundas e desiguais dos rastros de outros veículos, espirrando lama pela rua ou na grama suja ao logo das valetas.

Novembro era um mês tão desesperador quanto as almas húngaras. Todo ano, uma névoa espessa e incômoda se alastrava. Era uma neblina pesada e feia que grudava no firmamento. Aquela cobertura desanimadora sobre o céu da planície servia para lembrar a Hungria de suas perdas, e não havia dia em que isso ficasse mais evidente do que no Dia de Finados, uma época de recordações pessoais que os magiares valorizavam mais do que qualquer outro feriado.

As ruas encharcadas de Nagyrév levavam uma maré de aldeões até o cemitério para deixar oferendas nos túmulos de seus entes queridos. Eram presentes para acalmar almas inquietas. Crisântemos amarelos, conhaque, presunto (uma rara iguaria), tesouros que apenas naquele dia não eram sujeitos ao escrutínio ou às mãos ardilosas dos recrutas. Antes da ocupação romena, o padeiro costumava vender muitas das suas grandes broas de *Seelenbrot*, pão que tinha mais de sessenta centímetros de comprimento e quase trinta de largura, e pesava quatro quilos e meio. Os aldeões sempre compravam os pães para dar aos pobres. Mas o padeiro havia parado de produzi-los desde o começo da ocupação.

Tia Suzy se prensou à corrente de pessoas e chegou à casa de Maria ao meio-dia. Michael e Maria tinham deixado uma vela acesa em memória dos parentes falecidos. A chama oscilava loucamente às vezes, jogando sombras fortes sobre a parteira enquanto ela revirava a cozinha da amiga.

A panela de estanho no fogão tremia ao ferver. Tia Suzy foi até ela segurando uma toalha e a tirou do fogão, apagando o fogo em seguida. Maria a seguia com um ar nervoso, mas, quando estava focada em uma tarefa, pouco distraía a parteira.

Ela e Maria tinham se encontrado quase todos os dias nas últimas semanas, e Tia Suzy havia sido lembrada de como o comportamento de Maria podia ser peculiar. Em uma tarde, encontrara Maria quase eufórica após testemunhá-la dando uma dose para Alex. E sempre que as duas conversavam sobre a estratégia que tinham adotado, ela notava um toque de empolgação na voz da amiga.

A parteira levantou a tampa da panela. O café *ersatz** tinha um cheiro amargo de cenoura e nabo. Com firmeza, Tia Suzy serviu-o na *findzsa*. Então mediu duas colheres de chá da própria solução, já que o estoque de Maria tinha acabado, e as jogou no café.

"Vou lhe dar isto por cinquenta coroas."

Semanas tinham passado desde a primeira dose. Tanto a parteira quanto Maria achavam incrível que o rapaz ainda não tivesse falecido.

O tempo ruim deu trégua por alguns dias, e um clima mais primaveril tomou conta do vilarejo por um instante. Alguns homens tinham aproveitado a onda de calor para subirem nos telhados a fim de consertar furos ou prender o sapê. Às vezes, passavam um tempo sentados lá em cima, agachados, encarando em silêncio o quintal dos vizinhos. Como pássaros, eles observavam a movimentação nos alojamentos dos soldados nas casas ao lado,

---

*   Ersatz, em alemão, significa "substituto". Durante a Primeira Guerra Mundial, que antecedeu a Guerra Húngaro-Romena de 1919, muitos suprimentos comuns tornaram-se escassos, levando ao surgimentos dos chamados produtos ersatz, substitutos desses materiais. Exemplos incluem fibra de papel como lona, bolotas substituindo café e folhas de ameixa torradas no lugar de chá.

acompanhando a ação de soslaio. Daquele mirante, os homens também podiam olhar pela estrada e ver os recrutas em patrulha, caminhando pela confusão de ruelas como predadores. Era raro ver um cachorro passeando. Os vira-latas tinham aprendido a manter uma distância segura dos soldados.

Maria ficou aliviada ao ver o sol. Ao primeiro sinal de calor, tinha movido Alex para o lado de fora, onde montara uma cama no quintal lateral. Empilhou cobertores extras por cima dele, que ficou deitado ali feito um animal ferido. Puxou um banco e sentou-se ao lado dele. Ergueu o rosto na direção do sol e fechou os olhos, apreciando o calor fresco em sua pele. Fora obrigada a passar seus dias no quarto escuro e fedido com Alex, e sentia que o lugar tinha se tornado um opressor tão grande quanto o exército estrangeiro que ocupava seu lar. Eram os olhos atentos dos oficiais que a mantinham presa lá. O sol e o ar livre tinham sido uma folga bem-vinda.

Maria sabia manter as aparências do dever. Levava bandejas de comida para o quarto de Alex, revistas antigas cedidas pelo clube de leitura, além de unguentos e emplastros. Quando os amigos dele apareciam à porta, ela dizia que Alex estava doente demais para receber visitas. Tia Suzy frequentemente lhe fazia companhia no quarto, e, juntas, elas esfregavam as paredes e o chão com vinagre para limpar e reduzir o odor.

Quando Alex dormia, era um sono inquieto, embora fossem nesses instantes que Maria se tornava mais atenciosa. Movia-se sobre ele feito um fantasma, observando sem jamais tocá-lo. Notava a palidez de sua pele. Chegava perto dele com uma lamparina para examinar seu cabelo, que tinha se tornado muito quebradiço. Afastava-se para analisar sua respiração, esperando que ela parasse.

Quarta-feira, 19 de novembro de 1919

Do dia para a noite, a temperatura caiu vertiginosamente, e o breve período de dias quentes chegou a um fim repentino. Ao amanhecer, Maria acendeu o fogo em todos os aquecedores, e, na hora do café da manhã, os romenos já estavam com sono no calor aconchegante da sala, onde ela havia servido a comida.

Pedaços de pano tinham sido colocados sobre o limiar da borda e nos peitoris das janelas para não deixar as correntes frias entrarem. Um cobertor havia sido esticado na entrada do palheiro, para manter ainda mais o calor. O interior da casa havia se tornado, rapidamente, tão quente quanto um dia de verão. Pela manhã, os oficiais costumavam sair direto para seus postos. Tinham escritórios dentro da câmara do vilarejo e no correio, além de terem montado um escritório improvisado dentro do clube de leitura, mas estava tão acolhedor dentro da casa que decidiram se demorar um pouco. Estavam todos tão arrebatados pela sorte do próprio conforto que nem perceberam Maria escapulir para fora da casa. Nem Michael.

Ela correu pelo quintal congelado. Sincelos tinham se formado na árvore, e, conforme ela se abrigava sob seus galhos, um ou dois caíram no chão.

Ao chegar ao estábulo, ela puxou o trinco congelado com força. A porta grande se abriu com um solavanco violento. Ela entrou e fechou-a atrás de si, apoiando-se nela em seguida para recuperar o fôlego. Michael mantinha a lamparina em um gancho na parede, próximo à porta. Ela a pegou e a acendeu com um dos fósforos que ele guardava na prateleira, ao lado do frasco de conhaque.

Colocando a lamparina sobre a bancada, ela foi correndo, agora com o coração disparado, até o *diku* de Michael, posicionado ao lado da porta do estábulo, entre as caixas de forragem e os baldes de leite. Alex estava deitado sobre ele como um filhote de passarinho.

Maria se inclinou sobre ele, cujo odor exalava a podridão. A pele estava cinza, como o inverno. Drenado de fluidos, seu rosto estava enrugado e murcho. A cabeça parecia um campo colhido pela metade, já que grandes mechas de cabelo tinham caído.

Ela afofou a saia do vestido e lentamente se abaixou sobre o *diku*. De leve, bateu na pilha de cobertores que tinha colocado sobre o filho. Maria havia levado Alex para lá no meio da noite, uma façanha da qual não se achava capaz até completá-la.

Quando Maria ficava sozinha com Alex, tinha começado a falar como se ele fosse seu confidente. Ele havia se tornado um depósito de todos os seus pensamentos íntimos e segredos, um cofre de confissões. Alex alternava entre a consciência e a inconsciência enquanto ela falava sobre o pai dele, as características bobas dele que a tinham atraído, os grandes defeitos que a tinham afastado. Falava sobre seu casamento com o tenente, e sobre Michael. Recordava-se das memórias favoritas de sua infância, das mágoas que ainda carregava contra amigos da juventude. Falava sobre o filho nascido antes dele, que morrera de tifo. Maria conversava com ele como uma garotinha fala com sua boneca.

Ela deu outra batidinha no cobertor e olhou para o rosto dele. A mandíbula estava frouxa. Ela sabia que agora não demoraria muito.

Sentiu um toque de afeição por ele, e isso a fez revirar seu banco de memórias até encontrar uma que fosse agradável. Era o dia do seu segundo casamento. A igreja estava lotada de convidados. Havia chegado a hora de cantar um hino, e ela escutou Alex, sentado no banco da frente com os pais dela, entoando o canto com a voz melodiosa. Os convidados tinham comentado sobre como a voz dele era bonita. Essa era uma boa memória. A melhor memória que tinha dele.

Esticou a mão e tocou a cabeça do filho.

"Cante, meu menino querido", sussurrou ela. "Cante minha canção favorita."

Maria cambaleou para fora do estábulo. Uma ventania passou sob sua anágua, soprando-a ao seu redor como um cata-vento enquanto ela voltava correndo do quintal.

Ela gritou ao vento.

ALEX MORREU! ALEX MORREU!

Pedaços da palha do *diku* tinham se prendido ao seu xale comprido, que caiu no chão enquanto ela corria.

ALEX MORREU!

Ela agachou, espiando entre as frestas na cerca. Os cavalos dos oficiais, que estavam presos ali antes, tinham desaparecido.

Maria correu pelos degraus congelados e entrou na casa. Abriu a porta e gritou por Michael. Antes da ocupação, ele passava as manhãs no clube de leitura, mas agora isolava-se com frequência na casa de um amigo ou fazia caminhadas na floresta, longe dos olhares observadores dos soldados.

Pratos e tigelas sujas ainda se amontoavam sobre a mesa de jantar. A lenha em brasa ainda chiava e estalava no aquecedor. Havia uma inocência preservada no calor e na calmaria.

Os ritos antigos para proteger os vivos das almas dos mortos recentes precisavam ser executados prontamente, antes de que o espírito do rapaz tivesse qualquer chance de ficar preso. Maria não queria que Alex assombrasse a casa. Então se apressou até o relógio na parede oposta, fixado acima do seu querido fonógrafo. Ela se esticou sobre o aparelho e levou sua delicada mão trêmula ao pêndulo. As batidas pararam. Passava um pouco das dez e meia.

Ela pegou um jarro de água da mesa e o jogou no aquecedor para apagar a chama. Repetiu a ação com o fogo que ardia no fogão da cozinha. Em poucos momentos, a casa começaria a ficar fria, mas a tradição proibia que fogos fossem acesos de novo por pelo menos um dia.

Lascas de gelo que tinham se prendido às suas botas começaram a se soltar e derreter, formando pequenas poças enquanto ela corria pelo corredor. Ali, o cheiro de Alex era mais forte do que na frente da casa. Passou correndo pelo quarto do filho e entrou no seu, onde virou o espelho de cabeça para baixo.

Tia Suzy foi a primeira a chegar à casa de Maria. Chamou Michael, que foi avisar aos amigos de Alex. Depois, ele e o grupo foram ao cemitério para cavar o túmulo.

A parteira mandou que um dos vizinhos fosse buscar o fabricante de caixões para tirar as medidas do corpo. Ordenou que outro vizinho buscasse o sineiro.

Tia Suzy estava com o corpo no estábulo quando o sineiro chegou. Ela o acompanhou até o galinheiro. Lá, abriu o trinco e enfiou suas mãos grossas no interior, as palmas abertas para pegar uma das galinhas aprisionadas. Segurando firme uma das aves assustadas, ela a ergueu para fora do galinheiro até o sineiro, que puxou uma pena. Tia Suzy devolveu a ave esganiçada para o lugar e voltou para o corpo de Alex, ainda deitado sobre o *diku*. Observou enquanto o sineiro levava a pena à boca de Alex. A pena não se moveu. O sineiro a posicionou sob o nariz dele, mas ela também não se agitou ali.

O sineiro anunciou que Alex estava morto.

Perguntou para Tia Suzy o que deveria escrever no registro de óbito. "Doença do peito", disse ela, improvisando uma enfermidade qualquer. "Tuberculose pulmonária."

Enquanto o sineiro ia embora, o fabricante de caixões chegava com a fita métrica para medir o corpo. O caixão estaria pronto à tarde, pintado de azul, da mesma cor que o caixão de Stephen Joljart fora pintado três anos antes.

O sineiro começou a informar o vilarejo sobre o falecimento de Alex Junior. Primeiro, ele foi à casa do pastor Toth, para notificá-lo. Dali, era uma curta caminhada até a igreja.

Dentro do campanário, ele firmou os pés no chão. Havia dois sinos, e a corda do sino menor, o "sino das almas", estava à sua frente. Ele a agarrou com as duas mãos e puxou. O badalo bateu na estrutura, resultando em um dobre ressoante. Ele agarrou o fim da corda, no formato de uma forca, que subiu acima da sua cabeça, e o puxou de novo para a próxima batida, e a próxima. Após cento e cinquenta dobres, ele passou para o sino maior e o tocou cento e cinquenta vezes também.

Ao terminar, ele abriu as portas da igreja e aguardou sob o batente. Um grupo de pessoas já tinha se reunido no pátio, enquanto alguns comerciantes da rua Árpád estavam em suas portas para ouvir. Os tinidos na oficina do ferreiro cessaram, e ele também estava atento em sua porta.

"Alexander Kovacs Junior, filho do finado Alexander Kovacs e Maria Szendi", gritou o sineiro, "faleceu hoje de manhã, aos 23 anos."

À tarde, Michael voltou do cemitério coberto de lama. O cabelo, as mãos, o rosto, o velho casaco que usava para caçar, tudo estava encardido. Os dois espaços livres de lama eram os olhos, mas havia pingos enrijecidos em suas sobrancelhas. Boa parte da lama tinha secado em lascas quebradiças, que caíam dele a cada passo que dava.

Michael tinha arranhões minúsculos, quase invisíveis nas mãos, causados pelos galhos cheios de folhas que arrastara para cobrir o túmulo vazio. Era tradição cobri-lo dessa forma, para impedir que espíritos maléficos entrassem no espaço durante a noite e se acomodassem ali. O costume também evitava a entrada de pequenos animais que percorriam o cemitério ao escurecer.

Estava exausto. Acabara de completar 53 anos na semana anterior, e não lhe restava mais disposição para o trabalho de um homem jovem. Cavar o chão inclemente tinha sido parecido com quebrar pedras. Ele havia posicionado a lápide, uma cruz envelhecida com pouco mais de sessenta centímetros de altura. "Aqui jaz Charles Kovacs, que viveu 9 meses. Faleceu em 1895." Do outro lado, uma nova inscrição logo diria: "Aqui jaz Alexander Kovacs Junior, que viveu 23 anos". Alex Junior seria enterrado sobre o irmão, na mesma cova. Era uma lápide simples, sem adornos, com vários entalhes e arranhões ganhados ao longo dos anos. Maria se recusava a trocá-la. Não havia necessidade de desperdiçar dinheiro com os mortos.

Os oficiais se retiraram da casa para dormir na câmara do vilarejo naquela noite. Após a partida deles, Tia Suzy, Lidia e Mari começaram a preparar o corpo. Amarraram o queixo de Alex com um barbante para que a boca não abrisse. O rosto foi barbeado, uma tarefa mais delicada do que deveria ser, já que o arsênico deixara a pele dele escamosa e muito envelhecida. Havia dobras e rugas que não costumavam ser vistas em alguém tão jovem.

Novamente, Maria achava que era um desperdício enterrar moedas, então Tia Suzy rasgou dois pedaços do papel em que embalava sua solução e os moldou em círculos para cobrir os olhos. Aquilo teria que bastar para afastar espíritos malignos.

As mulheres removeram as roupas sujas dele e o limparam com panos molhados em água com sabão. Normalmente, Tia Suzy passava vinagre no corpo para dar à pele um visual rosado, mas não via necessidade de se dar ao trabalho com Alex. O corpo dele estava em condições ruins demais para isso.

Maria não as ajudava em nada. Ia de um lado para o outro, passando de cômodo em cômodo feito uma criança animada. Ajeitava os móveis, movendo-os um centímetro para cá ou para lá, e brincava com o colar, nervosa. Sem perceber, começou a cantarolar, como costumava fazer ao se sentir ansiosa ou empolgada, mas parou ao levar uma bronca de Tia Suzy. Mais de uma vez, ela precisou ser firme com Maria, lembrando-a de que era uma mãe enlutada.

Por fim, as mulheres vestiram Alex. Colocaram-no nas mesmas roupas que ele tinha usado no funeral do pai dois anos antes. Apesar de terem passado horas preparando o corpo, a parteira ainda estava preocupada. Ele parecia ressecado, e os enlutados poderiam notar que havia algo errado.

Tia Suzy o levantou. Estava leve, como um galho, com todas as partes essenciais removidas. Pesava menos de trinta quilos.

Ela o carregou para a sala. A mesa tinha sido afastada para um canto, e duas tábuas haviam sido posicionadas entre duas cadeiras para formar uma "cama fria". Tia Suzy se inclinou e posicionou o corpo ali.

A essa altura, a casa estava amargamente fria. Uma camada de gelo se formara na parte de dentro das vidraças da janela. As paredes pareciam molhadas ao toque. Tia Suzy conseguia enxergar a própria respiração. Usava várias anáguas, mas ainda sentia o frio como se estivesse deitada de bruços na neve. Suas juntas doíam. Ninguém seria autorizado a aquecer a casa antes da remoção do corpo.

Ouviu Michael cumprimentando os enlutados do lado de fora.

Um grande grupo entrou na sala, formando uma roda maior ao redor do pequeno círculo de mulheres junto ao corpo. Parecia haver uma barreira impenetrável cercando o defunto, que os amigos de Alex não ousavam perturbar.

"Que Deus console o coração triste daqueles deixados para trás e leve o morto para o Reino dos Céus", entoavam os visitantes.

"Que Deus lhe ouça", respondia Maria, sem levantar a cabeça.

Tia Suzy, Lidia e Maria começaram o canto fúnebre. O lamento era agudo. Cada vez que um enlutado entrava murmurando uma prece, a canção chorosa se tornava mais alta. Enquanto as mulheres cantavam, Maria lamentava uma corrente de palavras tristes.

Os enlutados passavam rapidamente pelo velório sem que nenhum deles tivesse permissão de ver Alex de perto nem de ficar mais do que poucos segundos. O tempo que podiam passar com ele era perturbadoramente rápido. Sentindo-se rejeitados e confusos, os amigos mais próximos de Michael se retiraram para o estábulo da casa. Alguns improvisaram bancos com baldes vazios, outros se sentaram no *diku*, sem saber que Alex dera seu último suspiro ali. Pegaram o frasco de Michael na prateleira e o passaram entre si. Encontraram o jarro de conhaque guardado em um armário. Ainda podiam escutar a canção fúnebre, apesar de a distância oferecer um ar mais misterioso ao choro das mulheres. Conseguiam escutar alguns dos homens mais velhos entoando salmos.

Começaram a demonstrar afeto pelo amigo. Ninguém jogava *tarok* tão bem quanto ele, não havia ladrão de galinhas mais azarado, e em nenhum lugar em Nagyrév, nem por toda a planície húngara, haveria alguém com uma língua tão afiada quanto a de Alex Kovacs Junior.

Enquanto o jarro de conhaque era esvaziado, eles apresentavam teorias sobre a morte dele. Tinha ficado mais doente nos últimos anos, embora ninguém esperasse sua morte. Talvez, sugeriu um amigo, o tempo em Budapeste tivesse acelerado o processo.

Conversaram sobre a morte do pai de Alex, e de alguns outros homens conhecidos que faleceram recentemente. Homens que tinham sobrevivido à guerra e, ao voltar para casa, haviam morrido após uma doença rápida. O sr. Farkas havia surpreendido a todos quando morrera em setembro, com apenas 39 anos. O túmulo do sr. Major tinha sido cavado apenas dois dias antes.

Eram tantos falecidos que os amigos de Alex começaram a se confundir sobre quem tinha morrido ou não. O grupo deu risadas contidas quando alguém contou a história de um amigo que tinha saído para ir ao velório de outro amigo, mas acabara encontrando com ele no meio da rua.

A risada foi substituída por histórias de memórias queridas que tinham de Alex. Os amigos dele permaneceram lá até anoitecer, e foram embora quando a neve voltou a cair.

Quinta-feira, 20 de novembro de 1919

A casa de Maria estava escura, exceto pelo brilho discreto que emanava da lamparina de Tia Suzy. O lugar continuava gélido e silencioso.

Tia Suzy tinha saído mais cedo do funeral para voltar à casa de Maria, mas não tinha muito tempo, pois os enlutados voltariam logo para o banquete. Seguiu a passos pesados até a cozinha e baixou suas cestas. As duas estavam cheias de ramos e frutas que ela havia desidratado especialmente para a ocasião. Abriu o armário e pegou a mesma panela grande que Maria usava para preparar *goulash*.

A parteira pegou os ramos e as frutas secas nas cestas e jogou tudo na panela. Acendeu um fósforo e colocou fogo na mistura. Imediatamente se sentiu grata pela onda de calor que recebeu da pequena chama.

Tia Suzy raramente tinha medo do retorno da alma de algum *gadjo*. Sabia que apenas o *mullo*, o espírito romani, podia voltar para torturar os vivos. Mas a duração do sofrimento de Alex a deixara preocupada que talvez ele ficasse inquieto. Era necessário se precaver.

Ela observou as chamas lamberem os ramos e então devorarem as frutas. Um cheiro maravilhoso perfumou a casa enquanto Tia Suzy caminhava com a panela em chamas pelos cômodos, limpando o ar do espírito de Alexander Kovacs Junior. Ele pertencia ao outro mundo agora.

O chalé de Alex Junior ficava mais distante na rua Árpád, em um lote de bom tamanho. Tia Suzy conhecia a casa. De tempos em tempos, ela havia oferecido tratamentos a Alex, o pai, para espasmos musculares e torções, e a considerava uma bela casa, perfeita para seu caçula. Sentia-se especialmente satisfeita ao pensar nisso agora. Sentia-se saciada, como se tivesse desfrutado de uma boa refeição. Maria tinha concordado que seu último pagamento para a parteira, a ser coletado dali a seis meses, viria na forma da casa de Alex.

As suspeitas de um médico

Era um segredo que todo mundo sabia.

— István Burka, prefeito de Nagyrév

Maria ergueu o cesto até a carroça e o depositou no banco de couro no interior. Levantou a saia e subiu. Arrumou o chapéu de aba larga, para protegê-la do sol, cuja fita comprida ela ajeitara em um pequeno laço sob o queixo. O aroma de bacon assado vinha da cesta. Levava também fatias grandes de pão branco e, no fundo da cesta, algumas frutas. Estava feliz por ir visitar seus campos, algo que tinha começado a fazer quase todos os dias.

O cavalo seguiu pela Árpád em um ritmo lento, e, ao se afastarem um pouco do centro do vilarejo, Maria o direcionou para a casa de Alex Junior. Quase oito meses tinham se passado desde que prometera a casa para a parteira. Para grande irritação de Maria, Tia Suzy estava começando a insistir no negócio.

Fez o cavalo parar na frente da casa. Era uma construção bastante grande em um terreno espaçoso, já que a família Kovacs também tinha parte na riqueza. O lugar era bom demais para um rapaz como Alex, que certamente nunca o apreciara de verdade, na opinião dela própria. Maria analisou a casa por um instante, então afastou o olhar. Recostando-se no banco antes de erguer e bater as rédeas, fez o cavalo andar para a frente. Com certeza haveria formas mais interessantes de usar a casa para além de dá-la para a parteira.

O cavalo prosseguiu sem pressa por mais uns oitocentos metros. Ao deixarem o vilarejo, passaram por algumas mulheres romani carregando trouxas grandes amarradas às costas. Fora isso, a estrada estava praticamente vazia, e só voltaria a ficar movimentada ao pôr do sol, momento em que as caravanas voltavam para o vilarejo.

Maria empurrou a aba do chapéu para cima e olhou para os campos. Havia uma rede de trilhas conectando um lote ao outro, e muitos fazendeiros paravam para almoçar ali, sentando-se no chão com suas marmitas.

Maria puxou as rédeas de novo, e o cavalo parou. Ela apertou os olhos contra o sol para procurar por suas plantações douradas.

Ela o viu erguer o olhar. Ele semicerrou os olhos na direção dela, levantando a mão e acenando. Abrindo caminho pelo matagal alto, ele foi até a estrada. Aproximou-se rápido a passos curtos com suas pernas curtas. Franklin tinha a aparência de um homem da planície; independentemente de onde ele tivesse nascido, ela percebera isso de primeira.

Ele caminhava igual aos outros jovens fazendeiros e trabalhadores agrícolas, descalço, as botas jogadas sobre o ombro. As roupas de linho encrustadas de sujeira. Os pés tinham passado a manhã inteira afundados na terra. A pele dele estava dourada como o trigo. Maria pegou a cesta de comida para dar a ele. Na brisa, sentiu o laço do chapéu roçando o próprio rosto. Todos os dias, ansiava pelo momento em que traria o almoço de Franklin.

Franklin e a irmã, Marcella, tinha fugido da Transilvânia a pé em junho, após a região ter sido perdida para os romenos na execução do Tratado de Versalhes. Outras grandes regiões do país tinham sido separadas e cedidas a países já existentes ou novos, mas a Romênia tinha sido, de longe, o que mais ganhara terrenos e recursos da Hungria. As fronteiras da nação húngara tinham sido tão dramaticamente reduzidas que mais da metade da população agora morava fora da Hungria. Franklin e Marcella estavam entre as centenas de milhares de pessoas que tinham fugido para dentro das novas fronteiras.

O objetivo deles tinha sido Szolnok, porém, ao chegarem lá, logo viram que a cidade estava lotada de refugiados. Milhares de famílias viviam em vagões abandonados no pátio da ferroviária. As mais azaradas se abrigavam em locais ainda piores. Franklin e a irmã tinham continuado em frente, seguindo alguns trovadores e mascates para o leste, saindo de Szolnok e vindo para Nagyrév, onde tinham preparado um boletim para o pregoeiro ler junto ao rufo de seu tambor:

"Irmão e irmã da Transilvânia buscam trabalho em troca de acomodação e comida."

Maria tinha achado que era um bom negócio. Havia colocado Marcella para trabalhar ao seu lado na casa, enquanto Franklin reconstruiria sua fazenda. Seus campos tinham rendido pouco nos últimos anos.

Antes de colocar os irmãos para trabalhar, tinha mostrado o vilarejo a eles. Tinha os levado à beira do rio para conhecer as mulheres que estavam lá, lavando gadanhas ou roupas. Apresentara Franklin e Marcella como seus "novos filho e filha". Levara-os à igreja, à mercearia Feldmayr, ao correio, à feira da quinta-feira, e em todo lugar foi a mesma coisa: *Este é meu novo filho, Franklin. Esta é minha nova filha, Marcella.*

Maria havia arrumado o antigo quarto de Alex Junior para Marcella. Ultimamente, Michael passava menos noites em casa, então Franklin tinha sido acomodado no *diku* dele no estábulo.

Franklin aceitou a cesta de almoço e inspirou os aromas. Ela aguardou, esperando que ele a convidasse para comer também. Havia levado comida suficiente para duas pessoas.

A parteira se esticou sob a mesa. Tocou o joelho gordo e o esfregou, sentindo dor. Ambos os joelhos estavam tensos e inchados, e pontadas de dor subiam por suas panturrilhas também. Ultimamente, ela estava passando tempo demais inclinada sobre suas flores em casa, e o trabalho havia atacado sua artrite. Olhou ao redor, no bar quase vazio. A maioria dos bancos permanecia sob as mesas, e o chão tinha sido varrido. Anna só espalharia a serragem no piso à noite, quando os fazendeiros voltassem para o vilarejo. Tia Suzy aconchegou o fornilho do cachimbo na mão. Ela sugou o vapor do tabaco para o fundo dos pulmões e exalou uma longa nuvem de fumaça, que flutuou para o outro lado da mesa, batendo no rosto gordo e cheio de rugas de Ébner.

Após um instante, deu outra tragada. Ébner pegou um pouco de tabaco da própria caixa de rapé e enfiou o pó nas narinas. Farelos caíram em seu bigode recém-encerado. Nos dias em que a barbearia abria, Ébner gostava de ir até lá e pedir a Daniel para encerar seu bigode, já que não tinha paciência para o trabalho tedioso. Tia Suzy notou as pontas brilhosas. Observou o bigode se movendo para cima e para baixo enquanto Ébner falava.

As visitas que fazia a ele tinham sido interrompidos pela ocupação, e Tia Suzy sentia falta de conversar com Ébner. Quando os dois finalmente conseguiram se rever, ela notou que ele tinha engordado ainda mais naqueles meses, apesar de nem imaginar como.

Fazia tempo que Tia Suzy notara que, ao falar, Ébner era como um pescador jogando iscas. Oferecia migalhas e esperava ver quais despertavam interesse. Em grande parte, tinha aprendido a prática com a esposa e as duas filhas, um trio de fofoqueiras conhecido em Nagyrév.

Enquanto batia papo, bebia vinho e comia de um prato grande que Anna havia servido. Entre engolir, mastigar e limpar a boca com o lenço, ele contou a Tia Suzy a novidade do velho dr. Szegedy, que iria parar de trabalhar.

O tempo parou por um instante quando Tia Suzy recebeu a notícia. Fazia décadas que ela se aproveitava da embriaguez e da indiferença do velho dr. Szegedy. Nem conseguia imaginar os problemas complicados que um novo médico poderia causar.

Encarou Ébner. Ele se deliciava com comida tanto quanto Michael, e dava para perceber que levava sua alimentação bem mais a sério do que outros aspectos de sua vida. Tia Suzy ficou observando enquanto ele levava o garfo cheio até a boca, sobre a qual o bigode pairava como um guarda cabeludo. Ainda assim, ele não parava de falar, forçando as palavras pela língua cheia de carne. Um novo médico assumiria o cargo em novembro, explicou ele à parteira. Mais carne foi espetada em seu garfo e enviada para dentro da boca sem que ele tivesse engolido a garfada anterior. O velho médico, murmurou Ébner, seria substituído pelo filho, o dr. Kalman Szegedy Junior.

Ébner limpou a boca com o lenço e enfiou um canivete entre os dentes para soltar um fiapo de carne preso.

Chuvas torrenciais de fim de verão eram comuns na planície húngara, e as tempestades de agosto tinham sido pesadas, sem dar trégua por três dias. Tinham lavado as ruas e enchido o Tisza, que quase transbordou. As valas se encheram como banheiras, prontas para vazar nos quintais.

Do quarto, Maria escutou Michael batendo os pés no chão. Tentava remover os restos de água da chuva de suas botas. Havia um pano que ela deixava perto da porta para que ele as secasse, mas Michael raramente se dava a esse trabalho. Ela escutou seus grunhidos e palavrões enquanto tirava as botas, e novamente ao tirar o casaco ensopado.

A chuva batera com força no telhado durante as últimas horas. Gotas acertavam a janela feito caroços duros. Ela prendeu a respiração no escuro, mantendo-se alerta aos sons de Michael para acompanhar seus movimentos.

Na planície, o sol se punha tarde no verão, quase às dez da noite, e tinha sido então, depois de Marcella ir dormir e antes de Michael ser forçado a voltar para casa pelo aguaceiro, que Maria havia ido correndo ao estábulo para chamar Franklin para dentro.

Você não pode ficar aqui fora com um tempo desses. Venha para dentro de casa, onde está quente e seco.

Ele a seguira para dentro, primeiro acompanhando-a até o quarto dela, depois indo sozinho para a sala, onde havia aberto o *diku* de Michael, ainda úmido e cheirando a bolor do estábulo molhado. Ele o esticara no chão ao lado do sofá, deitara, saciado, e caíra no sono. Estava caindo na armadilha de Maria.

Ela escutou o guincho da lamparina enferrujada de Michael e viu fachos de luz passarem no corredor. Ficou deitada encolhida na cama, uma fada sob a meia-luz, imóvel.

Fazia mais de uma hora que ela estava sozinha no escuro, ouvindo as batidas pesadas da chuva e esperando. Nenhum som vinha do quarto de Marcella, já que a garota era tão silenciosa à noite quanto era durante o dia.

Michael foi andando a passos pesados até a porta. Parou, apontando o facho de luz para ela antes de afastar a luminária com um gesto desajeitado. Maria observou o brilho enquanto ele voltava pelo corredor, primeiro iluminando uma parede, depois outra, como se a luminária estivesse bamba. Ela sabia que tinha sido difícil para Michael manter a lamparina acesa no temporal, mas, agora, ele a usava como queria. Ela escutou a asa chiar de novo ao bambear na mão dele. A luz trêmula foi do corredor para a sala e começou a dançar lá. Maria acalmou a respiração.

Conseguia escutar Michael se mexendo. Ficou ouvindo seus passos lentos, deliberados. Mesmo de meias, seu caminhar era pesado. Era como se pedaços de chumbo batessem no chão. Escutou enquanto ele sacudia a chuva do cabelo, os respingos de gotas molhadas caindo no chão.

Ele colocou a lamparina à sua frente. A chama oscilou loucamente enquanto a luminária balançava, lhe dando vislumbres do cômodo: o relógio, a cruz na parede, a perna da mesa, o aparador. No canto estava o fonógrafo de Maria, e sobre ele sua caixa de alfinetes. A lata brilhou sob a luz. Ao lado do aparelho ficava o sofá, seu encosto alto e os braços polidos por Marcella até resplandecerem. Michael foi na direção dele. Sob a iluminação fraca, o cômodo parecia cheio de quinas e caminhos bloqueados, e Michael caminhou entre os móveis como se eles fossem cobras que tentava evitar. Deu mais um passo e caiu sobre uma forma grande, inesperada, no chão.

Maria escutou o barulho e ficou paralisada.

A pequena chama de Michael iluminou momentos frenéticos enquanto ele tentava se levantar. O brilho ziguezagueou da parede ao teto, do teto à mesa, da mesa à cadeira, até finalmente chegar aos pés de Michael, que iluminou o rosto de Franklin, agora acordado e encarando a luz da lamparina sem entender nada.

Michael o fitou com raiva.

Que diabo você está fazendo aqui?!

Franklin se levantou depressa. Arrancou a esteira do chão e a enfiou embaixo do braço.

O que você está fazendo dentro de casa?! A essa hora?! Cadê a Maria?!

Franklin cambaleou para tentar escapar.

Saia daqui agora!

Maria levantou-se da cama com um pulo. Descalça, saiu correndo para o corredor. Seu cabelo comprido batia solto às costas, despenteado e indomado. Chegando às pressas na sala, ainda conseguiu ter um último vislumbre de Franklin enquanto ele saía para a chuva.

Sentiu o cheiro de Michael antes de vê-lo, uma mistura de charutos, vinho e chuva fresca. Ele havia desabado sobre o sofá. Ela chegou mais perto.

A maioria dos homens que Maria conhecia em Nagyrév mantinha uma cinta de couro em casa pendurada em um prego perto da porta da frente. Michael, porém, nunca havia lhe dado uma surra de cinta, nem ela vira uma pela casa. Mesmo assim, o medo tremulou por ela como se fossem asas. Sentiu um toque de nervosismo.

Na sala escurecida, os olhos azuis dele pareciam cinza, um metal frio tomado pela raiva.

Por que ele estava dentro de casa à noite?! Responde, Maria!

Michael levantou-se do sofá de supetão. Raramente demonstrava fúria, mas estava tomado pela emoção. Seus músculos e nervos se moviam e se contorciam por ela. A fúria aquecia o corpo, capturando seus pensamentos. A única parte dele que não tinha sido dominada pela raiva era o nó apertado, cansado, de sentimentos que ainda mantinha por Maria.

Ele se jogou na direção dela.

Maria foi para trás. Cambaleou até a cadeira perto da parede. Agarrou o encosto curvado dela e a jogou no caminho dele.

Nós não somos casados! Posso fazer o que eu quiser!

Michael arremessou a cadeira de volta na direção dela. A cadeira estalou ao aterrissar no chão duro, de lado. A força do impacto balançou o fonógrafo e derrubou a caixa de alfinetes no chão. Eles se espalharam como um leque pelo piso, enchendo-o de pedacinhos de prata.

Você não é meu marido! Não pode mandar em mim!

O clima chuvoso tinha deixado a casa especialmente fria. Uma leve corrente de vento atravessou a sala e tocou Maria com seu dedo gelado. Ela tremia, de frio e de emoção, mas a coragem ainda corria por suas veias.

Ela chegou mais perto de Michael. O rosto dele estava escarlate. Debaixo dele estava o fantasma do espaço que o *diku* ocupara.

Nos três anos que estivera com Michael, ela havia removido vigorosamente qualquer complicação que surgisse no caminho dos dois. Mesmo assim, ainda não tinha se casado com ela.

De alguma forma, ele parecia menor agora. Ela se inclinou na direção dele.

Enquanto não for sua esposa, posso fazer o que eu quiser.

Sexta-feira, 20 de agosto de 1920

A câmara do vilarejo estava bem mais fria do que o clima do lado de fora. As paredes de pedra eram uma barreira decente contra o costumeiro calor de verão, que frequentemente ultrapassava 30 °C. A chuva incessante, porém, havia reduzido a febre do sol de agosto, e a temperatura externa mal alcançava 26 °C. A câmara parecia quase gélida em comparação.

O espaço estava fechado para o público. Maria, parada no centro do salão, usava um chapéu de seda adornado com penas e pequenas flores. O chapéu era um dos seus favoritos, que tinha trazido de Budapeste e ficara guardado até então em uma caixa bonita sob o armário que dividia com Michael. Ela mesma havia penteado o cabelo preto. As madeixas sedosas tinham sido encaracoladas e presas sob o chapéu, um método que tinha aprendido por tentativa e erro ao observar os penteados das mulheres da alta sociedade de Budapeste.

O vestido de Maria era justo e comprido, com mangas esvoaçantes e fluidas, mas o corpete estava apertado demais. Ela mal tinha engordado ao longo dos anos, mas notava que o próprio corpo se alargava de formas bobas: os anéis entravam com mais dificuldade nos dedos, o aperto na cintura. Ela resistia a essas mudanças inevitáveis, sempre dando à costureira as mesmas medidas que usava desde que era uma jovem de 20 anos.

Por baixo, tinha colocado seu melhor par de meias-calças. Não as usava desde o funeral de Alex. Estavam no fundo de seu armário havia um bom tempo e, juntando isso ao clima úmido, tinham começado a cheirar bolor, odor que ela escondeu com um pingo de perfume.

O aroma dele, porém, era indetectável agora, sendo obscurecido por algo bem mais forte. Ela não ousava puxar muito ar. Preferia nem respirar. Conseguia passar um bom tempo prendendo o fôlego nos pulmões, e temia cada vez que precisava inalar. Cada aspiração preenchia seu nariz pequeno com o fedor horrível de esterco de cavalo.

Ela estava acostumada com o cheiro das ruas, onde o ar aberto o dispersava, mas o odor dentro da confinada câmara do vilarejo era insuportável, e vinha exatamente de seu lado, exalando de Michael como o vapor de um trem. Ele estava murcho ao seu lado, triste. Um náufrago enviando sinais através de nuvens invisíveis de fedor.

Ele chegara à câmara do vilarejo momentos antes. Ao sair da carroça, tinha enfiado o pé direto em um monte abundante de fezes macias e fedidas. A chuva batia em suas costas enquanto ele pensava, com os olhos sonolentos, em como proceder. Havia olhado para o sapato sujo, examinando o excremento como um detetive analisa evidências. Em seguida, olhara para o outro sapato, como se ele pudesse oferecer mais pistas. Então tinha gemido e levantado a perna, pressionando o pé contra a roda da carroça enquanto a chuva escorria por seu pescoço. Arrastara o sapato para a frente e para trás na roda, tentando tirar as fezes. Mas isso só havia servido para espalhar a sujeira pela sola, parte dela caindo no chão com um baque, acertando o outro sapato.

Deixara um rastro de fezes aguadas desde o vestíbulo até o salão principal, onde agora estava ao lado de Maria. Seus sapatos permaneciam cobertos de excremento, com pedaços presos à calça. O cabelo estava despenteado. A barra da camisa estava solta sob o colete. Ele não tinha se barbeado. A visão dele estava embaçada e sua cabeça latejava, mas ele tinha certeza de que era Ébner quem via parado à sua frente.

Ébner segurava uma Bíblia aberta. Sobre o nariz, equilibrava os óculos, que usava para ler. Tinha marcado as páginas das passagens que usaria. Não fazia aquilo com uma frequência suficiente para elas se abrirem sozinhas nas passagens necessárias. Pouquíssimos casamentos civis tinham sido celebrados desde que a legislação havia sido mudada para permiti-los. Ele analisou o texto, usando o dedo para marcar o lugar certo enquanto olhava para o casal. No rosto de Maria, viu uma mandíbula trincada. Viu as rugas que tinham surgido nos últimos anos, aprofundando sua careta. Seu corpo tremia de leve. Como sempre, seus olhos cristalinos brilhavam.

Ele olhou para Michael. Nunca tinha visto um noivo tão hostil.

Ébner inclinou a cabeça de volta para a Bíblia e começou.

Novembro de 1920

Na terça-feira após ser nomeado para o cargo, o dr. Kalman Szegedy Junior chegou em Nagyrév no começo da manhã. O clima ainda não havia virado, e ele tinha conseguido completar a jornada de oito quilômetros desde Cibakháza sem complicações. Apesar de ter assumido o consultório do pai em Cibakháza, também tinha se tornado responsável por vários vilarejos regionais além de Nagyrév, incluindo Tiszaföldvár e Tiszakürt.

O dr. Szegedy saiu da carruagem. A rua Árpád não estava seca nem molhada, mas brilhava de uma geada matinal. O chão parecia especialmente firme para ele depois da viagem sacolejante. Seus ossos ainda vibravam da jornada. A carruagem tinha balançado bastante sobre as estradas com marcas de carroça, e o chão imóvel em que agora pisava era um contraste bem-vindo, tranquilizador.

Assim como o pai fazia em suas terças-feiras em Nagyrév, o dr. Szegedy tinha parado a carruagem na frente da câmara do vilarejo para verificar a agenda que o pregoeiro organizava para ele antes de seguir para a sala de exames. Os pacientes que não podiam ir ao seu encontro eram visitados em casa.

O jovem médico entrou. O vestíbulo estava escuro. O lugar realmente sofria nos dias sem sol. O dr. Szegedy olhou ao redor e viu que nada ali era receptivo. Tirando um mapa e um relógio, não havia decoração nas paredes. Um banco ocupava o espaço diante de uma parede. Da entrada, ele notou uma luz fraca vindo do salão principal. Ele entrou, seguindo o leve cheiro de parafina até o salão. O pregoeiro tinha reabastecido o poste na Árpád recentemente, assim como as lamparinas dos guardas noturnos, e o ar ainda tinha cheiro de combustível.

O pregoeiro estava preparado para a visita. A agenda tinha sido disposta sobre a mesa, aberta na data. Mas, primeiro, o dr. Szegedy queria ver os registros antigos. Como o novo médico encarregado da região, achou que seria bom ver se estava tudo em ordem, incluindo os registros de nascimento e óbito.

Os volumes exibiam o velho emblema magiar no topo de cada página. No passado, os registros tinham sido bem-encadernados, porém a costura havia começado a se soltar em alguns. Todos estavam manchados por décadas de dedos sujos de fazendeiros. Ainda pareciam formais demais para a lúgubre câmara do vilarejo, mesmo em seu estado de glória desbotada.

O dr. Szegedy pegou o primeiro livro. Abriu a capa e ajeitou os óculos, inclinando-se sobre o livro e se assemelhando ao idoso que seu pai agora era. Passou o dedo pela página cheia de tinta, analisando os nomes de recém-nascidos, datas de nascimento, observações da parteira. Ficou especialmente interessado nas anotações sobre ocorrências incomuns durante os partos.

Encontrou riscos na entrada onde deveria estar o nome de um recém-nascido. Uma observação em caligrafia apressada se seguia, explicando que a criança havia nascido morta.

Virou a página. O estalo do papel interrompeu o silêncio no salão. Tinha chegado pouco antes do horário de abertura da câmara, e o pregoeiro se movia com cuidado ao seu redor, aprontando o escritório.

O processo era tedioso, apesar de o médico analisar as páginas o mais rápido possível. Tinha certeza de que seu pai jamais seria tão minucioso. O dr. Szegedy continuou lendo, mas parou com o dedo no meio de uma página. Chegou mais perto. Era difícil ler o garrancho. Agora, o sol já havia nascido completamente, mas o salão continuava escuro. Olhou ao redor em busca de uma janela que oferecesse mais iluminação.

Ele folheou as páginas do livro pelas quais já tinha passado, procurando um registro anterior. Foi mais para trás, procurando outro. Dobrou o canto de várias páginas para marcá-las.

Ao terminar de verificar os registros de nascimento, passou para a pilha de livros de óbito à sua frente. Esses registros tinham páginas grossas e largas, bem mais extensas para os lados do que em altura. Pressionou os óculos com um dedo e os empurrou para cima do nariz de volta. Abriu o primeiro volume. Lá fora, o repique dos sinos da igreja anunciava a hora. As crianças partiam para a escola levando bornais cheios de livros, e ele escutava as risadas e gritos delas enquanto brincavam de correr a caminho da aula.

Ele analisou os registros de óbito com a mesma atenção que estudara os de nascimento. A maioria dos nascimentos tinha sido anotada em caligrafia apressada, declarações rabiscadas sem levar muito em consideração como alguém as leria e entenderia anos depois. A letra nos registros de óbito era elegante e formal, uma escrita graciosa para marcar o fim de uma vida.

Passou os dedos por cada anotação, ainda sem saber exatamente pelo que procurava.

Seu dedo se arrastou lentamente pela página. Ele parou. Voltou algumas folhas para encontrar um registro anterior. E voltou um pouco mais. Em sua bolsa de médico estavam um bloco de papel e uma caneta. Ele os pegou e começou a fazer anotações.

O pescoço e as costas doíam por passar tanto tempo inclinado sobre os livros. O pregoeiro dava voltas ao seu redor, apontando para a agenda de consultas.

Na faculdade de Medicina, o dr. Szegedy tinha aprendido como buscar por sinais de doenças. Observar a palidez da pele, verificar a pulsação, escutar os batimentos cardíacos, a respiração. Cada sintoma e queixa era uma pista para uma situação maior, que formava um padrão.

Agora, ele tinha certeza de que enxergava um padrão nos registros.

O dr. Szegedy se endireitou na mesa sobre a qual se inclinava. Tirou os óculos e massageou o nariz. Fechou o livro e um pequeno sopro de ar escapou por entre as páginas, como um último fôlego.

"Quem", perguntou ele ao pregoeiro, "é a parteira aqui?"

O dr. Szegedy passou boa parte do dia questionando os novos pacientes sobre Suzy Fazekas. Ele perguntou há quanto tempo ela era a parteira do vilarejo, de onde tinha vindo e se as pessoas a conheciam bem. Fez perguntas sobre a família dela.

O jovem médico era muito parecido com o homem que seu pai tinha sido um dia, em vários sentidos. No início da carreira do velho, sua ambição não conhecia limites. O dr. Szegedy mais velho tinha participado de conselhos e comitês de hospital, viajando com frequência para Budapeste e Szolnok para reuniões. Mas, na época em que a guerra havia começado, ele já tinha perdido a força de vontade. Com o avanço dos anos, tornou-se confuso e começou a beber. Não prestava atenção nos pacientes. Além disso, tinha sido conivente com a perpetuação da cultura centenária das parteiras, que incluía a fé nos poderes medicinais de ervas e crenças em bruxaria. Entretanto, o jovem dr. Szegedy havia sido contratado para substituir o pai naquele momento devido ao novo regime. Sua nomeação era fruto do desejo de Budapeste de levar médicos regionais para comunidades interioranas atrasadas como Nagyrév, a fim de modernizá-las. Ele sabia que seu trabalho seria mais do que apenas cuidar de doentes uma vez por semana, ele seria responsável por extirpar a tradição de parteiras dos vilarejos sob seu comando. Porém, as revelações daquela manhã o tinham chocado. Tinha se preparado para combater velhos costumes, não para investigar crimes em potencial.

Ao chegar em Nagyrév na terça-feira seguinte, estava pronto para tomar uma atitude. Quando o pregoeiro veio ao seu encontro com a agenda de consultas, o médico a dispensou. Em vez disso, queria conversar com Ébner. O dr. Szegedy se acomodou para uma longa espera no salão escuro enquanto o pregoeiro ia buscá-lo. Estavam na temporada de faisão, e Ébner provavelmente estaria pelas redondezas do seu chalé de caça.

O dr. Szegedy se sentou no banco de madeira. A temperatura havia caído recentemente, e ele sentia um frio incontrolável, um lembrete de que, na próxima semana, talvez em alguns dias, um clima gélido se instauraria e o impediria de ir até Nagyrév. Essa possibilidade o deixou ansioso. Tinha muito trabalho a fazer.

Na maioria dos dias, pouco acontecia na câmara do vilarejo. De tempos em tempos, fazendeiros ou suas esposas vinham deixar um anúncio com o pregoeiro ou marcar uma consulta com o médico, e, às vezes, aldeões vinham em pequenos grupos para pedir a Ébner para solucionar uma disputa entre eles. De vez em quando tinha um baderneiro qualquer indo embora pela manhã após passar uma noite na "cadeia" (o almoxarifado do pregoeiro), mas, fora isso, era um lugar vazio. O pregoeiro passava boa parte do tempo varrendo a poeira que entrava pela fresta sob a porta. O telefone quase nunca tocava.

Do banco onde estava sentado, o dr. Szegedy conseguia enxergar dentro do escritório do novo coletor de impostos, o conde Molnar, que trabalhava em silêncio. A nova administração de Budapeste, desejosa por mudanças, tinha nomeado novos coletores para todos os vilarejos. Molnar já era detestado pela comunidade. O dr. Szegedy não pôde deixar de sentir pena dele.

Ébner entrou na câmara trazendo consigo uma rajada fria do vento de novembro, que soprava em seu encalço.

Sacudiu seu cajado para os cachorros de rua que o tinham seguido até ali e bateu a porta antes que algum deles a pressionasse com o focinho para entrar. Ébner sempre estava cheirando a *goulash* de carneiro, ou a alguma outra carne deliciosa, como bode ou porco, o que era irresistível para os cachorros.

Ele baixou o olhar para o dr. Szegedy, que agora se levantava do banco, e esticou a mão inchada para cumprimentá-lo.

Ébner passou pelo pregoeiro para entrar em seu escritório. Sacudiu a porta para abri-la, depois a cutucou com o cajado até escancará-la. Entrou e removeu o casaco de pelo de lince, deixando que o dr. Szegedy fechasse a porta e se sentasse. Ébner foi até a própria mesa, um móvel grande que não combinava em nada com o cômodo. A mesa era larga e comprida demais, e Ébner precisava se apertar para dar a volta no espaço apertado. Desabou sobre a cadeira. Uma máquina de datilografia ficava bem no centro da mesa, e Ébner sentou-se atrás dela como um capitão ao leme de seu navio. Ao lado dela havia um telefone castiçal e alguns papéis que o pregoeiro e o administrador do correio tinham deixado ali.

O dr. Szegedy deixou a bolsa de médico no chão e pegou suas anotações, que havia refinado ao longo da semana. Tinha voltado outras duas vezes à câmara do vilarejo para analisar os registros de nascimentos e óbitos, acrescentando mais evidências para sustentar sua teoria. Ajustou os óculos sobre o nariz estreito e começou a ler para Ébner, que manteve um olhar firme, inabalável, focado no médico.

Ao terminar, ele encarou Ébner. O secretário mantinha um frasco de conhaque escondido na gaveta da mesa, e o médico enxergava o desejo por ele no olhar vítreo do velho.

O som de cascos de cavalo veio da rua, conforme o trânsito na rua Árpád começava a ganhar força. O dr. Szegedy escutou o pregoeiro trabalhando do lado de fora, varrendo a área em frente à câmara.

Ébner fitava o médico com um olhar inabalável. O dr. Szegedy observou em silêncio enquanto o homem mais velho se recostava na cadeira e apoiava as mãos sobre o colo largo. Ébner alisou o bigode, contemplando a situação. Ele era como um urso relutante, acordado pelas cutucadas das circunstâncias. Lentamente, inclinou-se para a frente, pegando o telefone na palma grande. Gritou no bocal, instruindo a telefonista a ligar para a gendarmaria em Tiszakürt.

Tia Suzy estava deitada em sua cama sob uma pilha pesada de cobertores. O quarto estava bem escuro. Tinha fechado as venezianas para bloquear a luz do dia, e a claridade do restante da casa quase não penetrava aquele espaço. Os cobertores incidiam sobre ela, como se a empurrassem para o sono. A cabeça repousava em seu travesseiro favorito.

Ela havia voltado para casa e ido para a cama após as rondas matinais que fizera, encerradas após alguns drinques no bar dos Cser. Quando tirava suas sonecas, costumava cair rápido no sono. Em parte, isso se devia ao cansaço causado por caminhar de casa em casa carregando o peso de suas cestas, mas também pelo álcool que consumia antes de voltar para casa.

A casa estava calma. Os netos tinham ido para a escola de manhã, e Mari oferecia tratamentos terapêuticos durante o dia, massagens para músculos distendidos ou dores nas costas, sanguessugas para dores de cabeça. Ela também usava algumas das ervas da mãe para fazer emplastros para outras queixas de pacientes, como prisão de ventre ou pressão alta.

Tia Suzy dormia melhor quando estava sozinha em casa. Também dormia melhor durante suas sonecas. Elas a rejuvenesciam, e era nas suas profundezas que tinha a maioria dos sonhos proféticos. Mas fazia pouco tempo que estava adormecida quando acordou assustada.

O cachorro latia com ferocidade.

Jogou os cobertores para o lado e colocou os pés grossos no chão. Estava acostumada a ser acordada de sonos profundos, já que bebês nasciam quando queriam, mas a urgência do velho cão a preocupou. Enfiou os pés com meias nos sapatos de madeira.

Foi andando até a janela e pressionou a orelha pontuda na vidraça. Não escutava nada além dos latidos frenéticos do cachorro. Saiu correndo do quarto, resmungando sozinha. O vestido tinha se retorcido pelo corpo durante o sono, e ela o acertou no lugar enquanto atravessava o pequeno corredor. Os sapatos de madeira batiam com força no chão feito marteladas intensas. O coração dela estava disparado. O velho cachorro conseguia sentir o cheiro de perigo.

Ela entrou na cozinha. Longas mechas de cabelo grisalho tinha caído sobre seu rosto. As bochechas ainda estavam coradas pelo vinho e pelo sono, e o bordado da fronha do travesseiro tinha marcado de leve uma delas. Tia Suzy olhou ao redor.

Os aromas de uma refeição ainda pairavam no ar. Seu avental, que removera antes da soneca, estava pendurado em um gancho. O cachorro soltou um uivo demorado, agudo. Tia Suzy se abaixou no chão.

Engatinhou feito um bebê até a parede. A ponta dos sapatos de madeira arranhava e batia no chão, porém suas mãos gordas se moviam tão rápido quanto um caranguejo. Agachou-se, apoiada na parede. Agora, conseguia escutar o tambor do pregoeiro.

Desgraçado!

O *putsi* dela permanecia aconchegado no peito. Ela o segurou, seguindo o cordão com os dedos até encontrar o saquinho, que abrigava seus talismãs reconfortantes. Tia Suzy os apertou e começou a murmurar encantamentos antigos que havia aprendido com a avó.

"SUZANNAH FAAAZEKAAS, SAIA, POR FAVOR!!", cantarolou o pregoeiro.

Tia Suzy esticou as mãos sobre o chão e se levantou. Apoiou as costas na parede e se esgueirou até a janela. A cortina de renda batia no peitoril. A mesa da cozinha, onde lia a sorte, estava diretamente embaixo da janela.

Ela levou a mão até a cortina e abriu uma frestinha. Inclinou-se para a frente e espiou com os olhos semicerrados. O cachorro pulava no portão, as costas arqueadas enquanto ele dava giros no ar como um saca-rolhas. Sua boca mordia o nada.

Tia Suzy largou a cortina e analisou rapidamente o cômodo. Suas cestas vazias estavam sobre a mesa. Ela olhou para o avental. Dava para ver pequenas saliências nos bolsos. O aparador estava arrumado, e as gavetas, fechadas.

"SUZANNAH FAAAAZEKASS, SAIA, POR FAVOOOOR!"

A despensa estava à vista. Ela levou a mão até o coração disparado. Tentava não manter um estoque grande em casa. Seu maior suprimento ficava em vidros pequenos enterrados perto da pilha de compostagem. E também havia um pote perto da fogueira, sob o lugar favorito do cachorro. Mas os jarros na despensa estavam vazios, e cada um tinha resíduos no fundo.

Menj a fenébe!

Que eles sejam devorados pelo diabo!

Ela afastou a cortina mais uma vez. O céu estava nublado, da mesma forma como antes, quando fizera suas rondas. O quintal parecia vazio. As folhas douradas de outono já tinham sido varridas e queimadas na fogueira. As trepadeiras estavam desnudas, facilitando a visão inconfundível dos capacetes usados por gendarmes, adornados com plumas grandiosas de galos. As penas espiavam grandiosamente sobre o topo da cerca, como se realmente houvesse um galo sentado na cabeça do gendarme, analisando o vilarejo do alto. Tia Suzy soltou rapidamente a cortina. Nunca tinha visto um gendarme no vilarejo. Só os tinha encontrado em Tiszakürt, ao visitar sua prima.

Esses desgraçados enxeridos!

Ela correu para a despensa. Não havia tempo. Correu de volta até o aparador, onde guardava o papel pega-mosca. Puxou a gaveta, mas logo se deu conta de que não teria como descartar seu estoque. Correu de novo para a parede perto da janela. Parecia um camundongo em um labirinto.

"A fene egye meg!"

"SUZANNAH FAAAAZEKASS, SAIA, POR FAVOOOOR!"

Ela correu de volta para a mesa e afundou no banco, arfando.

"SUZANNAH FAAAAZEKASS, SAIA, POR FAVOOOOR!"

Clamou pela ajuda da falecida avó. Clamou aos espíritos.

A parteira olhou ao redor do cômodo procurando opções. Desejou que Mari estivesse ali para ajudá-la. Levantou-se do banco e correu pelo corredor para espiar o quarto. Poderia voltar para a cama, fingir que estava dormindo. Talvez os desgraçados fossem embora se achassem que ela não estava em casa. Mas seu cão leal não latiria daquela maneira se a casa estivesse vazia, ela sabia disso. E tinha certeza de que os gendarmes também sabiam. Ela voltou rápido para o banco e desabou sobre ele de novo. Cogitou uma rota de fuga, mas havia apenas uma porta na casa, uma única forma de entrar e sair. Estava cercada.

Inclinou o corpo pesado para a frente para se erguer mais uma vez do banco, e, ao fazer isso, o *putsi* bateu em seu rosto. Ela o segurou e o levou aos lábios.

A saia e a anágua se embolaram entre as coxas gordas enquanto ela corria até o casaco. Enfiou os braços nas mangas e fechou o cinto apertado.

Lá fora, havia uma névoa de fumaça da fogueira que ardia no quintal desde o amanhecer. Ela passou direto, abanando para afastar as labaredas como se fizesse mágica. Na cerca, afastou o cachorro frenético e, com um puxão rápido, abriu o portão. A parteira viu o pregoeiro parado do outro lado da valeta, coberto por uma capa de inverno escura. O gorro cônico de lã cobria as orelhas e o tambor estava pendurado à sua frente como um barril.

Dois gendarmes o ladeavam. Vestiam casacas verde-oliva de abotoadura dupla. Rifles com baionetas pendiam em seus ombros. Ambos exibiam bigodes espessos que dominavam seus rostos. Os capacetes com penas davam a cada um trinta centímetros a mais de altura.

Assim que a parteira chegou perto da valeta, os gendarmes agarraram com força seus braços e a puxaram pelo restante do caminho. Ela aterrissou desajeitada do outro lado, mas os dois homens se recusaram a soltá-la. O pregoeiro seguiu atrás do grupo.

Nervoso ao ver a dona sendo capturada, o cachorro começou a ganir.

A rua Órfão era tranquila durante o inverno. Fazendeiros iam e vinham em suas carroças, mas, no geral, a rua permanecia silenciosa e vazia. Ainda assim, ninguém, talvez nem o pregoeiro, notou os vizinhos apertando o rosto entre as frestas das cercas para assistir, da segurança de seus quintais, à parteira sendo levada pela polícia. Entre eles estava Petra.

Os gendarmes andavam a passos rápidos e firmes, os rifles batendo com força no quadril. Tia Suzy lutava para acompanhar o ritmo. Eles puxavam os braços dela com mais força sempre que ela tropeçava. O pregoeiro permaneceu um pouco atrás do trio, mantendo as duas mãos no tambor para impedi-lo de balançar.

Com o tom mais doce que conseguiu adotar, a parteira garantiu aos policiais e a todos que pudessem escutar que não tinha feito nada de errado. Com certeza aquilo era um engano.

Os gendarmes e a prisioneira pararam de repente ao chegarem à rua Árpád. Carroças subiam e desciam pela rua desordenadamente. A estrada era grande o suficiente para carroças e animais de todos as formas e tamanhos, e cada um, quando convinha, seguia na contramão, ou subitamente mudava de direção e virava para seguir na direção contrária. Não havia método, não havia ordem, não havia reconhecimento de qualquer tipo de norma de trânsito adotada por vilarejos maiores ou cidades. Quando se tratava do trânsito, Árpád era tão bagunçada quanto a configuração das ruas secundárias que tinham se formado por Nagyrév. Nos dias mais movimentados, o caos criava nós repentinos de carroças e carruagens, bois e mulas, que precisavam ser cuidadosamente desatados pelos fazendeiros presos na confusão antes que o fluxo pudesse ser retomado.

Os gendarmes chegaram ainda mais perto da parteira. Ela conseguia sentir o cheiro de tabaco velho no hálito deles. Os casacos de lã fediam levemente a mofo.

O toque dos sinos de uma carroça soou pela rua, mas foi o barulho do correio que chamou a atenção da parteira. Era como um sinal que a chamava, e seu velho coração palpitou com uma ideia.

O pregoeiro assumiu a dianteira do trio e entrou na rua com seu tambor. Ele ergueu a mão e bateu no instrumento com a outra, sinalizando para os veículos pararem. O trânsito ficou paralisado de forma confusa.

Ele então gesticulou para os gendarmes. A parteira foi acostada, como que por bandidos, até o outro lado da rua, erguida sobre a valeta feito uma criança e depositada com um baque sobre a calçada.

A essa altura, uma maré de aldeões tinha se reunido para olhar. Estavam boquiabertos diante da curandeira, cujas duas cestas tinham sido substituídas pelos dois gendarmes.

Os policiais formavam uma jaula ao redor do corpo dela. Tia Suzy pouco conseguia enxergar enquanto era levada pelo caminho, seu olhar tendo apenas vislumbres de casacos, botas e lenços. Ouviu algumas mulheres soltando sons de espanto. Ao passar pelo correio, gritou o mais alto que conseguiu.

Isso tudo não passa de um erro terrível!

Não fiz nada de errado!

Tenho certeza de que estarei de volta à minha casa em breve!

Se o filho estivesse lá dentro, com certeza a escutaria.

Tia Suzy foi rapidamente levada para dentro da câmara do vilarejo. A porta, como se fosse a de uma cela, foi batida no mesmo instante e fechada com o trinco.

O vestíbulo estava escuro e cinza. O frio subia do piso de lajotas. Tia Suzy sentiu uma última pontada de dor quando os gendarmes soltaram seus braços.

Três homens estavam parados diante dela. Um, tinha conhecido recentemente. O segundo ela conhecia bem, e o terceiro, nunca havia visto antes.

O conde Molnar estava em Nagyrév havia menos de um ano. Entre os companheiros no conselho, já tinha ganhado fama por ser um tecnocrata zeloso que todo dia fazia extensas anotações em seu bloco de papel, registrando ofensas insignificantes cometidas pelos juízes do conselho. Tia Suzy também tinha ouvido reclamações sobre ele. Nagyrév nunca tivera um coletor de impostos, e os aldeões mostravam-se indignados com a situação. Quando ele havia chegado ao vilarejo, a parteira tinha feito uma visita especial à câmara para se apresentar a ele, que já fizera uso dos seus tratamentos.

A parteira mal vira Ébner nas últimas semanas, porque a temporada de caça estava no auge. Ele tinha alojamentos de caça em seu terreno fora do vilarejo e passava boa parte dos dias de outono lá, caçando aves ou, mais raramente, javalis. Às vezes Ébner dava para Tia Suzy faisões que tinha matado, e ela depenava a ave e a assava na fogueira do quintal. Ao olhar para ele agora, foi tomada pelo arrependimento. Instantaneamente se lembrou de ter se vangloriado no bar dos Cser. *"Tem arsênico o bastante aqui nesse frasco para matar cem homens. Nenhum médico conseguiria detectar."*

A parteira nunca tinha visto o terceiro homem. Ele era da mesma faixa etária de seus filhos, tinha altura mediana e uma barriga levemente saliente. Com óculos de armação dourada, o rosto dele exibia determinação e inteligência, duas qualidades que seu pai, o velho dr. Szegedy, nunca demonstrava em excesso, até onde ela sabia.

A sala minúscula do pregoeiro fora arrumada para o interrogatório. Uma mesa e um banco tinham sido colocados lá dentro. A cama em que os arruaceiros dormiam quando eram aprisionados, e que muitas vezes era ocupada pelo pregoeiro, estava mais próxima da mesa e posicionada como banco do outro lado.

A cama batia nas panturrilhas de Tia Suzy. Sobre o colchão, havia um cobertor fino de lã. Ela se abaixou lentamente, sentindo o casaco apertá-la, mas logo veio a dor aguda da artrite em seus tornozelos e ela desabou sobre a cama com um baque pesado. As cordas estalaram com seu peso quando ela aterrissou sobre o colchão. Ajeitou-se e entrelaçou as mãos sobre o colo.

O restante dos homens entrou depois dela. Ébner e Molnar ficaram encostados na parede, já que a lei exigia que pelo menos dois conselheiros do vilarejo estivessem presentes durante um interrogatório conduzido pelos gendarmes. O dr. Szegedy sentou-se no banco ao lado de um dos policiais. O segundo oficial permaneceu de pé, junto da parteira.

O cabelo grisalho dela batia solto em seus ombros. O casaco ainda a apertava. Ela olhou de um homem para o outro, mas seus rostos eram inexpressivos, e ela não conseguia encontrar nenhum aliado. Apertou as mãos com mais força. Sobre a mesa, estava uma pilha de livros.

O almoxarifado do pregoeiro era pequeno e abafado. Não era um espaço projetado para aquela quantidade de pessoas. A vassoura, o esfregão e o balde dele, junto a uma pilha de panos encharcados de vinagre, ocupavam um canto.

Tia Suzy olhou para o dr. Szegedy do outro lado da mesa, que tinha começado a folhear os livros. Notou os pedacinhos de papel que escapavam das costuras, marcando as páginas. Então percebeu seu erro.

Pai e filho eram semelhantes de algumas formas, tinham as mesmas entradas no cabelo, alturas semelhantes, mas demonstravam diferenças em outros aspectos. Ela observou o jovem dr. Szegedy ajeitar os óculos. Ele os removeu, limpou meticulosamente as lentes e os colocou de volta. Os livros estavam separados em duas pilhas, e um registro estava diante dele, aberto em uma página marcada. O gendarme ao seu lado estava com a caneta tinteiro em punho.

A mente da parteira começou a dar voltas feito um rato perdido por becos. Os olhos dela miraram as pilhas de registros. Estavam um em cima do outro, como uma pilha de tijolos. Tinham sido abertos e fechados tantas vezes ao longo dos anos que as lombadas estavam esfarrapadas. Cheiravam a couro velho embolorado, e o pergaminho de suas páginas tinha amarelado com o tempo.

Ela analisou o gendarme com o bloco de notas. Ele tinha começado a escrever sem parar, o som da caneta parecendo as garras de um gato sobre o papel. Ela olhou para Ébner, que afastou o olhar. Então olhou de novo para os registros. Por anos, tinha mantido as próprias anotações em casa, registrando para si mesma relatos sobre as doenças dos pacientes, tratamentos, ocorrências de nascimentos e partos. Não os compartilhava com ninguém.

Ela observou o médico se inclinar sobre o livro, seu dedo pressionando um ponto na página. Sabia que precisava acabar com ele. E rápido.

A lamparina, que geralmente ficava pendurada no teto, tinha sido removida do gancho e colocada sobre a mesa, para facilitar a leitura. Enquanto Tia Suzy analisava o novo dr. Szegedy, sentiu a própria determinação aumentar. O jovem *gadjo* não arrancaria nada dela.

Lá fora, os sinos dobraram, anunciando a hora.

Tia Suzy acompanhou o dedo do médico se movendo pela folha comprida e estreita, e só então percebeu que o dr. Szegedy lia o registro de nascimentos.

A parteira ficou confusa. Encarou o livro, procurando por respostas.

O médico havia descoberto um padrão nos registros de nascimento. Primeiro, detectara um número elevado de bebês que nasciam mortos. Após investigar melhor, havia percebido que uma quantidade alarmante de casais do vilarejo tinha apenas dois filhos: um menino e uma menina. O médico descobrira o perturbador método de planejamento familiar de Nagyrév. Tinha certeza de que, assim que os pais descobriam o sexo do recém-nascido, as vidas de bebês indesejados eram encerradas após o nascimento. Não era coincidência que o sistema tivesse começado na época em que Tia Suzy se tornara a parteira oficial da cidade.

O dr. Szegedy afastou o registro de nascimento que lia. Tirou outro livro da pilha e o abriu em outra página marcada. Este, viu Tia Suzy, tinha as páginas largas e horizontais; o registro de óbitos. Ela prendeu a respiração. O que ele havia descoberto ali?

O dr. Szegedy leu a anotação: a morte de uma criança, um bebê que vivera por alguns minutos antes de sucumbir. O médico também considerava aquela morte como parte do método de planejamento familiar da parteira.

Ela relaxou na cama. As cordas afundaram e guincharam com seu peso enquanto ela se ajeitava. Agora, percebia que o *gadjo* não sabia de nada que ela não conseguisse vencer, e ficou tão relaxada que parou de remexer os dedões. Ela e a irmã Lidia tinham o hábito de girar os dedões quando ficavam nervosas ou chateadas, mas, agora, ela apoiava as mãos no colo com as palmas para cima. Parecia uma feiticeira, uma guru inabalável. Conseguia sentir a resposta concedida por seus encantamentos.

Um chute impetuoso em sua panturrilha veio do gendarme. Ela se impulsionou para a frente, quase batendo a cabeça na borda da mesa.

A SENHORA É UMA ASSASSINA DE BEBÊS?!

O gendarme a chutou de novo.

Tia Suzy ergueu o olhar para Ébner mais uma vez. Ele estava apoiado na parede. Parecia querer se fundir a ela, como se tentasse dar mais espaço aos outros ou quisesse se tornar invisível. As pontas enceradas de seu bigode branco estavam desfiadas nos pontos em que as esfregara de nervosismo. Ele baixou a cabeça e ficou encarando um ponto fixo no chão.

Tia Suzy sentiu o desdém crescer dentro de si. Os homens *gadjos* eram mesmo tão burros? Não sabiam que toda parteira de qualquer vilarejo europeu tinha tanto o poder de dar vida quanto o de preveni-la? Por conta própria, parteiras evitavam crises de fome, fosse por excesso de crianças ou por seios sem leite. Então ela era mesmo uma assassina de bebês, pensou Tia Suzy, se era assim que os *gadjos* queriam chamá-la. Mas preferia um termo diferente.

Sim. Eu crio anjos.

Ao ouvir o pronunciamento dela, o gendarme sentado à mesa começou a escrever furiosamente, enquanto Tia Suzy despejava um discurso que, para ela, não se tratava de uma confissão, mas de um manifesto sobre o papel das parteiras. Era obrigação dela, explicou para os homens, ajudar casais a terem famílias práticas; nada mais do que duas bocas para alimentar, um dote para pagar, um dote para receber, e apenas um herdeiro a cada propriedade, geralmente um homem. Ela defendia que oferecia um serviço essencial para as famílias pobres do vilarejo, talvez algo que as classes superiores não conseguissem compreender.

Ao decidir que tinha terminado, recostou-se na cama. Despreocupada, tateou a frente do casaco, buscando o cachimbo.

Agora, já estava escuro lá fora. Os comerciantes tinham fechado as lojas e o tinido da ferraria logo cessaria.

O dr. Szegedy levantou-se do banco. Enfiou os dedos sob as lentes e esfregou os olhos cansados.

Os gendarmes a cercaram de novo.

LEVANTE-SE!

O chute foi bem mais forte do que o último. Acertou a canela dela, e a parteira gritou com a dor repentina. Gritou de novo quando os dois gendarmes a puxaram pelos braços.

A SENHORA ESTÁ PRESA!

O dr. Szegedy se inclinou de novo sobre a mesa e fechou o registro de mortes, sem saber que silenciava o restante dos fantasmas de Tia Suzy.

No casebre dos Cser, muito tempo depois que o bar havia fechado, Anna estava deitada em sua esteira, acordada, atenta ao som do tambor do pregoeiro, com medo de ver os capacetes emplumados, perguntando-se se ela seria a próxima.

Não importa o meio e a magia

*As mortes recaíram sobre
o vilarejo como um pesadelo.*

— Conde Molnar, coletor de impostos de Nagyrév

Szolnok

A penitenciária do condado real de Szolnok era um prédio de um andar, com a entrada voltada para a movimentada rua Gorove. Ela ficava a vários metros da praça Kossuth, onde acontecia o mercado principal duas vezes por semana. Do outro lado da rua ficava o Cachorro Branco, uma oficina de ferro batizada em homenagem à imagem do cachorro branco em sua vitrine; o Cassino Nacional, um clube de jantar exclusivo para homens da elite aristocrática da cidade; e a farmácia Açúcar. Ao lado dela, ficava uma mercearia chamada Casa dos Anjos, um nome irônico, considerando a proximidade com a prisão. O presídio havia sido construído trinta anos antes (localizado anteriormente na câmara do condado, ali perto) e tinha capacidade de alojar duas dúzias de detentos por vez. Em geral, sua população era um misto de ladrões insignificantes, arruaceiros, golpistas e duelistas — alguns homens magiares ainda preferiam resolver desavenças com um golpe de espada contra o inimigo. Fazia dias que o prédio da prisão estava coberto por uma leve geada de inverno. Sincelos pendiam das calhas no telhado.

Tia Suzy se levantou parcialmente do chão de madeira, deixando cair o cobertor de lã que a cobria. Pedaços de palha estavam emaranhados nas fibras do cobertor. Tinham saído da pilha que havia sido disposta para ela na noite anterior. Boa parte da palha também tinha se prendido a Tia Suzy, com pedaços em seu cabelo e marcas na bochecha, onde a palha havia grudado em seu rosto. Apoiou as costas na parede gelada. Seus olhos estavam inchados de cansaço. Mal tinha dormido.

Depois de terminar o café que o guarda havia trazido, ela o colocou perto da porta para ser recolhido. O líquido, que estava a umas quatro gerações de distância de café de verdade, tinha gosto da mistura de cenoura e nabo das rações da guerra de um passado não tão distante. Uma comadre cheia ocupava um canto. Mais tarde, um zelador viria à cela e a levaria embora. O ar fedia a sua urina e fezes.

A cela quadrada media cerca de um metro e oitenta de cada lado. Não havia janelas, o aquecimento era ruim e um bando de baratas corria para lá e para cá de maneira ousada durante todos os momentos do dia. A porta era larga e pesada, com um olho mágico fechado do outro lado, permitindo ao guarda manter vigilância.

Ele era a única pessoa que Tia Suzy tinha visto durante toda a manhã. Tinha dias em que o guarda era a única pessoa que ela via, ponto-final. Quando havia chegado ali, um juiz de instrução tinha aparecido para colher seu depoimento, apesar da confissão completa em Nagyrév estar registrada. Ela havia se encontrado com seu advogado algumas vezes. Um médico viera fazer um teste de raciocínio para elaborar um perfil psicológico. Determinara que ela era inteligente e estava psicologicamente sã.

A parteira passava boa parte do tempo encolhida no chão. Acomodava-se na palha e se escondia embaixo do cobertor para evitar que as baratas passassem por seu rosto. Esforçava-se para dormir. Antes um companheiro fiel, o sono raramente a visitava agora. Em vez disso, mandava amigos terríveis. Sempre que a parteira fechava os olhos, rostos distorcidos se manifestavam na semiescuridão da noite, quando apenas uma luz fraca era mantida acesa, e durante o dia. Possuíam todo tipo de cores fantásticas. Alguns tinham corpo; outros, apenas partes de um. Eram imagens de uma mente desperta, isolada. Vinham acompanhadas de colegas, rindo. Achava que eram os *mullos* vindo para lhe torturar. Diziam coisas horríveis para ela.

O isolamento havia sido forçado pelas circunstâncias, não por vontade própria, uma vez que ela era a única mulher na penitenciária. Nas semanas que havia passado no confinamento da solitária, Tia Suzy também tinha sido tomada por crises de claustrofobia. Às vezes, sentia a necessidade irresistível de se jogar contra as paredes, de bater o corpo carnudo contra as pedras até um dos dois, as pedras ou seus ossos, ceder. O coração dela martelava com as batidas do medo. O peito apertava, comprimido como que por uma cobra imobilizando a presa, até ela mal conseguir fazer o ar entrar e sair dos velhos pulmões sofridos. O pânico se dispersava com o tempo, a fúria de um furacão se dissolvendo em névoa, e Tia Suzy esfregava as lágrimas de raiva e limpava o nariz com a manga ou a barra do vestido preto sujo.

Anexado ao lado oeste da prisão ficava o tribunal. A entrada dele ficava em uma rua lateral, bem mais discreta que os proeminentes portões da prisão na rua Gorove. A promotoria ficava em um corredor comprido, e lá trabalhava John Kronberg.

O promotor Kronberg era um dos muitos nativos da Transilvânia que agora trabalhava no tribunal em Szolnok. Um grupo de juízes e advogados tinham, assim como ele, fugido dos romenos no ano anterior, quando as novas fronteiras da Hungria tinham sido demarcadas. De sua parte, a promotoria de Szolnok precisava crescer. O grande fluxo de pessoas desalojadas que chegava ao condado, vindas da Transilvânia e de outras partes da Hungria que tinham sido removidas do país, havia sobrecarregado demais o tribunal. A população maior, junto a uma montanha específica de problemas que acompanhavam tantos refugiados, fora mais um golpe contra o sistema judiciário de Szolnok. O alívio viera na forma de profissionais jurídicos desalojados.

Também havia um novo presidente do tribunal, cargo que estava vago desde a execução do último pelos Garotos de Lênin. Os buracos de bala ainda estavam nas paredes no local em que ele e outros tinham sido fuzilados. Igrejas, casas, fábricas, escolas, tudo fora marcado pelas cicatrizes do Terror Vermelho. Nos meses em que Kronberg estivera lá, tinha descoberto que Szolnok era uma cidade que acomodava tanto seus novos fantasmas quanto seus novos habitantes.

O promotor Kronberg analisou os boletins de ocorrência. Eram muitos. Havia vários ladrões e pessoas acusadas de embriaguez pública, muitos deles refugiados que moravam em vagões de trem. Também havia inúmeras petições sobre casos variados relacionados ao Terror Vermelho. E ainda a aborteira de Nagyrév para ser julgada. A confissão dela aos gendarmes tinha sido bem-registrada. De fato, era raro encontrar uma confissão tão detalhada no tribunal, e Kronberg tinha certeza de que isso tornava impossível que ela vencesse o caso.

Nagyrév

O clima desde a prisão da parteira era de expectativa ansiosa. Para muitos no vilarejo, a captura tinha sido empolgante. A barragem construída no rio cinquenta anos antes — a mesma que retirara os peixes das redes dos pescadores — também mantinha os gendarmes fora do vilarejo. O canal artificial formara quase uma barreira ao redor do vilarejo, afastando Nagyrév dos vizinhos na planície húngara. Assim, apenas os mais idosos contavam histórias sobre a presença de gendarmes em Nagyrév, e ninguém no vilarejo conhecia alguém que já tivesse cumprido pena em uma prisão de verdade. Eles seguiam as punições determinadas pelo conselho local, que não iam além de algumas chicotadas no banco de açoitamento ou uma noite passada no almoxarifado do pregoeiro. Mas essas eram ofensas insignificantes que mereciam sentenças insignificantes. A parteira fora acusada de crimes que iam muito além do escopo da justiça do vilarejo.

E quanto mais tempo Tia Suzy passava fora, mais era alvo de fofocas e suspeitas. O grande buraco que sua ausência tinha aberto estava sendo preenchido com dúvidas e especulações. Era uma trama descontrolada que começara a ser tecida, carregada de boatos e suposições a cada pedacinho novo de informação. O burburinho de desconfiança que tinha se iniciado com os amigos de Alex Junior na noite de seu funeral agora começava a se espalhar entre mais homens do vilarejo.

Os gendarmes tinham levado embora uma curandeira intocável. Será que os crimes que tinha cometido eram tão graves a ponto deles arriscarem serem amaldiçoados por ela? Teriam encontrado apenas bebês mortos nos registros ou havia algo mais que estavam escondendo dos aldeões? Talvez, arriscavam, durante reflexões mais sombrias, Tia Suzy tivesse enfeitiçado as mulheres de Nagyrév. Diziam à boca pequena que aquela era a única resposta para o aumento de mortes entre homens aparentemente saudáveis. Os boatos eram tantos que um homem que havia adoecido recentemente brincava que queria escrito em sua lápide: "Aqui eu descanso, enquanto minha esposa descansa em casa".

Quase ninguém prestava atenção em Anna. Desde que descobrira sobre a prisão da parteira, ela estava apavorada. Tinha certeza de que os gendarmes estavam prestes a entrar pelas portas do bar para capturarem-na também. As mãos dela não tinham parado de tremer desde o dia em que a polícia viera ao vilarejo. Sofria de enxaquecas que duravam dias. O pouco que conseguia comer ficava se revirando dentro dela, saindo em fezes amolecidas.

Usava o filho e a filha como vigias. Sempre que os dois saíam, questionava-os sobre o que e quem tinham visto. Vivendo constantemente sob a impressão de ver a pena de um capacete de gendarme no portão, o pânico a dominava até ela perceber que era apenas o galho de uma árvore ou um passarinho empoleirado na cerca. Por mais que Anna detestasse e temesse a parteira, sabia que não descansaria tranquila até Tia Suzy voltar para casa. Só então ela conseguiria acreditar, mesmo que de forma muito tênue, que estava fora de perigo.

Toda semana, a família de Tia Suzy fazia a longa jornada desde Nagyrév para vê-la no dia de visitas. Levavam roupas limpas e cestos cheios de suas comidas favoritas: pão do padeiro, *goulash* e sopa de *lebbencs* cheia de batatas e páprica. Do jeito que ela gostava. Os ensopados e pães eram deixados sobre uma mesa que o guarda havia colocado na cela. A família se encolhia no espaço apertado e comia, ignorando as baratas que rastejavam aos seus pés e sacudindo para longe as que subiam no pão. Entre as benesses que a família trazia estava seu cachimbo, que ela costumava desencavar do cesto e acender imediatamente. As visitas melhoravam muito o humor de Tia Suzy, que passava uma ou duas noites dormindo melhor depois delas.

Durante as visitas, eles conversavam sobre os acontecimentos em Nagyrév. No começo, a parteira temia que os gendarmes revistassem sua casa, e pior, seu quintal, mas a polícia não tinha voltado ao vilarejo desde a noite de sua prisão. As conversas semanais giravam em torno do seu futuro julgamento. A família havia juntado todo o dinheiro que tinha para contratar um dos melhores advogados de defesa de Szolnok, Gabriel Kovacs.*

Contratar Kovacs tinha sido uma escolha inteligente. A parteira era acusada de ter realizado nove abortos, sendo todos de nascimentos prematuros sob a alegação de que o bebê havia nascido morto. Apesar da confissão, Kovacs a aconselhara a mudar de tática no julgamento. Dissera a ela para negar tudo. O advogado sabia que a procuradoria não tinha provas concretas. A melhor chance que tinha para inocentá-la era se Tia Suzy voltasse atrás.

Na manhã do julgamento, a parteira acordou cedo e vestiu uma anágua e um vestido preto, ambos lavados especialmente para a ocasião. Suas roupas tinham sido passadas com esmero, e o vestido estava tão engomado que chegava a brilhar. A cada movimento, a roupa crepitava e estalava feito papel. As botas que usava tinham sido engraxadas, e qualquer sinal de lama fora removido. Vestia um lenço na cabeça, como era o costume para aldeãs.

A família dela viera de Nagyrév na noite anterior e se hospedado em um hotel próximo à estação de trem. Chegaram na prisão bem na hora em que abria levando as roupas limpas, o cachimbo, farinha para passar em seu rosto e clarear a pele e um frasco de conhaque, que dividiram na cela enquanto esperavam o carcereiro chegar. Tia Suzy tomou apenas um golinho.

Um guarda a acompanhou até o tribunal. O advogado já estava posicionado à mesa da defesa. Tirando sua família, a galeria estava quase vazia. Alguns jornalistas de publicações locais estavam sentados juntos, e as testemunhas haviam se acomodado na frente. Kovacs tinha chamado aldeões para depor a favor da parteira. Escolhera fazendeiros que tinham recebido tratamentos bem-sucedidos com os emplastros e unguentos dela. A orientação dele fora que contassem ao tribunal como Tia Suzy ajudara a curar seus animais doentes e suas esposas e filhos enfermos.

---

*   O advogado não tinha qualquer parentesco com a família Kovacs, de Nagyrév.

Deveriam falar sobre a gripe espanhola e como Tia Suzy trabalhara sem parar para salvar vidas. O plano do advogado era mostrar que a parteira era indispensável para o povo de Nagyrév, independentemente das acusações contra ela.

Os dois gendarmes também estavam presentes, junto a Ébner, o conde Molnar e o dr. Szegedy. Tia Suzy se sentou no banco dos réus, de costas para a galeria. O carcereiro ficou parado ao lado dela, sério.

Quando chamaram seu nome, Tia Suzy se levantou. Andou até o banco de testemunhas, erguendo um pouco a saia do vestido ao se aproximar, como se estivesse ao ar livre e pudesse precisar desviar de uma poça ou cruzar uma valeta. Subiu no banco com dificuldade, tomando cuidado para não enroscar a bota na barra do vestido. Puxou o tecido para ajeitá-lo na cintura. Ficou com a cabeça baixa o tempo todo, as mãos entrelaçadas na altura do colo. Parecia um carrapato gordo.

Ladeado por um juiz-assistente de cada lado, o juiz que presidia a sessão leu em voz alta a declaração que a parteira dera em Nagyrév. As notas atenciosas do gendarme eram uma alegria para o juiz, e ele ficou especialmente satisfeito ao ler para a parteira suas próprias palavras.

Fez pausas nos momentos certos para destacar a ousadia, o ardil, a perversidade e a vulgaridade da mulher. A tinta do gendarme havia envenenado as páginas com a má-índole da parteira romani, e o juiz tinha sido adequadamente convencido. As observações eram rabiscadas à mão, e ele às vezes erguia o papel para ler os comentários que se estendiam pelas margens. De tempos em tempos, parava para beber de um pequeno copo de água. Ao terminar de ler uma página, ele a depositava virada para baixo na mesa por cima das que já tinha lido, criando uma pilha bem grande e desordenada ao seu lado. As folhas tinham sido manuseadas em demasia e se recusavam a ficar planas.

A leitura durou vários minutos, com os espectadores atentos a cada palavra. Quando o juiz finalmente terminou, baixou a última página dobrada na ponta e ergueu o olhar para a parteira. Encarou-a com intensidade.

O que a senhora tem a dizer sobre isso tudo?

Os pés largos de Tia Suzy estavam firmados na plataforma como estacas. Seus dedos permaneciam entrelaçados à sua frente, os dedões grossos girando em sua barriga como uma pequena roca. Ela fixou os olhos semicerrados no juiz. Pela manhã, tinha feito um encantamento de proteção. Agora, sentia-o como uma armadura ao seu redor.

Várias semanas tinham se passado desde a captura da parteira pelos gendarmes em Nagyrév. Mas Tia Suzy ainda conseguia sentir o toque horrível daquelas mãos de *gadjo* em sua pele. Os dedos fincados em seus braços. Os chutes doídos, rápidos, em suas pernas. Ela ainda conseguia escutar os xingamentos terríveis que proferiam a ela e ver o cuspe brilhante preso nos bigodes dos gendarmes feito orvalho do inferno. Suas memórias não eram as de uma vítima, mas de uma bruxa que nunca perdoava as ofensas praticadas contra ela.

Agora, invocava essas memórias, e cada afronta que recebera era um soldado a mais a seu lado, que marchava para defender a versão de sua inocência.

Ela falou rápido, apressando-se para reverter o registro. A voz soava ampliada pelo tamanho do salão. Tirando os espaços cavernosos das estações de trem de Szolnok e Budapeste, pelos quais Tia Suzy passara apenas ocasionalmente, aquele era o maior cômodo que já havia visto na vida, e a imponência do lugar deu peso às suas palavras, surpreendendo até ela mesma.

Contou ao tribunal que tinha sentido medo dos gendarmes. As baionetas e as ameaças eram tão horríveis que tinham arrancado mentiras de sua língua. Os policiais agressivos a tinham feito contar coisas que não eram verdade. A versão dela era rápida e atordoante, e, quando finalmente terminou de testemunhar, sentia-se prestes a desmaiar.

A parteira deu um passo desajeitado para sair da plataforma. Foi andando pesadamente de volta ao banco dos réus, onde desabou com um baque. Seu *putsi* estava pendurado no pescoço, escondido sob o vestido, e ela o sentia agora, uma pressão reconfortante contra o peito enquanto a respiração dela subia e descia.

O dr. Szegedy foi chamado ao banco. Tia Suzy o fitou enquanto ele passava por ela. Em silêncio, rogou uma maldição ao homem.

Uma leve corrente fria soprava das janelas. O ar gelado se infiltrava pelas velhas frestas e vidraças, passando pela parteira sentada na beira do banco. Ela queria escutar o médico com atenção, pronta para destruir cada fato que ele apresentasse.

Em seu escritório, situado em Cibakháza, o dr. Szegedy mantinha uma pasta lotada de papéis e anotações sobre o caso, e tinha decorado cada detalhe do que escrevera. Viera preparado para dar respostas precisas. Às inquirições do juiz, ele respondia com datas, horários e locais. Conseguiu demonstrar uma caracterização tão detalhada da investigação que fizera na câmara do vilarejo que qualquer artista competente seria capaz de reproduzir a cena.

A cada informação incriminatória, Tia Suzy pulava para fora do banco. *Não é verdade! Ele está mentindo!*

As repreensões firmes do juiz a faziam recuar como uma ventania forte, mas ela permanecia na beira do assento, pronta para saltar de novo.

Quando o dr. Szegedy saiu do banco, mais testemunhas foram chamadas. As declarações foram breves. Ébner disse apenas o que precisava dizer. Até o meticuloso conde Molnar manteve suas respostas resumidas; ele não estivera no vilarejo há tempo suficiente para saber muito sobre Tia Suzy. Os dois lados apresentaram discursos rápidos de encerramento, após os quais os advogados voltaram para suas mesas.

Os três juízes se reuniram para conversar. O grupinho que formavam era uma pequena pirâmide da justiça na frente do tribunal. A galeria foi tomada pelos sons ocos de tosses e cadeiras sendo arrastadas. Os jornalistas escreviam em seus blocos de papel, e Tia Suzy permanecia curvada em sua cadeira, girando ansiosamente os dedões.

Poucos ficaram surpresos com a decisão dos juízes. A confissão de Tia Suzy em Nagyrév tinha sido tão abrangente que fora quase impossível contestá-la.

Um rubor tomou conta de seu rosto quando ela percebeu o que tinha acontecido. Lançou um olhar ríspido para o advogado. Kovacs já juntava seus papéis, pronto para partir. O olhar dela detectou o gesto rápido do guarda ao seu lado, e no instante que se virou para o homem, ele pegou a contenção, uma corda de couro comprida e trançada com uma algema na extremidade, que ele prendia ao cinto.

Enquanto o guarda soltava a corda, Tia Suzy deslizou no banco para se afastar. Foi se empurrando sobre a superfície da madeira com a ajuda das mãos.

Vão para o inferno!

O guarda segurou o braço dela e o puxou para cima.

Vocês são uns desgraçados e vão todos queimar no inferno!

Ela agitava os braços para a frente e para trás. O guarda finalmente fechou a algema sobre seu punho com um estalido tão alto que ecoou por todo o tribunal. Puxou a corda como se fosse uma correia, tentando arrastar a parteira de volta pelo banco na direção dele. Ela berrou. Arqueou as costas. Sacudiu a cabeça em uma convulsão de fúria. A algema se apertou enquanto ela puxava o braço. Não era mais tão forte quanto já tinha sido. Sentiu que chegava mais e mais perto do guarda. Suas botas se arrastavam pelo chão. Ela bateu na lateral do banco com um baque e o guarda agarrou a mão livre dela. A palma suada de *gadjo* dele estava em sua pele, os dedos quentes enroscados nos dela. Capturada como um porco selvagem, ela guinchou de novo.

Ela se encolheu como uma bola raivosa sobre o banco. Um braço estava algemado e esticado para cima, e a outra mão batia na madeira. Foram necessários dois guardas para levantá-la. Eles a arrastaram pela galeria enquanto ela berrava, chutava, cuspia, carregando-a de volta para sua cela odiosa.

Ela não ficaria lá por muito tempo.

O advogado fez um pedido de apelação, que o juiz concedeu. Dias depois da audiência, Tia Suzy pagou uma fiança polpuda e foi liberada. Em pouco tempo, estava no trem de volta para Nagyrév. A família a recebeu com uma reunião discreta em sua casa. A espera pelo novo julgamento acabaria sendo bem longa.

Tia Suzy passou os primeiros dias de volta a Nagyrév retomando a velha rotina. Foi ao bar e participou do encontro do clube de costura. Mas não havia muito o que comemorar sobre sua liberdade. Tinha voltado para o templo da pobreza de Pênia, e tanto seu humor quanto sua mente estavam tão soturnos quanto a profunda caverna de medo que ela agora habitava. Os honorários legais tinham custado uma fortuna. O dinheiro para pagar a fiança raspara o tacho das suas economias, que incluía boa parte dos pés-de-meia dos filhos e de Lidia. A parteira tinha esvaziado o cofre. Desencavado cada pote de dinheiro enterrado em seu quintal e rasgado todas as fronhas e barras de saia que escondiam moedas. Estava falida.

Ainda assim, mesmo que sua condição financeira a apavorasse, eram os termos de soltura que mais a abalavam. A condenação a fizera ser dispensada do trabalho. A nomeação vitalícia como parteira oficial de Nagyrév tinha sido revogada. Seu nervosismo estava nas alturas.

A preocupação mais imediata da parteira, e que a mantinha em um estado de ansiedade extrema, era a ideia de perder sua casa. Em novembro, outra parteira seria eleita para ficar no lugar dela, e com o cargo viria a casa. Até lá, o conselho a deixaria ficar.

Ela também ficara profundamente abalada com a decisão do conselho administrativo do vilarejo em relação ao dr. Szegedy. Havia sido decretado que o médico cumpriria temporariamente as funções da parteira, apesar de ninguém saber como ele conseguiria fazer o parto de bebês em Nagyrév, dado que o clima do inverno e seus vários outros compromissos o impediriam de passar muito tempo no vilarejo.

O estresse da situação estava deixando Tia Suzy tão tensa que começara a mostrar um lado de si mesma que a maioria das pessoas nunca tinha visto. Saía de casa tentando demonstrar o máximo de alegria possível, mas o menor incômodo — cachorros de rua chegando perto demais, o vento bagunçando seu cabelo, tomar um vinho muito amargo, sua mesa estar lotada de coisas — a desestabilizavam. Parava onde estava e lançava uma cusparada. Falava palavrões. Batia os pés. Conforme as pessoas abriam espaço ao redor dela, Tia Suzy fechava as mãos em punhos e dava uma surra no ar. Ainda assim, essas erupções vulcânicas costumavam ser breves. Em pouco tempo, ela voltava a si, retomando a lógica e sua melhor imitação de decoro interiorano, e seguia adiante a passos pesados.

Nenhum de seus ataques públicos chegava aos pés do caldeirão que fervilhava dentro dela; estava tomada pela preocupação. Toda pessoa que oferecia tratamentos no vilarejo era uma potencial candidata ao cargo de parteira, e todas eram uma ameaça para sua amada casa. Os medos que a tinham perseguido por boa parte da vida agora eram lobos farejando sua porta. Essas perdas pareciam incalculáveis para ela. Conseguia ver toda a influência e conveniências que tinha se dedicado tanto para conquistar, e que tinham dado forma à sua vida, indo por água abaixo. Havia forças poderosas interferindo contra ela, e Tia Suzy sabia que a única pessoa que poderia salvá-la era sua filha.

Na tradição romani, o conhecimento das curandeiras pulava uma geração, sendo transmitido de avó para neta. Era verdade que Tia Suzy tinha compartilhado tudo que sabia sobre ervas com a filha e que a envolvia profundamente em outros assuntos mais secretos da família. Contava tanto com Mari quanto teria contado com uma irmã gêmea. Porém, Tia Suzy estava guardando seus conhecimentos de parteira para a neta, que tinha apenas 11 anos de idade. Já há algum tempo Tia Suzy levava a garotinha para passeios na floresta para lhe ensinar fatos básicos sobre plantas. A menina a ajudava a colher ervas da mesma forma como Tia Suzy fizera na infância com a própria avó. Seu plano sempre fora treinar a neta, que era filha de Mari, para realizar partos quando ela chegasse à adolescência, a tempo de ocupar o cargo principal quando Tia Suzy se aposentasse. Agora, não poderia mais fazer isso. Precisava recorrer a Mari, que não tinha nenhum conhecimento sobre partos e era completamente despreparada.

O dr. Szegedy estivera saboreando a condenação da parteira desde o instante em que saíra do tribunal. O veredito lhe dera uma sensação de propósito mais forte do que poderia ter imaginado. Todos os seus esforços, desde a investigação nos anais do vilarejo até o depoimento explícito na frente do juiz, tinham reforçado sua determinação de acabar com as velhas tradições, e ele estava mais convicto do que nunca de que deveria livrar os aldeões de suas crenças em curas mágicas e feitiços. Estava na hora de depositarem sua confiança na ciência moderna.

Não por acaso, no momento um novo hospital de obstetrícia e escola de parteiras estava sendo construído em Szolnok. O instituto original ficava em Nagyvárád, uma cidade que agora era comandada pela bandeira romena. O dr. Szegedy acreditava que a nova escola ajudaria a acabar com o monopólio dos romani nas questões obstetrícias dos vilarejos na planície húngara. O Instituto de Parteiras de Szolnok treinaria parteiras da forma adequada. Elas seriam instruídas e supervisionadas por homens que eram obstetras especializados. Até o instituto ser construído, os treinamentos seriam temporariamente conduzidos no hospital do condado.

Em todos os outros vilarejos sob sua jurisdição, levaria anos até que uma vaga de parteira fosse aberta novamente. Quanto a Nagyrév, uma parteira do Instituto de Szolnok, ou mesmo da escola temporária que estava sendo organizada, não se formaria a tempo da nomeação oficial na eleição de novembro. Uma nova parteira precisaria ser encontrada entre as habitantes do vilarejo. O dr. Szegedy insistira ao conselho que a substituta de Tia Suzy teria que treinar com ele primeiro. Não tinha mencionado que a faculdade de medicina não lhe oferecera um treinamento formal em partos. Ainda assim, tinha confiança de que toda sua experiência como médico o qualificava a fazer um trabalho que havia ficado por tempo demais nas mãos de curandeiras ignorantes.

Todos os dias, Tia Suzy saía para suas rondas como sempre tinha feito. O dr. Szegedy não podia impedi-la de visitar vizinhos, refletia ela, e, se elixires e unguentos eram carregados em suas cestas, ele não estava ali para ver. Muitos no vilarejo preferiam manter distância dela, atravessando para o outro lado da rua quando a viam se aproximar com suas cestas. Porém, muitos outros, apesar de tudo, ainda contavam com seus remédios, incluindo vários conselheiros. Ébner era um deles.

A rápida onda de animosidade que a parteira tinha sentido por Ébner ao ser capturada pelos gendarmes já tinha passado. Mesmo em seu pânico na câmara do vilarejo naquela tarde, ela havia notado a relutância dele em estar ali. Diante do juiz, ele havia demonstrado a mesma má vontade. O depoimento de Ébner tinha sido rápido. Dera respostas bruscas. Não fizera observações pessoais. Apesar de manter uma postura apropriadamente séria sobre a situação, ele tinha feito o mínimo que lhe era exigido, e nada mais além disso.

Tia Suzy se esforçava para manter a simpatia dele agora, assim como a de outros conselheiros. Ela os enchia de cuidados gratuitos — massagens e poções para dor de cabeça, cremes para os pés, bálsamos, remédios afrodisíacos, tinturas para pressão sanguínea —, apesar de precisar do dinheiro. Oferecia a eles trigo grátis das fazendas dos filhos e vinho grátis. Lia a sorte das esposas e filhas deles. Estava incansável na campanha que fazia para que Mari se tornasse sua sucessora. Havia um punhado de mulheres no vilarejo que eram candidatas melhores do que Mari, mas isso não a desanimava.

Uma delas tinha boas chances de conseguir o cargo. Para se livrar da ameaça, Tia Suzy estava cogitando um plano especial para essa mulher específica.

No meio-tempo, seus cuidados com Ébner estavam compensando. Outros conselheiros também estavam sendo convencidos. Porém, seu instinto romani exigia mais dela. Tia Suzy passava as noites à mesa da cozinha com seu conjunto de ferramentas mágicas, prevendo soluções para os próprios problemas. Examinava as próprias mãos em busca de respostas. Lia grãos de café. Esquentava a fita de chumbo. Era um pedaço pequeno que colocava em um cadinho e aquecia no fogo, interpretando a resolução para seus males no formato que ele assumisse. Interpretava os próprios sonhos. Buscava por sinais, mensagens e instruções do outro mundo que a guiassem rumo a seu objetivo. A cada previsão, tinha mais e mais certeza de que Mari seria sua substituta.

Durante a prisão de Tia Suzy, Maria não tinha feito a jornada até Szolnok nem uma vez para visitar a amiga na prisão. Pouco tinha pensado sobre o infortúnio de Tia Suzy, apesar de passar frequentemente na frente da casa da parteira. Ela se aproximava do portão devagar, curiosa e enxerida, como se tivesse encontrado um enigma para solucionar. Apoiava-se na cerca de madeira e pressionava o rosto contra as tábuas. Pela fresta estreita entre elas, analisava o quintal. Teias de aranha brilhavam na geada. Cinzas escuras tinham endurecido como pedras no buraco da fogueira, que ninguém da família acendia além de Tia Suzy. Na janela da cozinha, as cortinas permaneciam fechadas, como sempre. Maria queria entrar, sentar-se à mesa da parteira com as cartas, os grãos de café e o cadinho expostos diante de si como oferendas.

O inverno sempre fazia Maria se sentir presa. Quando as estradas se transformavam em rios de lama, o vilarejo se fechava ao redor dela como uma armadilha. O céu a sufocava, baixo e pesado com nuvens, e a maioria dos casebres passava o tempo todo fechado, guardando as famílias em seu interior. Venezianas ficavam fechadas para protegerem do clima ruim. Pilhas altas de gravetos e lenha pareciam fortalezas nos quintais laterais.

A energia que percorria Maria era sempre hesitante, como se buscasse por uma rota de fuga. Ela ficava inquieta e se remexia o tempo todo, tão agitada quanto uma criança pequena, e a desolação do vilarejo em hibernação só servia para deixá-la ainda mais nervosa. A ausência da amiga deixara as coisas quase insuportáveis para ela, então, quando Tia Suzy finalmente havia retornado, Maria a recebera como a chegada da primavera.

Vigiar a casa de Tia Suzy naquelas semanas tinha sido um certo consolo. A própria casa de Maria não lhe oferecia tranquilidade. Ela ficava tão entediada e inquieta lá quanto em qualquer outro lugar. Nos piores dias, a casa parecia sua própria prisão escura. Ela lutava contra a sensação, escancarando as venezianas. Abria a porta, convidando o ar fresco para entrar como o convidado de uma festa. Acendia lamparinas pela casa inteira. Tocava discos de suas bandas romani favoritas no fonógrafo. As paredes grossas de barro e o teto baixo distorciam muito o som, como se as canções fossem maiores que a sala, mas Maria nunca se importava. Ela cantarolava junto da música. Conhecia todas as melodias como se ela mesmo as tivesse composto.

Às vezes, Franklin a visitava, vindo direto pelo portão da frente no passo de um homem que era dono de tudo. Por insistência de Michael, Franklin e a irmã tinham se mudado para a antiga casa de Alex Junior, porém Michael passava muito tempo fora ultimamente. Fazia viagens frequentes a Budapeste, e era durante essas viagens que Franklin frequentava a casa de Michael quando bem quisesse.

Maria não era a única do vilarejo a ficar feliz com a volta de Tia Suzy. O velho sr. Ambrusz também sentia-se grato por vê-la ali. Ele havia recebido Tia Suzy como uma prece atendida. De certa forma, ela era isso mesmo. Recentemente, a saúde dele estava complicada. Pela manhã, acordava com a sensação de que havia tijolos sobre seu peito, e havia dias em que não conseguia ir da porta de casa até o estábulo sem perder o fôlego. Durante o tempo que Tia Suzy passara em Szolnok, o sr. Ambrusz tinha ficado sem as tinturas de que precisava, e tinha certeza de que isso lhe fizera mal. Era por esse motivo, acreditava ele, que sua boa saúde sofria contratempos. Não cogitava a hipótese de que, aos 78 anos, seu corpo estivesse cansado.

• • •

Tia Suzy andava feito uma pata pela rua, equilibrando as duas cestas, uma justiceira depravada novamente percorrendo os caminhos secundários do vilarejo. Uma cesta estava cheia de bens que tinha confiscado, ou que tinha ganhado de bom grado; a outra abrigava unguentos de ervas e elixires que preparava em casa. A temporada de cultivo havia chegado ao vilarejo, e ela estava cheia de pacientes para tratar. Os fazendeiros, no fim das contas, não se importavam com seus atos mais sombrios contanto que ela conseguisse aliviar as dores deles. Quaisquer novas suspeitas que fizessem sobre ela não eram páreo para a necessidade que tinham da ajuda dela.

O trabalho tinha começado cedo. Os fazendeiros que não conseguiam ir aos campos por estarem sentindo dor demais, devido a hérnias e músculos rompidos, eram atendidos pouco depois do nascer do sol. Ela preferia evitar o calor do meio-dia se pudesse. Também tinha uma série de consultas marcadas para a noite, depois que a caravana voltasse para o vilarejo.

O cheiro das flores de alfarrobeiras a encontrou assim que ela virou a esquina para a rua Árpád. O centro do vilarejo era repleto delas, que perfumavam o ar a cada primavera. Tia Suzy inalou o aroma. Pegou algumas flores e as guardou na cesta. Gostava de sentir o cheiro enquanto caminhava. O cachimbo de sabugo de milho balançava em seus lábios, esperando para ser aceso.

Não tinha andado muito quando viu a carruagem. Os cavalos estavam virados para a câmara do vilarejo, altos e escuros, tão solenes quanto monges. Mal se moviam, retraindo-se apenas quando provocados pelas moscas que zumbiam ao redor de seus olhos.

As rodas da carruagem estavam cobertas de terra macia da planície. Pedaços duros tinham se prendido a pequenos orifícios. As portas também estavam salpicadas de sujeira, e Tia Suzy notou que a terra havia se soltado da beira da porta quando ela fora fechada com força.

Lentamente, ela deu a volta ao redor da carruagem, uma boxeadora percorrendo o ringue. Mastigou o cachimbo apagado, pensando no que fazer. Chegou mais perto. Segurou com firmeza o topo da porta e se impulsionou para cima até se inclinar sobre o assento traseiro. Observou que o estofado não era novo, mas estava bem-cuidado, com apenas alguns danos pequenos causados pelo sol, cortes minúsculos no banco gerados pelo calor. O chão tinha marcas de pegadas. Todo o interior cheirava a couro quente e cigarros. No canto do banco estava a bolsa de médico preta do dr. Szegedy.

Tia Suzy ergueu a mão e tirou o cachimbo dos lábios. Fechou os olhos. Passou a língua por dentro da boca. Não tinha mais os dentes de trás, e esfregou a língua por esses espaços também, reunindo forças. Girou e girou até reunir uma grande poça de saliva. Conseguia sentir o gosto de tabaco velho enquanto bochechava. Inclinando-se mais para dentro da carruagem, transformou o corpo em uma tempestade e impulsionou uma cusparada generosa no banco.

Amaldiçoado seja!

Ela observou a baba se espalhar pelo couro.

Tia Suzy limpou a saliva em seu rosto com as costas da mão. Devolveu o cachimbo à boca e saiu de cima da carruagem. Pressionou a mão contra o vestido para alisá-lo. Ajeitou os cestos, cheirou as flores e voltou a caminhar pela rua.

Domingo, 22 de maio de 1921

No começo da tarde, a temperatura alcançava agradáveis 23 °C, e ficaria assim até o fim do dia. Os jovens se preparavam para o *csárdás* que acontecia toda tarde de domingo no bar. Anna e os filhos já tinham empilhado as mesas contra a parede, uma em cima da outra, para abrir espaço para a dança. A banda romani começaria a tocar às quatro em ponto. Na igreja, o pastor Toth pregava para uma congregação quase vazia. Apenas um punhado de aldeões vinha ouvir o sermão todo domingo. Poucos tinham paciência para seus devaneios e discursos chatos, e ele não conseguia preencher mais do que uma ou duas fileiras a cada semana. Perto da margem do rio, outro tipo de fé era celebrada, com cegonhas aterrissando sobre os campos abertos e gansos seguindo as garotas dos vilarejos que os guiavam para o pasto com panos brancos amarrados no topo de varas, que o bando tinha sido treinado para seguir.

Pela manhã, Tia Suzy tinha cuidado das flores de seu quintal. Removera ervas daninhas dos canteiros e cortara vários botões, levando-os para dentro de casa e arrumando-os em vasos de cerâmica e jarros de vidro. Ela os posicionara sobre o peitoril das janelas e colocara um arranjo grande no centro da mesa. Os lares calvinistas ao seu redor raramente permitiam que uma pétala passasse por suas portas. "Uma casa com pavões e pinheiros raramente dura", era o que ela escutava sendo dito frequentemente pelo vilarejo. Mas não se importava. Sua casa era cheia de flores. Certos dias, parecia a barraca de uma florista.

Quando Lidia chegou, Tia Suzy já tinha se limpado do trabalho matinal no jardim. Tinha tomado um banho demorado, esfregando-se na banheira de carvalho, como fazia toda semana. Depois, tinha prendido o cabelo em um novo coque e colocado um vestido limpo. Quando terminara de se arrumar, Tia Suzy havia se analisado no pequeno espelho de mão que deixava no quarto. Havia passado farinha no rosto em formato de lua, e poeira branca ainda pairava ao seu redor. Dava para vê-la flutuando nos raios de sol refletidos pelo espelho. Ela havia lambido dois dedos e alisado o cabelo. Trouxera o espelho mais para perto. Buscara sinais de novas rugas e de novas manchas marrons transparecendo sob a camada de farinha. Afastara o espelho para se olhar de longe. Tinha ficado tão roliça quanto uma ameixa redonda e madura, mas seu vestido estava engomado e limpo. O coque permanecia impecável, sem um fio fora do lugar. A parteira baixara o espelho. Estava, no geral, satisfeita com a própria aparência. Era seu aniversário de 60 anos.

Domingo era um dia de visitas, e Tia Suzy esperava um pequeno grupo de primos de Tiszakürt, inclusive a prima Kristina Csordás, para uma pequena comemoração. Estavam guardando a festa maior para o aniversário de seu nome.

Kristina vinha sendo a parteira de Tiszakürt pela mesma quantidade de tempo a qual Tia Suzy comandava Nagyrév. Tornara-se aliada desde que os problemas legais tinham começado, apesar de pouco poder fazer para ajudar. A prima tinha sido cautelosa ao mandar cartas ou telegramas para a prisão, e geralmente tentava enviar correspondências diretamente pelo filho de Tia Suzy. Kristina o esperava chegar ao correio de Tiszakürt e enfiava um bilhetinho rabiscado em sua mão. Às vezes, só sussurrava uma mensagem para ele transmitir à mãe. Tia Suzy e Kristina sabiam que precisavam ter cautela. O dr. Szegedy também tinha revirado os registros de Tiszakürt, e apesar de isso não ter dado em nada, não custava nada tomar cuidado.

Tia Suzy ficou com a família até à noite. Uma mesa fora montada no quintal, e o banquete servido tinha suas comidas favoritas. Jarros de vinho e conhaque tinham sido reabastecidos inúmeras vezes. Quando ela foi para a cama, estava completamente saciada.

A parteira tinha passado boa parte do dia trabalhando do lado de fora. O sabão havia sido fervido. As roupas haviam sido lavadas no poço do quintal e penduradas para secar nas vigas do palheiro. Tinha aberto o novo pano que tecera em um espaço no gramado. Ele havia sido branqueado logo depois de ficar pronto, e agora precisava secar.

Não escutou o portão abrir. Não viu a sombra do rapaz agachado ali nem a silhueta da pistola que ele segurava.

O velho cachorro querido dela dormia no frescor do estábulo. Uma família de pássaros cantarolava nos arbustos perto da cerca. Eles também tinham passado boa parte do dia ocupados, indo de um arbusto para outro.

Os pés de Tia Suzy estavam inchados e suados dentro das botas. A terra do jardim os tinha sujado e escurecido as solas. Grãos arenosos tinham formado pequenas montanhas de sujeira nos arcos e entre seus dedos. As mãos e os joelhos também estavam inchados pelo calor. O sol ardia feito uma tocha, assando-a.

Ela sacudiu o vestido para se abanar. Havia um pano velho no bolso do avental que usava como lenço, e o pegou para secar o pescoço e a testa. Devolveu-o úmido ao bolso e secou as mãos na saia do avental. Tia Suzy sempre se sentia conectada a uma força primordial, então, quando os passarinhos ficaram em silêncio, ela olhou para ver qual era o problema.

Uma curandeira estava desaparecida havia semanas. Tinha sido a principal rival de Tia Suzy, a concorrente mais cotada para o seu cargo

— o cargo de Mari —, e Tia Suzy estava determinada a não ser vencida por ninguém. Os boatos diziam que a mulher havia sido envenenada, e seu corpo, arrastado para o rio. Quando os filhos da mulher imploraram a Ébner para abrir um inquérito, ele os dispensara. Pior ainda, tinha rido quando eles acusaram Tia Suzy.

A princípio, a parteira não tinha enxergado nada na luz forte. O terreno ficava virado para o oeste, para a rua, e o sol bloqueava sua visão. Ela só via o que estava perto: a pilha de lenha, o teto baixo. E conseguia enxergar o chão com clareza o suficiente. Um pouco de grama havia crescido na terra lodosa. Encaracolava-se ao redor de suas botas. Um pouco mais afastado dos pés, havia mais trechos de grama e alguns dentes-de-leão amarelos. Sempre que a grama crescia demais, ela pegava a vaca do sr. Ambrusz emprestada para comê-la, ou a cortava com a velha gadanha que guardava no estábulo.

O quintal tinha ficado sinistramente silencioso.

A primeira coisa que ela viu foram os pés cobertos por botas. Seus olhos foram subindo do chão como que por uma escada, assimilando o restante dele. Ela o observou se jogando para a frente. O rosto do rapaz estava retorcido em uma carranca. Parecia tão sofrido quanto o da mãe dele na última vez que Tia Suzy a vira. Só que, ao contrário dela, ainda lhe restava fôlego para berrar.

"Menj a fenébe!"

A pistola disparou. Tia Suzy se jogou por cima do pano estendido no chão, desabando como se fosse uma árvore. Outra bala voou da arma, atravessando o quintal na direção da parteira.

O cachorro saiu apressado do estábulo. Correu até o portão, latindo. Ficou correndo em círculos diante da entrada, ladrando ferozmente para o ar. Seus círculos frenéticos foram se tornando mais e mais largos conforme expandia a busca, mas logo começou a perder o vigor. Desconfiado, ele parou. Farejou o ar, sentindo o cheiro de pólvora. Tinha perdido o faro do homem. Soltando um último latido de revolta, trotou até a dona.

Tia Suzy estava deitada no chão, imóvel. Parecia uma velha estátua pesada caída de lado. O cão deu uma volta ao redor dela, hesitante. Tocou-a com o focinho, um detetive sondando o corpo. Baixou o longo rabo. Foi até os pés dela e farejou, então fez o mesmo com sua cabeça, sentindo o cheiro da vida. Com cuidado, curioso, ele balançou a ponta do rabo. Tia Suzy esticou a mão e acariciou o velho cachorro.

Eu estou bem, garoto. Parece que ele errou o alvo.

Os filhos de Tia Suzy organizaram uma caçada. Junto de alguns amigos, os homens vascularam o vilarejo. Ao pôr do sol, o aspirante a assassino já tinha sido encontrado.

Mais uma vez, os gendarmes foram chamados a Nagyrév.

Quarta-feira, 21 de setembro de 1921

A planície húngara mantinha o calor de verão até o meio de setembro, e, conforme os dias se tornavam mais curtos, fazendeiros se preparavam para a colheita. Já as mulheres saíam para catar uvas. A estação tinha sido boa. Mal tinham enfrentado enchentes, e as temperaturas tinham rendido safras abundantes. A maioria do trigo e de outros alimentos tinha sido vendida para donos de terras ou levada aos mercados em Kecskemét e Szolnok para ser comercializada.

Na rua Órfão, a parteira se ocupara de suas atividades normais do fim de verão. Já tinha enlatado tudo de que precisava, e as prateleiras da sua despensa agora estavam bem-abastecidas. Havia arrancado todas as ervas daninhas que tinha encontrado no jardim. Junto de Mari e a neta tinha fervido sabão, feito as velas e preparado queijo o bastante até a próxima primavera, graças ao excesso de leite que tinha ganhado do velho sr. Ambrusz.

O sol de meio-dia atravessava suas cortinas de renda, salpicando a cozinha de luz. Ela estava sentada à mesa sob o raio de sol que entrava. Ergueu a *findzsa* e tomou o último gole de café. Devolveu a pequena xícara à mesa e se levantou do banco. As fitas de seu avental tinham se soltado após o longo descanso matinal na cozinha, já que não tinha saído para fazer rondas naquele dia. Ela esticou os braços para trás e as amarrou de novo.

Abriu a porta e saiu para a varanda. Levou a mão aos olhos para protegê-los do sol. Foi andando pelo caminho, e fez carinho e arrulhou para o velho cachorro, deitado tranquilo depois de sair cedo para andar pela floresta com a dona. Ela saiu pelo portão, estalando a língua alegremente para as galinhas que viu brincando em uma poça deixada pela chuva recente.

Devagar, pressionou-se contra o portão do sr. Ambrusz. Segurou a beira do portão, tomando cuidado para não fazê-lo ranger enquanto o abria. Escutara as mulheres da família saindo para os campos pela manhã e, agora, prestava atenção em qualquer som que pudesse indicar a presença delas. Era sempre bom tomar cuidado. Ela as chamou. Chamou de novo, mais alto. Sem receber respostas, ela abriu completamente o portão e seguiu a passos pesados pelo caminho bonito até a casa.

Fazia tempo que Tia Suzy sabia algo sobre o velho sr. Ambrusz: o coração dele estava fraco. Dava para perceber pela pulsação, pela parte branca dos olhos, pelo tom da pele, pela textura dos poucos fios de cabelo que ainda lhe restavam na cabeça. Ela o tratava regularmente havia meses, embora cada emplastro e poção apresentasse resultados cada vez mais ineficientes.

Ela abriu a porta da frente. A família Ambrusz também estava terminando de enlatar alimentos, e o interior da casa cheirava a frutas. Tia Suzy olhou ao redor da cozinha. O espaço ainda a impressionava, mesmo depois de tantos anos. Nada parecia quebrar nem ficar gasto. Um ar de elegância permeava tudo. Os vidros, a louça, as pequenas tigelas que certamente tinham vindo de Budapeste, ou talvez até de Viena, estavam organizados belamente em uma prateleira do armário. Tia Suzy afastou as tigelas e pegou o conhaque. Serviu-se de meio copo e tomou tudo em uma única golada. O copo foi acomodado de novo sobre a mesa com uma pancada. Ela pegou um copo limpo e serviu mais conhaque. Enfiou a mão no bolso do avental e procurou por seu frasco. Desenrolou-o do papel que o cobria e serviu duas colheres de sopa cuidadosas da solução na bebida. Misturou primeiro com uma colher pequena, e então com seu dedo gordo. Estava ali para fazer uma boa ação a um amigo em dificuldade.

Horas após ela voltar para a própria casa, o frágil e velho sr. Ambrusz estava morto, exatamente cinco anos após seu neto, Stephen Joljart, ter partido deste mundo.

● ● ●

O conselho administrativo se reuniu no começo de novembro e o dr. Szegedy estava presente. A reunião costumava ser demorada, já que todo tipo de assunto do vilarejo era debatido e votado: se era necessário instalar um poste adicional, se o sapateiro poderia expandir sua oficina, o que fazer sobre as reclamações dos fazendeiros quanto aos novos impostos cobrados pelo conde Molnar, e quem contratar para substituir Tia Suzy. Sobre a última questão, a filha da parteira foi eleita.

Na opinião de Tia Suzy, sua magia estava dando certo.

A perda de um juiz

> *Todas nós, mulheres de Nagyrév, sabíamos o que Suzannah Fazekas estivera fazendo. Estávamos tão acostumadas aos seus atos quanto às revoadas de gansos partindo do vilarejo para os campos a cada manhã.*
> — Maria Szendi

Nagyrév

Havia sangue nas mãos do dr. Szegedy. Seus óculos estavam embaçados. A umidade no cômodo e sua respiração ofegante tinham enchido as lentes de vapor. Como resultado, sua visão do sangue estava deturpada, e, ao olhar diretamente através das lentes, redondas e comumente sujas, ele via manchas discretas, vagas, como se causadas por ameixas ou respingos de vinho.

O sangue tinha pingado e sujado sua calça. Parte do líquido tinha se acumulado em poças nas partes planas do chão de terra, ou escorria em riachos rumo à parede por pequenas rachaduras e nervuras.

O casebre de Anna estava amargamente frio quando ele havia chegado. As janelas estavam cobertas de geada e uma fina camada de neve havia sido soprada sob a porta. Ninguém além de Anna se dava ao trabalho de varrê-la. O chão tinha ficado escorregadio por causa do ar frio, como se vitrificado. O vento gelado entrava pelas muitas rachaduras na casa. Com um fogo aceso, a sala rapidamente tinha esquentado.

Ele havia sido chamado mais cedo, enquanto fazia rondas em um vilarejo do outro lado do rio. As estradas marcadas pelas rodas de carroça eram intransponíveis no auge do inverno de janeiro, mas o rio estava bem congelado. O médico tinha conseguido atravessar as águas solidificadas do Tisza e chegar à casa de Anna a pé.

Já estava escuro lá fora. A luz dentro da sala era fraca e enevoada. A lamparina de Anna não era limpa desde manhã cedo, e uma camada de fuligem cobria o vidro, impedindo a pequena chama de emitir mais do que um leve brilho. O dr. Szegedy tinha colocado sua própria luminária no chão ao seu lado. A pequena luz que ela emitia o cercava como uma nuvem.

Os joelhos dele estavam fincados no chão, dormentes. Suas costas estavam tensas. A camisa, presa dentro da calça quando ele havia chegado, agora estava solta. As botas, que o tinham conduzido com tanta destreza pelo rio horas antes, pareciam cheias de pedra. Ele respirava com dificuldade.

Anna estava imóvel no chão à sua frente. Um cobertor fino tinha sido colocado sobre ela horas antes e agora também estava molhado de sangue em algumas partes, assim como seu vestido. Os braços dela estavam esticados ao lado do corpo, em uma triste postura de desistência. Ela parecia tão inerte quanto um galho caído, embora continuasse viva.

Nada havia preparado o dr. Szegedy para aquilo. Ele olhou para a criança que tinha depositado sobre panos no chão. Um tufo de cabelo preto formava cachos amassados na cabeça do bebê. Seu corpo era comprido e magricela, com uma pele frágil enrugada no pescoço e nos joelhos. Estava morto.

Para o dr. Szegedy, o parto parecia estar indo relativamente bem até o momento em que sangue começara a jorrar de Anna. Tudo que ele lera sobre nascimentos, em preparo para aquele parto, não havia explicado a forma correta de conter uma hemorragia.

Tirando a ventania que batia contra as janelas, o silêncio reinava na sala. O inverno se mostrava rigoroso, com o vilarejo enfrentando várias nevascas e tempestades. O ar dentro da casa de Anna era uma mistura de puro frio vindo das janelas e da porta, e de um calor seco em todos os outros cantos. Palha e galhos estalavam e crepitavam no aquecedor.

Ele escutava os passos leves do filho e da filha de Anna do outro lado da porta enquanto a dupla tentava se mover silenciosamente no único outro cômodo da casa. Não tinha visto nem escutado Lewis. No chão, ao lado de Anna, estava Mari.

Ela segurava um pano, que havia pegado da pequena pilha que trouxera de casa. Usou-o para estancar o sangramento.

Franklin agarrou a maçaneta da porta do estábulo. Puxou-a com força e a sacudiu para a frente e para trás até escutar o estalo alto do gelo quebrando. Já tinha entrado no estábulo naquela manhã, porém outra camada havia se formado no meio-tempo.

Deu outro puxão e observou o gelo se estilhaçando, os cacos retinindo e tilintando ao baterem no chão.

Era difícil de se lembrar de outro inverno tão frio. O centro da Terra parecia ter congelado. Ele empurrou a porta até a escancarar. Conseguia ouvir o som dos animais lhe dando as boas-vindas. Os bichos sempre gostavam dele.

No geral, Franklin e Marcella se estabeleceram bem na casa de Alex Junior, da mesma forma que haviam se estabelecido razoavelmente bem em Nagyrév. Marcella estava sendo cortejada por um jovem solteiro, um homem de quem parecia gostar, e Franklin havia escutado fofocas em Nagyrév o associando a uma garota chamada Piroska, apelidada por todos de "Pipsy". Isso era um alívio para Franklin. O falatório sobre ele e Pipsy significava que os vizinhos não tinham percebido a frequência das visitas de sua senhoria, nem o tempo que ela permanecia ali.

O estábulo carregava marcas do Alexander pai, mas nenhuma do filho. Cinco anos tinham se passado desde a morte do Alex pai, mas seu *diku* permanecia no canto atrás da porta. Uma velha tábua de madeira furada, que ele havia usado para improvisar um banco, ficava contra a parede. Vários bancos baixos continuavam ao lado, como se esperando a chegada de convidados.

Em um lado do celeiro ficava a cobertura da carroça, e no outro, a área de ferramentas. Quando Franklin não usava as ferramentas do primeiro Alex, as mantinha organizadas: as mais largas ficavam guardadas no velho armário, e as maiores eram apoiadas nas paredes.

A janela minúscula, quase tão pequena quanto a mão de Franklin, tinha sido coberta por palha. Cada resquício de calor fazia diferença.

Os dois porcos, que eram de Maria, ficavam dentro de uma cerca baixa de troncos. Franklin entrou no chiqueiro e pisou no monte de palha que havia sido espalhada e pressionada pelos porcos, mas que ainda mantinha certo frescor. Era macia sob suas botas, e ele foi caminhando como se pisasse em grama molhada.

Ao se agachar entre os porcos, sentiu o casaco pesado que vestia pender para a frente. Era um *szür* ornamentado feito de pele de cordeiro, e seu peso quase o puxava para o chão. O *szür* pertencera ao Alex pai e tinha sido deixado de herança para o Alex filho. Era uma peça muito adornada para um aldeão, e o primeiro Alex tinha pagado uma boa quantia pelos bordados elaborados. Os braços do grande casaco tinham sido costurados muito tempo atrás para servirem de bolsos, então, como quase todos os magiares faziam, Franklin o usava como uma capa.

Ele esticou a mão por baixo da cobertura. Bateu na lateral de um porco, depois na do outro. Gordos. Os dois estavam gordos. Muito rechonchudos. Beliscou a pele de um e a puxou para cima. Quase dois dedos de banha. Franklin ficou satisfeito. A temporada de degola dos porcos estava no auge, e ele tinha certeza de que os animais de Maria seriam vendidos por um bom preço.

O chapéu de pelo de Michael estava pendurado em um gancho perto do aquecedor. A neve pesada presa nele rapidamente tinha desaparecido no calor da pequena fogueira. O chapéu era grosso e redondo, diferente do gorro abobadado dos aldeões. Um cigarro fino escapava da aba. Michael sempre deixava um extra guardado ali.

No gancho ao lado estava o colete de Michael. Tinha ficado com o formato do corpo dele ao longo dos anos de uso, com as costas mais elevadas para acomodar os ombros cada vez mais curvados. A frente parecia murcha.

Os bolsos estavam cheios. Neles, havia bilhetinhos que ele escrevia em pedaços de papel, um porta-fósforos e seu relógio de ouro, cuja corrente passava por cima da aba do bolso. Maria a via brilhando e resplandecendo sob a luz. O colete cheirava a tudo que Michael cheirava: conhaque, tabaco, serragem, cavalos, incenso, cravo.

Havia bolsos internos também, onde Michael costumava guardar bilhetes dobrados e outros documentos de viagem. Além de manter o canivete e uma variedade de temperos no fundo de um — gostava de estar sempre preparado para a eventualidade de ser convidado para uma refeição. Maria sentiu o aroma forte deles ao abrir o colete.

Ela nunca tinha sido enganada por nenhum homem. Mas, agora, havia boatos.

Tateou os bolsos. As aberturas estavam sujas pelos anos de uso constante por Michael, e havia uma leve linha encardida por cima de cada uma. Ela enfiou os dedos nas aberturas, vasculhando às cegas. Pedaços secos de poeira e tabaco solto que se escondiam em meio às costuras entraram em suas unhas. Ela encontrou o frio de uma caneta-tinteiro. Uma pedra que ele carregava para ter sorte. O estojo dos óculos dele.

A carta tinha sido dobrada ao meio e cabia apertada no canto do bolso. Michael mexia nela com tanta frequência — desdobrando, lendo, dobrando-a de novo — que o papel tinha se tornado tão macio quanto algodão. Maria a desencavou com as unhas e a puxou.

Ela prestou atenção aos sons de Michael. A camada pesada de neve tornava os barulhos do quintal mais altos e distintos. O trinco de um barracão sendo aberto, um cumprimento sendo gritado para o vizinho por cima da cerca. Maria escutou a porta do estábulo abrir com um rangido e, baixo, os roncos e grunhidos dos porcos de Michael.

A carta estava mais gasta na dobra, onde as finas fibras de papel tinham se partido. Ela a abriu com cuidado, alisando a página frágil devagar.

O endereço era de Budapeste. Em uma caligrafia elegante, as letras faziam curvas e desciam delicadamente pela folha, cada palavra espaçada em intervalos iguais, como se coreografados. A epístola inteira, desde a data até a despedida, apresentava os sinais delicados de uma mulher, e as palavras pulavam para cima e para baixo nas mãos trêmulas de Maria, apesar de ela tentar segurar a carta com firmeza.

Agora, conseguia escutar Michael na pilha de lenha. A mão dele passando pelos troncos para remover a neve. Os grunhidos que fazia ao erguê-los. O coração dela disparou. Começou a ler mais rápido.

A varanda tinha algumas tábuas barulhentas, e elas anunciaram Michael enquanto ele as pisava com suas botas. Maria escutou o som das solas batendo no chão, soltando a neve.

Ela se atrapalhou com a carta. Era como segurar uma pena que parecia prestes a sair voando das mãos. Ouviu o trinco da porta sendo levantado.

Dobrou a carta e a devolveu ao seu lar, junto da parede do bolso de Michael.

Michael trazia com ele o cheiro de fumaça de madeira e neve. Maria o observou enquanto ele colocava a pilha de lenha no cesto de vime perto do aquecedor. As mãos dele estavam vermelhas e arranhadas, e ele as esfregava para aquecê-las. Inclinou-se para a frente, aproximando as mãos do fogo que estalava e chiava.

Como ele tinha coragem?

O frio extremo tinha praticamente fechado o vilarejo. Quase ninguém ousava sair de casa, a menos que fosse uma emergência. Muitos tinham se assustado com o boletim de notícias que o pregoeiro lera, alertando sobre ataques de lobos famintos em vilarejos vizinhos, forçando o exército a vir caçar os animais. Rapazes solteiros formavam os próprios grupos de caça e faziam rondas pelos bosques das redondezas.

O tempo inclemente também mantinha Tia Suzy dentro de casa. Tendo pouco com que se ocupar, ela se distraía como podia. Aumentava seu estoque de poções, misturava ainda mais elixires. Organizava e reorganizava as prateleiras para abrir espaço para tudo.

Quando não estava elaborando poções, ela se ocupava de números. A parteira era boa em fazer contas. Mantinha um quadro e um pedaço de carvão no aparador, que usava para anotar as somas. Nos meses mais quentes, gostava de fazer seus cálculos na terra lá fora, enquanto passava tempo sentada com a irmã. Quem devia o que, e quanto?

Financeiramente, os meses desde a soltura da parteira sob fiança tinham sido impressionantes. Havia imposto uma firme contenção de gastos a si mesma, que tinha ajudado a amenizar o sofrimento inicial. Além disso, também fora atrás de antigos devedores. Tia Suzy sempre soubera o valor de manter as dívidas de algumas pessoas essenciais no vilarejo, mas dinheiro era o que importava agora. A parteira ainda tinha muitas taxas judiciárias a pagar, e outras logo chegariam. Todos os devedores dela haviam pagado, exceto um: Michael não quitara vários sacos de trigo que recebera dos filhos dela.

Quando a primavera finalmente chegou, o clima também foi marcado pela imprevisibilidade. A temperatura aumentava até quinze graus em um dia, mas não passava de três negativos no outro. Os ventos estavam perigosamente turbulentos. Árvores eram derrubadas e perdiam galhos. Os aldeões, propensos a superstições, encaravam o clima estranho como um mau agouro.

A parteira estivera no bar dos Cser desde o fim da manhã. Mal tinha saído do lugar, e a imobilidade cobrava um preço. A parte mais baixa e profunda das suas costas começara a latejar, causando pontadas de dor. As pernas e o pescoço dela estavam rígidos.

Estivera sugando o próprio cachimbo por algum tempo. Puxou-o, então, dos lábios finos. Ela parecia um touro raivoso enquanto exalava o restante final de fumaça pelo nariz. Nuvens fantasmagóricas se formaram por um instante ao seu redor antes de desaparecerem.

A parteira comprava tabaco de um cultivador que trabalhava em uma das grandes propriedades. No geral, ele o vendia no mercado, mas Tia Suzy costumava ir diretamente ao seu encontro e pegar sacos grandes em troca de poções.

Ela cutucou o fornilho do cachimbo com um dedo para apagá-lo e bateu o tabaco quente até firmá-lo. Recostou-se no banco. Remexendo o colo, uma confusão de dobras, ela encontrou o bolso do avental no meio do volume do pano e guardou o cachimbo lá dentro antes de fechá-lo firmemente com tapinhas.

Tia Suzy terminou seu conhaque com uma golada. Esperou a ardência no peito passar antes de se impulsionar para fora do velho banco. Puxou o ar enquanto se levantava.

O bar estava praticamente vazio. Uma montanha de tigelas de sopa e canecos de vinho sujos ocupavam a mesa ao lado, esperando serem limpos. Em outra mesa, um grupo descompromissado jogava carteado, entrando e saindo da partida.

"Preciso que a senhora pague a conta."

Tia Suzy se virou.

A parteira tinha passado boa parte da manhã observando Anna enchendo as tigelas e os canecos, limpando o bar à sua frente com um pano fedido. Às vezes, Anna ficava analisando um ponto na bancada com atenção, como se ele tivesse alguma resposta a oferecer para ela.

A única luz natural que entrava no bar vinha da janela estreita, sob a qual Alex Junior tivera o costume de ficar sentado. O ar estava pesado de fumaça velha, mas um leve cheiro de ensopado pairava sobre o salão úmido.

Anna se aproximou de Tia Suzy com a hesitação de um passarinho. As pernas ossudas calçavam botas feitas para uma pessoa maior, serragem tinha se prendido às frestas nas solas. Anna parou a um metro de distância da parteira.

"A senhora pode pagar, por favor?"

Um grande aviso de lona estava pendurado sobre o bar: "Nós pagamos nossas contas, então pague a sua também!". A placa havia sido colocada ali depois da guerra.

Tia Suzy virou a cabeça. Passou a língua por dentro da boca, buscando por todo o amargor que conseguisse reunir. Inclinou-se para a frente e cuspiu um bocado de saliva no chão. Virou-se para a mesa e colocou as cestas nos braços. O peso delas a deixou satisfeita.

A parteira sentiu a dor nas costas se intensificar agora que estava de pé. Os joelhos, que tratava com uma mistura de ervilhaca de leite, continuavam inchando. Ela se sentiu, por um brevíssimo instante, desequilibrada. Seguiu como uma pata até a porta e não se virou ao gritar para Anna.

"O Senhor misericordioso proverá!"

Szolnok

Desde a primavera anterior, o promotor Kronberg estava ciente de que um segundo aldeão de Nagyrév esperava por julgamento em sua prisão. Não era raro ter alguém de um vilarejo remoto na penitenciária de Szolnok, entretanto era muito incomum receber dois no intervalo de poucos meses.

A versão do homem não havia mudado desde o momento em que ele fora capturado e interrogado pelos gendarmes. Ele alegava querer fazer justiça por se sentir injustiçado. Tinha certeza de que a parteira havia assassinado sua mãe. Como filho, era seu dever vingar a morte dela.

Para Kronberg, justiceiros eram só criminosos comuns. Queriam o que queriam e não iriam parar até conseguir. A lista de processos sempre tinha um crime ao estilo "olho por olho". Ele achava que eram os mais fáceis de levar a juízo. A convicção do vingador na própria honra o fazia ser condenado pela lei. O caso do homem já estava praticamente resolvido. Quanto às acusações que fizera contra a parteira, a situação mudava de figura, e não havia muito que o tribunal pudesse fazer quanto a isso. A mãe dele continuava desaparecida. Porém, sem um pedido formal de investigação de Nagyrév — e sem um corpo —, a procuradoria não tinha argumentos para abrir um caso.

Nagyrév

Durante a temporada de plantio, as ruas do vilarejo ficavam menos congestionadas do que em outras épocas do ano. Com exceção de alguns fazendeiros mais velhos que faziam entregas, seus carros de boi rangendo com caixas de leite ou sacos de forragem, o trânsito costumava ser leve. Era fácil para Tia Suzy enxergar o outro lado da rua Árpád quando estava parada na frente do bar. Viu Maria no mesmo instante. A amiga acenava com as mãos freneticamente para chamá-la.

Tia Suzy correu para o lado oposto para encontrar a amiga, e as duas mulheres-corvo andaram juntas pela rua Órfão. Faziam uma dupla esquisita. Os pés ansiosos e inquietos de Maria não tinham o mesmo ritmo que o passo bamboleante da parteira. Alguns gatos de rua se juntaram a elas na caminhada. Os felinos passavam entre as duas mulheres e davam a volta nelas fazendo números oito pelo chão antes de saírem correndo até um matagal próximo para esperá-las se aproximarem de novo. Tia Suzy sempre se divertia com as brincadeiras dos gatos. Eles gostavam de passar de fininho por sua cerca e observá-la no quintal. Então ela olhou por cima das cestas e arrulhou para eles.

Uma chuva leve tinha aumentado o cheiro de grama e terra fresca do chão. A parteira o inalou como se fosse um tônico. O ar raramente tinha ficado tão parado e gracioso nos últimos meses. Ela havia passado a apreciar cada instante de clima agradável que encontrava.

Empoleirados como grandes chapéus sobre alguns dos casebres com telhado de sapê estavam os ninhos imensos que as cegonhas construíram. Fazia anos que estavam lá, e sempre que as aves partiam para o sul, os ninhos se enchiam de folhas caídas e água de chuva, que congelava rápido no inverno.

Quando as cegonhas voltavam, os primeiros dias no vilarejo eram dedicados a restauros, principalmente a remoção de detritos e mofo proliferados na ausência delas. O inverno rigoroso tinha chegado perto de destruir muitos ninhos. Pedaços grandes de paredes firmemente trançadas com galhos, panos e muitos juncos tinham caído devido ao frio intenso e as ventanias fortes. As cegonhas vinham em pares para colher novos juncos no rio, embora muitas atacassem o sapê dos telhados sob elas. Seus bicos pontudos se fincavam nos fios grossos e os libertavam. Os aldeões frequentemente ouviam o assobio oco de uma folha comprida sendo removida do seu devido lugar no telhado.

A tagarelice martelante das cegonhas chegava à rua, um *clac-clac-clac* agitado que os aldeões tinham aprendido a associar aos primeiros sinais da primavera. Mas, conforme as duas mulheres-corvo se aproximavam do cruzamento onde ficava a casa de Tia Suzy, foi o leve farfalhar de uma vassoura que chamou atenção da parteira.

O portão de Petra estava aberto, oferecendo uma visão desobstruída do quintal. Os arbustos estavam belamente aparados. A lenha estava empilhada sob uma ponta do telhado. A maioria dos aldeões mantinha dois troncos no quintal, virados de lado, para usar como banco ao longo do ano. Os troncos-banco dos Ambrusz, para a sra. Ambrusz e agora também Petra, estavam lado a lado. As beiras do caminho que levava à varanda não eram irregulares como as da maioria, mas retas e bem-delineadas. Mesmo sem o toque do velho sr. Ambrusz, o quintal estava impecável.

Tia Suzy olhou para Petra, que passava sua pequena vassoura de junco pela varanda. Observou-a dando passos silenciosos, determinados, cutucando cantos e fendas com a vassoura para encontrar até a menor semente ou grão de terra.

Tia Suzy se inclinou para perto de Maria. Esticou o braço para a frente e apontou em direção a Petra. Sua cesta sacudiu e quase derramou seus pertences dentro da valeta. Ela pressionou a bochecha fofa perto da de Maria.

"Aquela mulher me deve!", grunhiu ela. "E vai me pagar!"

Já dentro da própria cozinha, Tia Suzy foi direto até o aparador.

O armário já estava na casa quando ela havia se mudado mais de vinte anos antes, e a superfície estava lotada de lembrancinhas que tinha recebido de presente ao longo dos anos. Em uma das prateleiras mais baixa, guardava o coador cheio de tabaco. O triturador de tabaco estava ao lado. Um osso de ganso, que tinha ganhado em uma festa de São Martinho, em novembro, também ocupava a prateleira. Ela o usava para prever o tempo. Tinha visto o osso escurecer, e isso fora um sinal do inverno rigoroso que se seguira.

Ela abriu uma gaveta e desencavou suas cartas. O baralho tinha sido deixado para trás por seu ex-marido. Era o mesmo tipo que os filhos carregavam por aí para quando encontrassem a oportunidade de jogar. Ela as levou, junto aos fósforos, para a mesa, colocando-as diante de Maria.

Ela se sentou no banco em frente à amiga. O colo estava ocupado pela mistura da saia do vestido, o avental, a anágua quente, tudo embolado. Ela domou o volume com as mãos, acariciando o tecido como se fosse um cachorro.

Olhou para Maria. A amiga arrumou o corpete do próprio vestido, virou o nó do lenço da cabeça e o ajeitou, então passou para a manga da blusa. Era um ciclo de agitação que a parteira testemunhava com frequência.

Observou Maria levar a mão à garganta e acariciá-la. Era um gesto que denunciava que ela estava nervosa e tinha algo a dizer. No pouco tempo em que estava sentada à mesa da cozinha da parteira, tinha esfregado a garganta com tanta veemência que uma mancha vermelha começava a surgir em seu pescoço.

"É a natureza de mulherengo dele!"

A parteira ficou em silêncio e se inclinou para trás. Alisou o avental, depois revirou seu bolso em busca do cachimbo.

"Não vou suportar um terceiro divórcio!"

Tia Suzy puxou o cachimbo e aconchegou o fornilho na mão grossa. Habilmente, passou o tabaco entre os dedos, como um fazendeiro inspecionando o solo. O topo continuava úmido, mas o pequeno montinho no fundo estava seco. Ela sempre guardava essa parte para Ébner. Ele gostava de mascar.

Ela apertou o tabaco no fundo do fornilho e o acendeu com um fósforo. Após uma tragada demorada, esticou a mão para o baralho. As cartas estavam gastas, puídas nas bordas e lisas feito couro. Tinham absorvido o cheiro da gaveta, de madeira velha e incenso; ela gostava de esfregá-las em seu vestido para perfumá-lo. Também carregavam o leve aroma doce do papel pega-mosca. Tia Suzy cortou o baralho no meio e embaralhou. Embaralhou de novo e dispôs as cartas em um leque diante da amiga.

Maria ergueu o olhar para ela.

Às vezes, Tia Suzy deixava o cachimbo no canto da boca, para conseguir falar enquanto fumava. Era um método que tinha dominado na juventude. O cachimbo permanecia em seu campo de visão, balançando enquanto ela falava. E ela falou por um tempo, explicando o que via, apontando para as cartas quando insistia em certos argumentos.

Maria não a questionou. Nunca questionava as profecias ou os planos de Tia Suzy. Mas precisava de garantias, e a parteira logo as ofereceu.

"Se ninguém percebeu com o seu menino", disse a parteira, "também não vão perceber agora."

Quando Maria saiu da casa da parteira, o frio da tarde já tinha se instaurado. Ela apertou o lenço na cabeça. Abraçou-se para se aquecer. Caminhou rápido, mas prestando atenção, ao passar pelo velho cachorro de Tia Suzy e o portão.

O portão da casa dos Ambrusz continuava aberto. Maria olhou para dentro ao passar, analisando o quintal como se tivesse o olhar invejoso de Tia Suzy. Petra estava na varanda. Ela cobria a cabeça com um xale e vestia um casaco, como se esperasse ali fora há bastante tempo. Maria a observou atravessar correndo o quintal, parando pouco antes da valeta.

"O que a Tia Suzy lhe falou mais cedo?"

Maria olhou de volta para a casa de Tia Suzy, depois para Petra. Inclinou-se para a frente, indicando a Petra para fazer o mesmo. As duas se encontraram sobre a valeta, perto o suficiente para trocarem um sussurro, enquanto Maria a alertava sobre o aviso de Tia Suzy de que iria coletar dívidas.

Petra arfou. Deu um passo para trás.

"Aquela mulher tirou tudo de mim!", gritou ela. "E mesmo assim não está satisfeita!"

Poucos dias depois da leitura das cartas, Tia Suzy e Maria tinham montado um cronograma, além de um plano de pagamento. Maria concordara em pagar nove mil coroas em dinheiro. Era uma quantia inconcebível para a maioria dos aldeões. Parte do dinheiro, na concepção da parteira, cobriria a dívida de Michael com seus filhos pelo trigo que havia comprado, mas nunca pagado. Ela não o perdoara por não cumprir com o combinado. Insistia em cobrar o pagamento, e ele insistia que teria o dinheiro no mês seguinte, e então no mês seguinte, e então no mês seguinte, mas a promessa nunca se concretizava. Sempre que ele a via, inclinava o chapéu e dizia coisas como "Seu capital já está chegando", ou "Agradeço a paciência" e então saía em debandada para o clube de leitura, ou para Budapeste, ou para uma festa em algum chalé de caça. Tia Suzy nunca tivera a intenção de fazer papel de boba.

Entretanto, a parte do acordo que mais deixava Tia Suzy satisfeita era, finalmente, a aquisição da casa de Alex Junior. Maria a prometera para a parteira mais de dois anos antes, embora tivesse encontrado motivos para manter sua posse por mais um ano ou mais uma estação. A casa estava demorando para chegar às suas mãos.

No clube de leitura, Michael gostava de se sentar na "sala do sofá", um pequeno cômodo com entrada pelo salão principal onde jogadores de cartas e entusiastas do xadrez gostavam de se reunir. O espaço era lotado de canapés posicionados ao redor de mesas baixas. Imagens de heróis magiares decoravam a parede. Uma luminária de parafina pendia de um cabo preso a uma das vigas no teto.

Michael segurava o jornal semanal à sua frente, ainda preso na capa de junco. Ele se inclinou sobre o periódico, afastando uma página e pressionando-a contra a capa com o punho. Segurou a taça de vinho, equilibrando a haste entre os dedos grossos. Em casa, Michael bebia o vinho de tonel preparado em seu próprio vinhedo, mas principalmente para acompanhar as refeições que fazia. No clube de leitura, preferia a uva doce dos vinhos de Tokay. Ele bebeu devagar, deliciando-se.

Quase todas as manhãs em que Michael ia ao clube de leitura, era acompanhado pelo amigo Joseph Sulye, que todos chamavam de "Juiz". Michael e Juiz tinham crescido juntos, trabalhavam nas fazendas e caçavam juntos, e ambos tinham servido como juízes no conselho administrativo do vilarejo — Juiz ainda era conselheiro. Tinham sido de Juiz as três galinhas que Alex Junior roubara. Michael o considerava seu confidente mais próximo.

A amizade deles era como mil pinceladas; pequenas informações escapuliam entre goles de vinho e a lenta passagem das folhas do jornal — *visitei Maria Szendi em Budapeste; o trem de Maria chega esta tarde; o ajudante da fazenda dormiu dentro de casa ontem à noite* —, até as verdades maiores pareciam, de alguma forma, sempre terem estado lá.

O casamento de Michael com Maria no ano anterior mal tinha sido assunto de conversa.

Nenhum dos homens era dado a introspecções nem a reflexões de remorso. Michael tinha aceitado suas circunstâncias, mas sentia um prazer libertino em desafiar suas restrições.

Ele enfiou a mão no bolso do colete e pegou a carta. A essa altura, buraquinhos tinham surgido entre as dobras, e as bordas estavam tão esfarrapadas que o papel quase rasgava sempre que era manuseado. Levou a carta ao nariz e inalou. Abriu-a e passou a mão sobre a página para alisá-la, sem saber que os dedos de Maria tinham feito um percurso semelhante recentemente.

Quando conhecera Maria, Michael sabia que ela era uma cilada. Tinha sido um animal caminhando por aí com o pé preso em uma armadilha. O desdém havia amenizado boa parte da sensação, mas ainda havia resquícios. Nas sombras de seu coração, ele ainda se sentia atraído por ela.

A mulher em Budapeste era viúva. Fazia semanas que Michael se encontrava com ela. *Eu te amo*, havia escrito ela. *Vamos nos casar.*

Michael acenou a carta na frente do rosto do amigo, sorrindo e provocando-o. No momento, aquele era seu suvenir favorito de Budapeste, e o carregava como se fosse um prêmio conquistado.

Como tinha feito com frequência ao longo dos anos, Juiz bateu na carta para afastá-la.

"Você brinca com mulheres como um gato brinca com um rato."

Sempre que havia correspondência para Tia Suzy, fosse um telegrama ou uma carta, seu filho a separava das outras e levava para ela após terminar a rota do dia, e ficava por tempo suficiente para ler para a mãe. Um dia, no começo da primavera, ele apareceu com dois avisos, ambos enviados do Tribunal Real de Szolnok. O primeiro era que seu agressor havia sido condenado. O rapaz tentara anular as acusações contra ele, mas o tribunal não aceitara o pedido. Tia Suzy recebeu a notícia com muita satisfação e se divertiria muito espalhando-a pelo vilarejo antes de o pregoeiro anunciá-la em seus boletins.

A segunda carta tratava de sua própria condenação, um aviso de que o julgamento tinha sido marcado para janeiro próximo em Budapeste, momento em que o tribunal superior escutaria o caso. A parteira tinha meses para fazer invocações e encantos, e começou imediatamente.

Nas semanas que se seguiram ao parto do bebê natimorto de Anna, o dr. Szegedy mal tinha se questionado sobre o incidente. Conversara rapidamente com o pai sobre o sangramento, e ambos determinaram que havia sido uma tragédia inevitável, apesar de nenhum conseguir pensar por que aquilo teria acontecido. O dr. Szegedy mais velho tinha ainda menos experiência com partos de bebês do que o filho. Nunca tinha feito um.

Antes de se tornar um bêbado, o primeiro dr. Szegedy fora um ávido defensor daquilo que considerava adequado em termos de tratamentos de saúde na região. Ele participara do conselho que tinha defendido a construção do Hospital do Condado de Szolnok. Discursara sobre o assunto em uma reunião pública, argumentando que os pobres e idosos da região não tinham acesso a cuidados quando ficavam doentes além do que ele poderia oferecer uma vez por semana de sua bolsa de médico preta. Era para esse hospital que o dr. Szegedy mais jovem, em seu exercício relativamente curto do cargo de médico regional, mandava pacientes de vez em quando. Não podia fazer isso com os casos repentinos, graves, porque o longo trajeto era impraticável nessas condições. Porém, aqueles com doenças persistentes, como tuberculose, sempre eram transferidos.

O novo dr. Szegedy não tinha qualquer pretensão de fazer parte do conselho do novo Instituto de Parteiras, apesar de ninguém ter feito o convite. Tinha se envolvido com o caso de Tia Suzy e sabia que seu lugar não era em um conselho, mas nos vilarejos atribuídos a ele, mantendo um olhar atento nas atividades das parteiras locais.

O pequeno trigueirão estava empoleirado em seu galho. Uma leve brisa soprou suas peninhas. Ele soltou um pio estridente e se ergueu brevemente em voo, suas pernas da espessura de bigodes de gato se dependurando feito dois fios soltos, e aterrissou com leveza sobre a grama seca. O passarinho pulou por alguns passos, assustando as galinhas, e logo voltou a voar até um arbusto próximo.

Michael tinha passado a manhã toda escutando os pássaros. Ouvia-os grasnando, gorjeando e piando pelas vidraças finas do quarto desde o amanhecer.

Com frequência, ficava observando os pássaros construírem ninhos pelo quintal. Eles já os tinham construído nas cercas, nas nogueiras, nas ameixeiras, e, em pelo menos um ano, uma família de rouxinóis montara um no estábulo. Às vezes, ele via um papa-figos com uma mecha de pelo de cavalo no bico preparando seu abrigo, ou um rouxinol colhendo pedacinhos de feno. Fazia dias que Michael não saia. Agora, ele só podia fechar os olhos e imaginá-los bicando o poço.

Às vezes, prestava atenção nos sons de Maria. Seus passos apressados eram como os de um rato correndo pelo corredor. Prestava atenção nas ordens que ela dava a Marcella, transmitidas na voz cantarolada que antes lhe soava atraente. Ele pouco via a esposa enquanto passava pelo seu novo percurso na casa: do quarto para a latrina, e do quarto para a varanda. Às tardes, sentava do lado de fora para conversar com os amigos que vinham fazer visitas. Dali, também observava Franklin, que ajudava com os animais.

Assim que Marcella abriu a porta do quarto de Michael, o cheiro de *goulash* tomou conta do espaço. O aroma o dominou. Ele se ajeitou na cama, sentando com as costas apoiadas na cabeceira. Estabanado, livrou-se dos lençóis, que tinham se enroscado no corpo enquanto estava deitado. Ele observou enquanto Marcella colocava a bandeja de comida sobre a mesa de cabeceira.

Andava vendo Marcella com muita frequência nos últimos dias. Era ela quem trazia suas refeições e quem lavava suas roupas e lençóis. Era ela quem acordava com ele à noite e quem esvaziava sua comadre.

Michael analisou a refeição. A tigela estava cheia quase até a borda, apesar de seu parco apetite. Como sempre, um copo cheio de conhaque a acompanhava. Nenhuma das duas coisas o interessava, mas ele acreditava que a bebida ajudaria a acalmar seu estômago. Ele levou o copo aos lábios e tomou um gole. Fazia um tempo que ele tinha notado que o gosto estava estranho, um pouco diferente do conhaque que costumava tomar.

Talvez fosse efeito da doença, mas ele estava curioso e perguntou a Marcella se o conhaque vinha do seu estoque.

A parteira prepara suas refeições. Maria serve as bebidas.

Devagar, Michael devolveu o copo à bandeja. Ele o encarou. Olhou para a tigela. O cheiro de páprica e alho ainda emanavam do ensopado quente.

Ele baixou a cabeça sobre o peito.

Ficou em silêncio, juntando as peças em sua mente.

Tudo fazia sentido agora.

"Aquelas duas meretrizes estão colocando alguma coisa na minha comida!"

Juiz vinha notando certas coisas no lar dos Kardos durante suas visitas. Desde que Michael tinha sido confinado à cama, Juiz não vira Maria entrar no quarto onde o marido ficava sequer uma vez. Na maioria dos dias, ele nem a encontrava em casa, e, quando ela estava lá, era nos lugares mais improváveis: podando um arbusto no lado mais distante do quintal, dentro do estábulo, mexendo em ferramentas, ou, ainda mais estranho, arrumando algo que já tinha sido arrumado. Era uma atenção peculiar a tarefas tediosas que ele nunca a vira demonstrar antes.

Juiz sempre enxergara Maria como uma mulher curiosa. Quando ela era muito pequena, ele a observava saltitar como uma fada fofa pelo vilarejo. Ela havia sido uma criança animada, que, desde o momento que aprendeu a sair engatinhando da varanda, tinha hipnotizado Nagyrév com seu charme e esperteza de garotinha. Só que, conforme ela fora crescendo, ele notara a inquietação que a tomava e testemunhara os meios pelos quais começava a usar para conquistar as coisas e as pessoas que mais queria. Brincando com a verdade e fazendo armadilhas.

Ele havia compartilhado suas preocupações com Michael até certo ponto; havia um limite na influência que tinha sobre o amigo. Jamais poderia ter convencido um homem tão apaixonado quanto Michael estivera. Mas Maria o deixava profundamente atormentado agora. Que tipo de esposa abandonaria o marido doente?

Depois que Tia Suzy descobriu o que Michael tinha gritado para Marcella, pôs-se freneticamente a tentar solucionar a situação. Precisava agir rápido. Sabia que tinha que tomar uma atitude antes de outro amigo de Michael aparecer na residência dos Kardos.

A primeira providência que tomou foi correr para sua despensa. Atrás do estoque de frascos, ela guardava um pequeno embrulho de papel, repleto de comprimidos brancos. Eram redondos como botões e pequenos, e ela os guardava havia anos para uma emergência como aquela. Era eles que usava para ajudar Stephen Joljart a dormir. Ela os conseguira com um boticário que visitara em uma de suas raras idas à cidade grande. Agora, sentia-se grata por sua mente precavida. Tia Suzy esticou a mão por trás dos frascos e pegou o embrulho. Despejou alguns comprimidos na palma da mão. Pegou um e o pressionou entre o indicador e o dedão, mas ele não cedeu. O pequeno sonífero resistente não se esmigalhou nem se desfez. Tia Suzy ficou aliviada por sua aparente potência. Enfiou um no bolso, depois outro, e devolveu o restante ao embrulho. Dois bastariam por enquanto.

Não havia sido muito trabalhoso convencer Marcella a dar os comprimidos para Michael. Nos dois anos em que a jovem estava em Nagyrév, começara a pensar em Michael como um pai. Ela frequentemente se confidenciava com ele. Os dois conversavam sobre a Transilvânia, que ele nunca visitara, e ela pedia a opinião dele sobre o rapaz com quem namorava. Em seus momentos sozinha, ela refletia sobre os conselhos dele, analisando cada gota de sabedoria como se ela fosse uma joia mental a ser admirada.

Marcella faria de tudo para aliviar o sofrimento de Michael, então, quando a parteira lhe disse que os pequenos comprimidos ajudariam a acalmá-lo, ela quis ajudar. Estava até disposta a mentir para garantir que ele as tomasse. Tinha certeza de que o linguajar de Michael — "aquelas meretrizes", tinha berrado ele — estava sendo causado pela doença. Delírio puro. Ficara horrorizada quando Michael se recusara a comer ou beber, mesmo do próprio frasco. Marcella confiava em Tia Suzy. Tinha crescido sob os cuidados de uma parteira e acreditava nos métodos delas. Então, quando abriu a palma para revelar os dois comprimidos e Michael perguntou de onde tinham vindo, Marcella disse que ela mesma os comprara de um boticário.

Juiz pressionou um lenço contra o rosto. Puxava o ar rápido, de forma superficial, tentando não inalar o fedor. As janelas de muitas casas de Nagyrév não abriam, algo de que os aldeões gostavam. Eles achavam que correntes de ar pela casa eram um suplício, já que tinham certeza de que elas causavam gripes e febres. O povo de Nagyrév se sentia mais seguro em cômodos fechados, mas Juiz daria de tudo agora para abrir a janela de Michael e deixar um pouco de ar fresco, respirável, entrar.

Juiz afastou o lenço do rosto e o esmagou com as mãos. Levou-o à testa de Michael e secou o suor do amigo.

Sentou-se na beira da cama de Michael e esticou-se para tocar a mão dele, dando-lhe um tapinha. O quarto estava escuro. Juiz olhou ao redor, em busca de uma lamparina para acender. De algum lugar lá fora veio o som de Maria cantarolando. A voz aguda dela desafinou quando tentou alcançar uma nota alta. Mais uma vez, ele se perguntou: *Que tipo de esposa...?* Quando saiu da casa de Michael, foi direto à câmara do vilarejo para marcar uma consulta com o dr. Szegedy para o amigo.

Seria tarde demais.

Sexta-feira, 7 de abril de 1922

O céu estava cinzento e melancólico. Fazia pelo menos dois dias que o sol não aparecia. A temperatura tinha chegado ao auge nos 10 °C, e agora caía rapidamente. Uma névoa persistente tocava tudo com sua mão úmida. O ar parecia molhado.

Juiz aninhou o vinho entre as mãos. Era um pequeno caneco que se encaixava com perfeição em sua palma. Ele passou o dedão pela pequena alça. Os dedos ainda estavam sujos pelo trabalho da manhã e ele conseguia sentir o cheiro da terra ao levar o caneco de vidro aos lábios.

O quintal estava lotado de enlutados, alguns dos quais nunca tinha conhecido. Tinha encontrado o lugar mais distante da banda para ficar. Maria havia contratado Henry Miskolczi e seu trio, que tocavam no bar todo domingo. A música era ensurdecedora.

Ele passou por trás dos outros homens discretamente até estar perto do portão. Olhou para fora e observou uma família de cachorros que tinha se acomodado sob uma árvore do outro lado da rua. Eram os mesmos vira-latas que tinha visto andando atrás da procissão de Michael mais cedo. Os cachorros haviam se aproximado da casa ao ver o caixão sendo colocado na carroça. Alertados pela agitação, tinham começado a latir, e só tinham parado quando o cortejo havia começado. A matilha trotara em silêncio com a família e os amigos do falecido até a carroça passar da praça, quando dera meia-volta. Agora, descansava tranquilamente. Ele olhou pela Árpád. A câmara do vilarejo estava fechada. O correio estava fechado. Nenhum negócio na rua havia aberto. Nem o bar. Pelo que Juiz lembrava, aquela era a primeira vez que todos fechavam as portas para ir a um funeral.

Uma longa fileira de carroças se estendia da casa de Michael até depois da câmara, e mulas estavam amarradas em árvores e nos postes que ladeavam aleatoriamente a rua. Ele havia examinado as carroças no caminho de volta do cemitério, e tinha ficado claro, pelas placas nas traseiras, que os enlutados tinham vindo de toda a região.

Ele havia ido duas vezes ao cemitério. A primeira tinha sido antes do amanhecer com amigos, para ajudar a cavar a cova. Depois que terminaram, Juiz mal teve tempo de trocar de roupa antes de a procissão começar. Maria tinha organizado o enterro para o começo do dia, para que tivessem mais tempo para o banquete fúnebre.

Mal havia espaço para ele no gramado. Ao voltar para a casa, tinha ido ao estábulo, esperando se reunir lá com os outros amigos próximos de Michael, porém a entrada estava bloqueada pela banda. O Juiz nunca tinha visto uma banda ser convidada para tocar em um funeral, e logo descobriria que poucos costumes seriam seguidos.

Ele apertou o caneco com mais força. A essa altura, já tinha aprendido como transitar pelo espaço apertado, onde era impossível respirar. Ergueu o caneco devagar, subindo-o pelo canal apertado que havia criado diante de si. Quando conseguiu alcançar a boca, tomou outro gole rápido.

Conseguia saber onde Maria estava pelo pequeno espaço aberto no meio da multidão. Era como um leve rasgo em um tecido feito de pessoas.

Ele observou enquanto ela abria um caminho lento, porém determinado, até a banda. Havia uma área bem na frente do trio na qual o barulho estava tão alto que ninguém ousara ficar ali, e era esse o espaço que ela almejava. A música latejava. Maria conseguia senti-la como seu próprio coração batendo. Seus braços estavam pressionados na lateral do corpo, a palma das mãos contra o vestido de seda. Ela batia o ritmo de leve nas coxas. Tinha entregado a Henry uma lista de suas músicas favoritas, e ele parecia estar tocando todas. Enquanto ela avançava com dificuldade, ergueu as mãos sobre a cabeça e se ondulou com a melodia. Seus braços pareciam periscópios espiando por cima da multidão de enlutados. Muitos entenderam o gesto como um sinal de que ela queria fazer um anúncio ou algum tipo de declaração. Eles se viraram para assistir.

Maria passou pela última barreira de convidados, acenando com os braços em arcos cada vez maiores sobre a cabeça. Bateu palmas. Devagar no começo, depois mais rápido. Franklin logo se juntou a ela. A dupla dançou e girou, suas bochechas coradas pelo conhaque e pelo vinho que tinham bebido. Eles eram dois amantes dançando em um vale, cercados por uma floresta de observadores chocados.

• • •

Ao pôr do sol, a temperatura diminuiu ainda mais. O céu escureceu para tons escuros de azul e prata, e os poucos convidados remanescentes não passavam de sombras. As mesas dispostas com comida tinham sido removidas. Tia Suzy e sua família tinham feito boa parte do trabalho, com a ajuda de Marcella. A comida fora preparada no dia anterior no bar dos Cser, por Anna, com ajuda da sua vizinha de porta, a sra. Kiss.

Se Anna podia chamar alguém de amiga em Nagyrév, era Rosa Kiss. Tinha pelo menos vinte anos a mais do que Anna e lhe oferecia tanto conselhos sobre sua vida pessoal quanto ajuda prática no bar. A sra. Kiss fornecia boa parte da comida do local. Preparava ensopados na própria cozinha e os levava para lá em panelas grandes, fumegantes. Por sua vez, Anna lhe dava uma parcela dos lucros. Pela manhã, a sra. Kiss tinha ajudado Anna a carregar as mesas extras do bar para o quintal dos Kardos, para o banquete fúnebre.

Levá-las de volta tinha sido mais difícil. Anna estava exausta. Tinha acordado naquela manhã se sentindo mais cansada do que o normal, e a letargia havia piorado conforme o dia passava. Era como se a energia apenas passasse por seu corpo a caminho de outro lugar. Ela era um condutor, nada mais.

Ela conhecia bem o suficiente os sinais para saber exatamente para onde estava indo sua energia.

Segurou a parte de baixo da mesa e levantou sua extremidade. Os braços magricelas tremiam com o peso dela. A sra. Kiss era forte e habilidosa, e Anna se moveu com o volume como se ela própria estivesse sendo levantada feito um balão pela rua e devolvida com barulhos altos ao bar escuro e vazio, onde a mesa foi largada no chão com um baque. Anna soltou a madeira. Examinou a marca que ela havia deixado em sua mão.

Talvez aquele bebê sobrevivesse, pensou ela. Talvez não. A aceitação anêmica de suas circunstâncias era desoladora apenas para si mesma.

Quando a parteira finalmente chegou em casa e foi para a cama naquela noite, seus ânimos estavam tão exaltados que ela não conseguia dormir. Ficou se revirando. Puxou a coberta sobre o corpo, jogou-a para longe de novo. Bateu no travesseiro com o punho, primeiro de um lado, depois do outro, sem conseguir encontrar uma posição confortável, o tempo todo murmurando e falando palavrões.

Tinha procurado Maria quando a banda estava juntando as coisas e os convidados iam embora. As mulheres limpavam as mesas, guardando os ensopados das tigelas maiores na panela grande.

Puxara Maria para um canto e, sussurrando, lembrara a amiga do acordo que tinham feito. No seu bolso, carregava os documentos para completar a transferência da posse da casa de Alex Junior.

Maria tinha dispensado os documentos com um aceno de mão. Balançou a cabeça e disse não, e tudo que Tia Suzy conseguia enxergar era a destruição de uma amizade, apenas uma *gadja* traidora restando em seu lugar.

Jurou que nunca mais falaria com Maria. E passaria anos cumprindo essa promessa.

O pregoeiro se inclinou sobre o peso do tambor. Colocou a lamparina no chão ao seu lado e voltou a se empertigar. Deslizou as baquetas para fora da bolsa onde as guardava, que prendia sob a alça. Desenrolou o pergaminho.

Ele leu cada anúncio devagar: quem se casaria, quem tinha animais à venda, e cada notícia do condado e da capital. Encerrou com uma observação curiosa que tinha chegado de fininho pelo telégrafo: aldeões que habitavam as redondezas da planície haviam relatado uma chuva misteriosa de aranhas. O céu tinha ficado salpicado delas, gotas de chuva pretas e cabeludas voando e acertando telhados, varandas, o interior de carruagens, caindo em chapéus, lenços de cabeça, misturando-se ao cabelo das crianças.

Alguns encaravam o evento extraordinário como o anúncio do fim dos tempos, mas toda curandeira sabia que aranhas eram um sinal auspicioso. Tia Suzy entendeu que muita sorte estava por vir.

Kristina Csabai guiou seu cavalo de volta para a baia. Dando passos pequenos e se aproximando lentamente do celeiro, ela encarou os pés descalços, marcados por arranhões e com folhas de palha presas aos montes de lama ainda alojados entre os dedos. O pé direito tinha inflado como um balão, adquirindo um tom escuro de roxo, e ela agora sentia uma dor no quadril que não existia na noite anterior. Se pudesse se olhar no espelho, teria visto que a testa estava salpicada de sangue seco, e sua maçã do rosto inchada ainda exibia a leve marca de uma corrente. Sua visão estava embaçada, e ela mal conseguia enxergar pelas frestas estreitas, já que um hematoma protuberante se arqueava sobre seus olhos como um penhasco.

Kristina prendeu o cavalo de volta à baia e apoiou a cabeça na lateral dele por um instante, distraidamente acariciando seu pelo com a ponta dos dedos, notando o leve contorno de suas costelas. Às vezes, cantarolava em uma tentativa de acalmá-lo, mas, naquela manhã, demorou-se ali sem dizer nada. A respiração ritmada, a presença do seu corpo solene, de suas costelas, do seu pelo grosso, tudo era como um abrigo.

Ela achava que iria de carroça até a casa de Tia Suzy, e havia tentado prendê-la mais cedo, mas não aguentara o peso. Tinha sido fácil prender os arreios, completando a tarefa no ritmo que seu corpo dolorido permitia, mas ela ficara surpresa com a rápida onda de dor que a atingira ao erguer os eixos maciços da caçamba para prender as correias aos arreios. Soltara um grito agudo e deixara a carroça escapulir. Foi então que Kristina soubera que teria que ir caminhando até a casa de Tia Suzy.

Sempre que seu pé dolorido tocava o chão, ela se encolhia. No começo, tentou dar passos longos, se apoiando mais em uma perna e esticando a outra o máximo possível, torcendo para ganhar mais terreno e acelerar a jornada. Porém, os movimentos rápidos e a brisa que acertava seu pé machucado só pioravam a dor. Passos pequenos, arrastados, eram mais toleráveis.

Ainda era de manhã cedo, mas o sol já estava pesado de calor. Ela remexeu o lenço esfarrapado, cujo nó emaranhado sob seu queixo coçava. Também puxou o topo dele, trazendo o lenço para a frente e usando-o para secar o suor na testa. Não parava de levar a mão à testa inchada. Seu avental cheirava a feno e suor, e seu vestido preto estava imundo, grudando na pele pegajosa. Havia vincos marcados na saia, o tecido amarrotado por ter passado a noite deitada na pilha de feno.

O dia anterior voltava à sua memória em vislumbres cortantes, como impulsos elétricos dissonantes. Em algum ponto durante a noite, ela havia acordado tremendo, sem saber onde estava. Tinha tentado se encolher, reunir calor, e havia se surpreendido com o choque da dor que surgira de repente de tantos lugares diferentes. Eram como facadas, e, para se defender da sensação, ela havia deixado o corpo paralisado. Então, com muito cuidado, tinha se esticado, devagar e aos poucos, para não gerar mais dor, e eventualmente tinha conseguido se libertar dela.

Ao tomar consciência do cheiro de umidade e de animais, ela soubera que estava no estábulo. Com cuidado, saiu de cima do feno onde tinha desmaiado e fora engatinhando até a baia do cavalo, tateando o caminho no escuro e duas vezes se enroscando no próprio vestido. O chão estava frio e entorpecia as palmas de suas mãos. Seu pé latejava. No chão, no fundo da baia, estava a manta do cavalo. Ela a desdobrara e a envolvera em si mesma, aconchegando-se sobre as tábuas de madeira do estábulo. O barulho ocasional de animais se movendo no sono era reconfortante, e o corpo de Kristina começara a se acalmar com ele. Acomodara-se o suficiente para tentar entender os eventos daquela tarde...

Kristina havia varrido o feno da velha vaca e o empilhado fora da baia. O chão estava enlameado e ela queria espalhar logo a palha nova e tirar os pés da terra molhada. Enquanto espalhava o feno, ela falava baixinho com o bezerro, que tinha se aproximado para receber carinho atrás das orelhas.

O golpe tinha vindo rápido. A bota do marido acertara sua testa, jogando-a contra a parede da baia. Em seguida, ele impulsionara a bota contra a lateral da sua cabeça, acertando sua orelha. Ela havia segurado a cerca em que amarravam a vaca para se equilibrar, mas outro golpe viera, agora contra a barriga. Kristina soltara a cerca e caíra no chão. O bezerro tinha começado a soltar mugidos agudos. O marido havia cambaleado um pouco para trás, depois se reequilibrado. Ele se inclinara para baixo, segurara um punhado do cabelo de Kristina e a puxara para cima, ficando cara a cara com ela.

Com a mão livre, ele havia pegado uma das correntes soltas que estavam penduradas na viga. Empertigara-se e afastara as pernas. A corrente tinha cerca de quatro metros e meio de comprimento, e ele a segurara como uma corda, girando-a em círculos sobre a cabeça de Kristina, mais e mais rápido, até soar um zunido e o ar estalar. A corrente de metal havia atingido com força seu rosto, seus braços, suas costas. Ele soltara o cabelo de Kristina, que caíra no chão com um baque.

Ele tinha ficado parado onde estava. Soltara a corrente, a massa de metal frio emitindo um som metálico ao cair em um montinho ao seu lado. A mão dele estava vermelha onde havia apertado a corrente, e ele a esfregara para amenizar a dor. Kristina ficara deitada no chão, entre a parede da baia e o bezerro, cujos guinchos tinham se transformado em gemidos baixos. Julius se ajoelhara. Inclinara-se para trás, passando os dedos pela camada de palha, analisando a esposa.

Ele havia levantado e erguido um pé para examinar a sola de sua própria bota. Kristina erguera o olhar para ele, observando seu rosto se tornar ainda mais sombrio. Então ele a golpeara com a bota de novo, desta vez mirando o pé dela, ouvindo um estalo. E ela gritara.

Foi necessário boa parte da manhã para caminhar até a casa de Tia Suzy. Kristina tinha ouvido falar que era melhor entrar pelos fundos. Foi o que fez, e bateu à porta.

Quando Tia Suzy abriu, pensou que havia uma velha bamboleando em sua varanda, ou talvez uma pedinte romani. Porém, logo notou que o cabelo castanho que escapava por baixo do lenço não era grisalho, e que a pele era branca demais para indicar sangue romani. Os dois olhos da mulher estavam tão inchados que mal abriam, e suas roupas estavam sujas e rasgadas. Ela fedia. O pé parecia quebrado.

Eu me chamo Kristina. Minha vizinha me disse para procurar a senhora.

Um batizado apressado

A raiva romani é como o vento. Vem e vai.
— **Velho ditado romani**

Budapeste

Tia Suzy passou pelo pórtico do tribunal e saiu para o vento forte. Frio e cortante, ele girava ao seu redor. Batia nela e a empurrava como um valentão, e ela esticou a mão até a coluna mais próxima para se equilibrar. Uma poeira de neve que tomava o chão quando ela havia chegado pela manhã tinha desaparecido, mas pedaços escorregadios de gelo ainda cobriam os degraus de pedra.

Apesar da intempérie que a açoitava, era impossível não sorrir. A vitória era dela. Por algum grande motivo lógico dos *gadjos*, Tia Suzy havia sido inocentada de todas as acusações.

Qualquer um que estivesse acompanhando o caso quase certamente ficaria chocado com a reviravolta. A confissão dela para os gendarmes era como um selo de cera sobre uma carta. Absoluta. Irreversível. Tinha descrito os próprios atos criminosos com floreios. E, no julgamento em Szolnok, quando alegara que a confissão era falsa, ninguém tinha acreditado. Como, então, o tribunal superior a absolvera? Era possível que tivessem encontrado credibilidade na sua história? Que acreditassem mais nela do que nos gendarmes? Ou será que seu advogado fenomenal tinha conseguido inocentá-la usando algum argumento técnico? Tia Suzy não se importava nem um pouco com o motivo. A única coisa que fazia diferença era que ela estava livre. Mais uma vez, sentia-se completamente preenchida por uma confiança inabalável no próprio bom senso.

O som da avenida mais à frente era apavorante. Aos seus ouvidos, era uma barulheira ensurdecedora de automotores e carruagens em movimento, e a parteira cobriu as orelhas para abafar o som. O advogado dela, o sr. Kovacs, estava em algum lugar na rua entre o burburinho, segurando o chapéu de feltro e entrando em uma carruagem.

Quinta-feira, 18 de janeiro de 1923

A esteira de palha de Anna estava esticada sobre uma parede. Era uma esteira velha que ela usava havia anos. As laterais estavam onduladas nos pontos em que tinham sido costuradas e recosturadas para manter a palha unida, embora várias fibras tivessem conseguido escapar e agora as rodeassem como uma cerca.

Seu sono havia sido profundo. Tinha sido enevoado e distante, e ela acordara de vez em quando, piscando os olhos contra a luz do sol antes de voltar a dormir profundamente.

Uma noite e boa parte de um dia tinham se passado. O cômodo tinha sido limpo, todo o sangue absorvido por panos e toalhas de prato. O saco de estopa que ela ocupara para o parto também estava encharcado de sangue. Fora descartado — enterrado ou queimado, Anna não sabia ao certo.

Lewis tinha aparecido durante a noite, desafiando ordens para ficar longe. O odor e o som dele batendo no banco e em outras superfícies duras no cômodo mal tinham despertado Anna, e ela logo voltara a dormir.

As crianças tinham saído de casa pela manhã. A filha fora para a escola. Anna raramente a mandava para a escola no inverno, já que os sapatos da garotinha estavam furados e a caminhada até lá era fria demais. Mas Mari, que havia permanecido ali por boa parte da noite e voltado antes do amanhecer, enviara a menina com um par de sapatos emprestado. O filho, velho demais para a escola aos 13 anos, tinha ido ajudar a sra. Kiss no bar. A sra. Kiss tinha feito companhia a Anna em alguns momentos durante a noite e aberto o bar pela manhã.

Sons agradáveis vinham do lado de fora. Pelas janelas finas de Anna vinha o sapateado de cavalos e bois, o estrépito dos barris de leite rolando nas carroças, o tinido de sinetas. Ainda assim, cada nota musical que soava na rua era pontuada pelos passos pesados de Mari. As botas dela emitiam um baque surdo sempre que acertavam o chão. Movia-se como se tentasse apagar uma pequena fogueira com cada passo. Era a mesma forma pesada, impiedosa, de Tia Suzy caminhar.

Mari era muito parecida com a mãe e com a Tia Lidia. De costas ou de longe, Anna não conseguia distinguir uma da outra. Alguém que ela achava ser Tia Suzy na praça se virava e se revelava ser Lidia. Ou Mari, saindo do correio, na verdade era Tia Suzy. Elas compartilhavam o mesmo formato, os mesmos lábios, a mesma voz, os mesmos dedões que giravam, o mesmo caminhar vagaroso. Quando Anna conseguia sair de casa ou do bar, sentia um medo triplo de encontrar Tia Suzy.

Em Nagyrév, o fato de Tia Suzy ajudar a filha com os partos era um segredo que todo mundo sabia, apesar de o dr. Szegedy tê-la proibido de fazer isso. Mari havia terminado seu aprendizado com o dr. Szegedy e recebido permissão dele para trabalhar sozinha, mas Tia Suzy ainda aparecia em praticamente todos os casos. E, em muitas ocasiões, talvez na maioria, era Tia Suzy quem fazia o parto, com Mari ajudando. Anna tinha ficado muito aliviada no dia anterior quando Mari aparecera sem a mãe.

Fazia poucos minutos que Anna estava acordada quando sentiu outro forte impulso de cair no sono. Era afastada dos sons e visões ao seu redor, como se alguém os recortasse com uma tesoura, pedaço por pedaço. Ela lutou para manter os olhos abertos por tempo suficiente para dar mais uma olhada. Manteve o foco em Mari. A nova parteira de Nagyrév usava um vestido velho, mas bem-cuidado, cuja cor mal tinha desbotado com os anos. Por conta da cintura cada vez maior, o vestido apertava no quadril no ponto em que o avental estava amarrado. O lenço na cabeça dela estava firme sobre a testa, e formava um pequeno triângulo às suas costas que balançava quando ela andava. Anna, então, o observou. Com Mari de costas, Anna conseguia ver a parte de trás dos braços dela, e neles balançavam os pés vermelhos e agitados do filho recém-nascido. Com os pezinhos encolhidos, ele chutava o ar ao redor. Uivava.

Anna já tinha escolhido a madrinha do filho. Sua vida isolada não lhe dava muita oportunidade de desenvolver amizades com outras mulheres. A sra. Kiss havia se tornado sua confidente em grande parte pela proximidade, e porque ela sabia o que acontecia na casa. A sra. Kiss via o que Lewis fazia com Anna. Sempre a ajudava a preparar compressas para os hematomas que ele causava.

Porém a sra. Koteles tinha a idade mais próxima da de Anna, e, mais importante, era católica. Morava em um ponto mais distante da rua Árpád, quase no fim do vilarejo. Semanas atrás, Anna tinha enviado o filho até ela a pé, com o convite para ser a madrinha do novo bebê. A sra. Koteles tinha aceitado. Agora, Anna pensava que teria de mandá-lo de novo nos próximos dias. Seria necessário planejar o batizado. Anna pouco dissera para qualquer um sobre a perda do bebê que sofrera no ano anterior, a criança que o dr. Szegedy trouxera ao mundo. Era assim que ela lidava com seus bebês que não sobreviviam.

Tia Suzy pegou o primeiro trem possível para casa. Tinha ficado na casa da prima durante o breve julgamento na capital. Parte da família Csordás vivia em Budapeste, e ela se hospedava com um deles nas raras ocasiões em que visitava a cidade.

No fim da tarde, chegou à estação de Újbög. Junto da mala, trazia uma cesta de vime, onde levara uma refeição para comer durante o trajeto. Também havia guloseimas para a família em Nagyrév, que a prima tinha preparado.

A parteira saiu do trem durante o crepúsculo. O vento continuava cortante, já que as rajadas na planície eram mais fortes do que em qualquer outra parte das terras magiares. No entanto, Tia Suzy sabia onde pisava naquele território familiar, sem temer a correria da cidade grande. Baixou a cabeça, movendo-se contra o vento como um touro.

A ventania puxou o xale dela. Ela empurrou a cesta, escapando feito uma ladra com os aromas que a provocavam havia horas. Respirou fundo para se sentir em casa, mas o vento também roubou esse momento. Tia

Suzy pressionou a cesta contra o corpo, segurou as extremidades do xale e as apertou. Em algum lugar lá embaixo, conseguia sentir o leve peso do seu *putsi*, quente sobre a pele.

A luta da mulher contra o vento a confundira, então, quando sentiu um empurrão na lateral do corpo, achou que tivesse sido golpeada. Ao olhar, viu a neta grudada em seu corpo, impulsionada pela própria empolgação. A garota enroscava os braços finos ao redor do tronco largo da parteira. A jovem Lidia pressionava a cabeça com força contra o peito da avó e contava tudo que havia acontecido nos últimos dias na ausência de Tia Suzy. As tinturas que o cachorro havia tomado para suas doenças, os galhos que tinham caído no quintal, as brigas dos aldeões com o conde Molnar sobre o aumento dos impostos. Os ventos em sua jovem mente sopravam com o mesmo ímpeto que as rajadas da planície, e ela misturava notícias importantes com coisas bobas.

"A dona Anna teve o bebê ontem à noite. É um menino. Vai se chamar Stephen."

Quando o dr. Szegedy embarcou no trem em Budapeste, o choque desmoralizante que sentira ao ouvir o veredito tinha se transformado em uma agonia profunda. O tribunal superior levara quase dezoito meses para escutar o caso. Durante esse tempo, o dr. Szegedy havia revirado os registros de outros vilarejos. Uma condenação no tribunal superior seria a permissão pela qual ele esperava. Aquilo era tudo de que precisava para solicitar investigações completas sobre a situação das parteiras de todos os vilarejos sob sua autoridade, incluindo Kristina Csordás em Tiszakürt. Mas, com a anulação da condenação de Tia Suzy, a investigação dele tinha sido basicamente enterrada.

A apelação de Tia Suzy havia sido concedida em grande parte porque a parteira voltara atrás na confissão original que dera aos gendarmes. O dr. Szegedy estava confiante de que o tribunal superior manteria a decisão de Szolnok. Uma absolvição era impensável, na sua opinião.

O meio da semana já havia chegado, e o trem estava praticamente vazio. A janela estava suja de poeira e neve velha. A planície se estendia diante dele, descampada e insossa em janeiro. Era uma área abandonada, exceto por um bando de corvos que bicava o chão frio.

O assento dele era duro e implacável. O dr. Szegedy estava desabado sobre ele, a perfeita imagem da derrota. Nos trechos bons do trilho, o vagão balançava em um ritmo estável, de um lado para o outro. Nas curvas e trechos ruins, ele sacolejava e estremecia. O dr. Szegedy se rendeu aos humores do trem. Deixou-se levar, sentindo os ruídos do motor percorrerem seu corpo.

Ao fechar os olhos, voltou para o tribunal. Conforme os quilômetros passavam, recordou-se de cada palavra que ouvira, de cada gesto que vira. Com seu olhar de médico, procurou a fissura, o ponto fraco que não tinha notado antes, que fizera os ossos do seu caso se quebrarem de forma tão catastrófica.

À tarde, os barulhos do bar se tornaram mais altos. Anna escutava cadeiras e bancos arranhando o chão ao serem arrastados das mesas. Ouvia as gargalhadas roucas, cheias de vinho, dos clientes.

A luz que vinha da rua era forte e clara. Emprestava à sala tons prateados brilhantes. Havia espaços que Anna não conseguia enxergar. Tentava dar forma aos objetos que sabia ocuparem os pontos escuros, fixando o olhar até encontrar uma memória fraca: uma panela de cerâmica quebrada na borda que trouxera na mudança da casa da sua mãe; o banco-degrau lascado, cheio de farpas, que a filha ainda usava como cadeira. Em seu estado desnorteado, o cômodo parecia desconhecido e imprevisível. Ela o analisou com o toque suave de sua memória confusa.

As lembranças do parto também estavam nebulosas. Tudo era preto e disforme, um campo à meia-noite. Foi tateando o caminho.

O que Mari tinha lhe dito?

Delicadamente, com o cuidado que costumava demonstrar apenas com os filhos, Anna ergueu o tronco da esteira. Apoiou-se de leve na parede gelada, descansando a testa sobre a superfície. Conseguia sentir o vento frio passando por seu couro cabeludo. Ela apertou o cobertor ao redor do corpo ossudo, pressionando-o para reter qualquer ar quente que estivesse preso ali.

Você quer...

Ela conseguia fechar os olhos e saber onde Mari estava na sala. As marteladas das botas dela acertavam o chão enquanto ela andava, como se transmitissem uma mensagem. As botas tinham cheiro de suor e couro molhado, e as solas retinham um leve odor de esterco de cavalo. Sempre que Maria passava perto dela, Anna sentia uma onda de enjoo.

Você quer que este...

Ela conseguia ouvir o som baixo das vozes de crianças. Uma melodia suave. As crianças costumavam cantar enquanto voltavam da escola, e ela ouvia a melodia de suas cantigas vindo da rua. Nos dias quentes, a filha de Anna gostava de cantar perto da valeta, onde trançava a grama e brincava com a boneca feita de sabugo de milho.

Você quer que este vá...

Às vezes, a amiga da filha a acompanhava com seu carneiro de estimação usando um pedaço de corda preso ao pescoço dele como coleira, e as duas meninas e o animal ficavam sentados na grama. Elas cantavam para ele e acariciavam o pelo macio com os dedinhos.

Você quer que este vá embora? Posso fazê-lo ir embora, que nem a mamãe fez com a bebê Justina.

Estava tudo lá. O campo escuro da sua memória agora tinha se iluminado com pavor.

Por quase sete anos, Anna havia carregado a vergonha secreta por Justina, amontoando a filha em sua alma já repleta de humilhações. Por muito tempo após a morte de Justina, ela ficara tão tomada pela culpa e pelo medo que mal conseguira ser funcional. Sentira-se confusa e desorientada, e seu sofrimento parecia interminável. Sentia-se ainda mais distante de si mesma do que antes de tudo, e a preocupação, não apenas pela alma de Justina, mas por sua própria, a consumia.

Quando os gendarmes tinham vindo a Nagyrév, ela ficara atormentada, mas eles nunca a questionaram, então, pelo menos nesse sentido, seu medo fora aliviado. Durante aquele tempo, Anna acreditava que o destino de Justina era um segredo conhecido apenas pelas duas pecadoras. Nunca lhe ocorrera que a parteira revelara qualquer coisa sobre aquela noite para a filha.

O pequeno Stephen tinha nascido à meia-noite em ponto. Os sinos da igreja estavam batendo para sinalizar a hora no instante em que ele deslizara para as mãos de Mari. O sangue jorrara do corpo de Anna e formara uma poça ao seu redor como um mau presságio, escorrendo do saco de estopa para suas mãos. Ela havia sangrado quase tanto quanto da última vez, e mal conseguia manter a consciência. Anna já tinha começado a se perder no sono quando Mari fizera a pergunta. Ela a havia alcançado como se estivesse navegando por um rio vagaroso, uma pergunta sonhadora que passava flutuando por ela, depois seguia com a corrente.

Os seios de Anna estavam cheios e doloridos. Vazavam no vestido imundo.

O que ela havia respondido?

Kristina Csabai quase desabou enquanto corria em suas velhas botas. Sentia a mão do filho pressionando com força suas costas. Aos 16 anos, ele já era tão alto e forte quanto o pai. Empurrava a mãe com uma das mãos, incentivando-a a correr, e, com a outra, segurava a irmã de 10 anos, que se esforçava para acompanhar o ritmo.

O marido dela estava na porta, berrando com a família que fugia. *Vou matar todos vocês!*

Kristina não olhou para trás. Simplesmente continuou correndo. Todos continuaram correndo.

"Vou matar vocês e depois vou me matar!"

O sr. Csabai bateu a porta com força, que acertou o batente com o som parecido com o de um tiro de rifle. Ele abriu a porta e a bateu de novo.

Kristina e as crianças passaram cambaleando pelo portão. O filho ergueu a irmã caçula por cima da valeta e a puxou para a rua. Kristina seguia na frente com suas botas incômodas. Novos hematomas cobriam seu rosto.

Ela viu o vizinho, John Tary, no portão, gesticulando em silêncio para que se aproximassem. Os três foram tropeçando até lá, o filho ainda segurando a mão da irmã. Apressaram-se pelo caminho até a casa do sr. Tary e entraram. Estariam seguros ali. Pelo menos por aquela noite.

Nove meses tinham se passado desde o funeral de Michael. Nesse meio--tempo, a vida de Maria não mudara muito. Continuava morando na mesma casa que dividira com ele, apesar de ela ser a dona agora. Tinha herdado a propriedade e tudo mais no nome dele.

Agora, ela era senhoria, e sentia que isso lhe conferia uma autoridade que sempre esperara, mas nunca tivera. Não quando voltara para Nagyrév para morar com Michael, nem depois de se tornar sua esposa. Quanto à casa de Alex Junior, ela se sentia ainda mais satisfeita por mantê-la em sua posse. Nunca tivera a intenção de vendê-la para a parteira, não de verdade, e sentia uma satisfação extra ao passar pelo lugar e saber que algo que pertencera à família Kovacs agora era seu. A única atitude que tomara sobre a casa do falecido filho fora retirar os ocupantes de lá e mudá-los para que morassem com ela.

Pela primeira vez na vida, ela não precisava de ninguém.

Mais especificamente, não precisava mais de Tia Suzy. Ao enterrar Michael, tinha certeza de que enterrara o último de seus problemas. Mais uma vez, havia apagado as coisas que tinham deixado de lhe servir e rapidamente delineava os contornos de uma nova vida. Não precisava mais da parteira para prever respostas. Não conseguia imaginar mais nem um único problema.

Sexta-feira, 19 de janeiro de 1923

O poste da rua era um ponto fraco de iluminação ao longe. A fileira baixa de construções próxima a ele, sombria até durante o dia, parecia uma laje cinza sob a luz, mosqueada pelas sombras escuras dos galhos desnudos de árvores.

A pequena luz ao redor de Anna era fraca. Mal houvera tempo para limpar a fuligem da lamparina, e a chama lutava para brilhar. Queimava sobre um pavio comprido, um pequeno botão de fogo jogando um brilho embaçado aos seus pés. Um cheiro fraco de parafina pairava no ar. A ventania violenta dos dias anteriores desaparecera por completo, e uma quietude impressionante tomara seu lugar.

Anna sentia o calor da sra. Kiss ao seu lado. Ela não era muito mais alta do que Anna, porém era mais pesada, e pressionava de um jeito reconfortante a lateral de seu corpo. A mulher havia passado um braço em torno do dela, oferecendo força para Anna se manter de pé.

A sra. Kiss apertou a luminária, e Anna aconchegou seu bebê no colo. Estava embrulhado em um pano com um pedacinho de barbante amarrado ao dedão do pé para afastar o diabo. Anna o colocara lá como uma medida de emergência. Um cobertor cobria seu corpo.

Ela usava o casaco de Lewis, bem mais grosso e quente que o seu, mas os odores podres de suor e conhaque estavam entranhados na lã. Era Lewis, marcando presença.

Alguns clientes confiáveis tinham sido deixados no comando do bar pela noite. Lewis já tinha feito tudo que estava disposto a fazer ao buscar a sra. Kiss. Mesmo se estivesse sóbrio o suficiente para fazer o percurso até a casa da sra. Koteles, não daria tempo para ela fazer o que era necessário, morava longe demais. Para aquele dever, a sra. Kiss havia concordado em ser a madrinha da criança. Era uma questão de salvar a alma do pequeno.

A sra. Kiss tinha ido correndo buscar o pastor Toth. Ele geralmente era visto indo para o seu rancho no começo da manhã, pisando duro em suas botas de solado duplo com a espingarda pendurada sobre o ombro. Assim como Ébner, ele era um caçador ávido que passava, com frequência, o dia inteiro caçando na floresta e não costumava voltar antes de escurecer. Já passava muito da hora do jantar quando a sra. Kiss finalmente o encontrara.

Anna e a sra. Kiss andaram o mais rápido que conseguiam até a capela, passando no caminho pelo guarda noturno e por um grupo de rapazes, adolescentes de 16 e 17 anos se divertindo. Os garotos seguiam para o rio com um jarro de conhaque e cigarros. Enquanto isso cantavam, as vozes deles pairando sonhadoramente por toda a praça.

Anna pressionou o bebê contra o peito. Prestou atenção para ver se ele respirava.

O interior da igreja estava úmido. As pedras imensas das paredes soltavam um hálito cruel, molhado, de ar bolorento. A igreja nunca conhecera calor, fosse de um aquecedor ou do sol de verão, e o frio lá dentro estava instaurado de forma persistente.

O átrio estava apagado, e era só pelo brilho das velas que Anna conseguia enxergar. Uma fileira tortuosa de fezes de rato cobria as bordas do chão. Um montinho de poeira que também havia escapado do alcance da vassoura amontoava-se em um canto.

O altar estava aceso com velas. Iluminavam o pastor Toth, que esperava pela chegada de Anna. Ela também via uma silhueta no primeiro banco. Às vezes, a esposa do pastor Toth o acompanhava. Anna não tinha convidado ninguém para o batizado noturno, o batismo que salvaria seu filho bebê de uma eternidade no purgatório. Justina não fora batizada, e Anna se recusava a deixar que aquela alma tivesse o mesmo destino terrível. Com a sra. Kiss ao seu lado, Anna andou o mais rápido possível pela nave central.

Tirando casamentos e dias sagrados, a igreja costumava ficar fazia. Fora construída mais de cento e cinquenta anos antes, antes mesmo de o vilarejo ter nome. O telhado já tinha sido de sapê, e, tirando por seu destaque na praça, a construção poderia ser confundida com um casebre. Oitenta anos depois, fora reconstruída, e o campanário tinha sido adicionado, imprimindo-lhe a aparência de uma capela calvinista de verdade. Para Anna, o lugar parecia existir desde o início dos tempos. A igreja era como um túmulo, e tinha o cheiro das páginas bolorentas dos hinários empilhados nas fileiras.

As velas do altar eram finas, mas, juntas, ofereciam iluminação o suficiente. Conforme Anna se aproximou, conseguiu enxergar com clareza o pastor Toth, que a esperava (assim como não tivera tempo suficiente para buscar a sra. Koteles, não tivera para chamar o padre). Ela notou sua barriga proeminente, que o robe não escondia direito. Havia uma mesa pequena coberta por uma toalha, como se posta para um jantar íntimo, atrás da qual o pastor costumava proferir seus sermões. Teias elaboradas tinham sido tecidas por aranhas sob ela e na janela ao fundo, destacadas agora pela luz das velas.

Anna olhou de novo para o primeiro banco, onde a convidada-surpresa estava sentada. A cabeça dela estava coberta por um xale rendado, que se estendia pelos ombros. O casaco era da cor de carvão. Havia uma dobra bem-marcada nas costas, onde ela havia se recostado no banco.

Havia um orfanato em Cibakháza onde as freiras trabalhavam, e Anna se perguntou se, talvez, por meios misteriosos, uma tivesse sido enviada a ela. Anna nunca tinha visto uma freira em Nagyrév. O padre vinha duas vezes por mês quando o clima estava bom, embora até ele fosse uma visão rara para boa parte do vilarejo, especialmente para as crianças, que o perseguiam e zombavam da sua batina quando o viam caminhando pela estrada empoeirada rumo à cidade. Elas sem dúvida nunca tinham visto uma freira, assim como Anna tinha certeza de que o restante dos aldeões calvinistas também não.

Olhou com mais atenção agora. O milagre da aparição de uma irmã como que por um passe de mágica naquele ritual apressado, secreto, era tudo de que Anna precisava para ter esperança de que um milagre maior estivesse em andamento. Havia rezado, por mais de vinte e quatro horas havia rezado para que seu filho sobrevivesse ao que quer que a filha da parteira tivesse colocado em seus lábios e língua. E havia implorado para Deus deixá-la criar aquele menino que Ele lhe dera, e para quem provera leite em seu seio para alimentá-lo, ao contrário do que tinha acontecido com Justina. Não havia consentido que dispensassem aquela vida. Disso, tinha certeza — ou quase.

Mas não era uma freira. Agora, Anna via. Analisou a mulher que não tinha sido convidada, e talvez algum gesto discreto tenha trazido a verdade à tona, talvez a movimentação familiar dos dedões girando, destroçando sua breve esperança de uma benção. Ela percorreu os últimos passos até o altar sentindo a maldição do olhar da parteira.

Anna apertou ainda mais seu bebê moribundo. Já conseguia sentir as garras do demônio sobre ele.

Tia Suzy tinha permanecido na igreja para ajudar o pastor Toth a arrumar tudo, depois saíra para o bar dos Cser, onde ela e Mari tinham combinado de se encontrar. Desde que Mari tinha sido nomeada para o cargo da mãe, também passara a frequentar o bar. Agora, havia duas mulheres no vilarejo que ousavam entrar pelas portas do local.

Mãe e filha passaram mais de uma hora bebendo, em parte comemorando o sucesso de Tia Suzy em Budapeste. Agora, parecia à parteira que sua vitória sempre tinha sido algo certo, e ela sentia uma leveza interior imensa. À meia-noite, o bar estava fechando, então Tia Suzy foi até a parte de trás do estabelecimento e pegou uma garrafa de conhaque para levar para casa. Era rara a ocasião em que ela não estivesse com cestas, então enfiou a garrafa dentro do casaco e foi embora com Mari. Enquanto as duas mulheres seguiam pela rua Órfão, viram uma luz na casa do velho Henry Toth. Henry era um fabricante de barris que morava perto da parteira. Ele e Tia Suzy eram vizinhos havia quase vinte e cinco anos. Aproveitando a visão do portão aberto, Tia Suzy espiou lá dentro. A luz de uma fogueira brilhava dentro da oficina.

Do quintal vinha um barulho baixo de vozes, o zumbido de uma colmeia reunida à meia-noite para um último gole. Tia Suzy gostava do velho Henry e ainda não queria ir para casa. O vinho a deixara animada, e ela sabia que ele teria mais um copo para compartilhar.

Ria ao se aproximar da oficina, sem perceber ou sem se abalar com o fato de que o grupo lá dentro havia caído em um silêncio profundo ao vê-la. A notícia sobre a sua volta de Budapeste já tinha rodado a cidade. Boatos começavam a circular sobre o que tinha acontecido no tribunal. Boa parte das conversas na oficina de Henry naquela noite girava em torno de especulações sobre a bruxaria que ela fazia. Algumas pessoas estavam convencidas de que ela só conseguiria vencer no tribunal se usasse magia.

Ela parou na porta, o calor à sua frente, o frio às costas. A oficina era grande, talvez o dobro do tamanho de um estábulo, e bem-iluminada pela fogueira que ardia em um buraco. A gaiola de ferro que Henry usava para esquentar as aduelas estava apoiada na parede atrás dele. Havia uma fileira organizada de tábuas perto dela. As ferramentas ficavam penduradas nas paredes, assim como os pregos. A maioria dos barris maiores estava empilhada nos fundos da oficina, porém dois ou três tinham sido virados para serem usados como mesas. Alguns dos convidados de Henry sentavam-se em volta delas. O chão estava coberto de serragem fresca.

Tia Suzy e a filha se aproximaram do fogo. A parteira apreciou o calor batendo em seu rosto. O vinho havia corado suas bochechas, mas a quentura das chamas as deixara da cor forte de cerejas.

"Onde a senhora estava assim tão tarde?", perguntou Henry.

Tia Suzy apagou sua lamparina e a colocou nos pés. As mãos estavam cor-de-rosa de frio. Ela esfregou as palmas, depois as esticou na direção do fogo.

"Estava bebendo um bom vinho em um estabelecimento", respondeu a parteira.

Havia um jarro de conhaque aberto sobre a mesa improvisada de Henry que estava sendo dividido. Alguns copos sujos o cercavam, deixados ali por amigos que já tinham ido para casa. Tia Suzy olhou para o jarro.

"E que estabelecimento era esse?", perguntou Henry.

Com um trapo, Henry começou a limpar o interior de um dos copos.

"O bar dos Cser."

Henry encheu o copo de conhaque e o entregou para a parteira.

Tia Suzy tomou um gole. Soltou uma risada. A dose rápida de conhaque a deixou ainda mais leve, alegre. Encontrou o olhar de Mari. A dupla estava vestida de forma praticamente idêntica. Ambas as mulheres usavam xales pesados, escuros, que cobriam bem a cabeça, além de casacos escuros, grossos, de lã, um cinto e botas pesadas. A atriz e sua substituta.

O segredo que Tia Suzy guardava começou a se espreguiçar. Ele se remexia em sua língua, e ela sabia que precisava abrir a boca e deixá-lo escapar.

"O bebê Stevie deu seu último testamento."

"Para quem?", perguntou Henry após um instante.

A parteira colocou seu copo sobre um barril. Esfregou as mãos e as levou às bochechas para sentir o calor que o próprio rosto emanava.

Ela se inclinou para perto de Henry.

"Isso só diz respeito a mim."

No escuro, o pregoeiro pegou seus fósforos. Fechou uma das mãos sobre a chama, protegendo-a dos ventos que sopravam pela porta esburacada. Enfiou a mão na tigela de vidro da lamparina e acendeu o pavio.

A esqualidez do velho casebre não o incomodava. Ele havia pendurado uma tapeçaria esfarrapada ao se mudar e nunca mais pensara no assunto. Não a notava se desbotando mais e mais a cada ano, nem se tornando mais esfiapada, nem a grossa camada de poeira que agora a cobria. O aquecedor à lenha funcionava, isso fazia grande diferença para ele. Sua cama, localizada no quartinho com a porta na cozinha, era firme, com um colchão grosso de palha, distante o suficiente do chão para ser confortável. Fazia mais de doze anos que ele morava no casebre velho e ainda não havia mudado nada ali.

Ele dormia de botas. Nas noites mais frias, também dormia de chapéu.

O pregoeiro pegou o casaco, que deixava em um gancho perto da porta, e o vestiu. Inclinou-se para baixo e pegou o tambor, ergueu as alças até os ombros e o prendeu na cintura. Pegou a lamparina e saiu para a noite.

Os vira-latas vieram trotando atrás dele quando entrou na rua Árpád. Para afastá-los, bateu com a baqueta no tambor. O pregoeiro continuou até a câmara do vilarejo, onde leu seu livro. Anotou os novos anúncios no pergaminho. De volta à rua, seguiu na direção da qual tinha vindo, ao poço da praça. A luminária dele balançava enquanto ele caminhava, lançando uma luz estranha, fantasmagórica, pela rua. A alça estava enferrujada e guinchava ao balançar.

Passou pelo guarda noturno de capa. De vez em quando, o pregoeiro via o guarda tomando goles de um frasco de conhaque que escondia sob a capa. Sabia que ele também mantinha um filão escondido ali. Já o vira arrancando pedaços grandes do pão e comendo.

Quando o pregoeiro chegou à praça, já via as janelas das casas próximas acesas com lamparinas. O sol só nasceria dali a duas horas, mas o dia de trabalho estava prestes a começar.

Ele desenrolou o pergaminho. Havia vários anúncios, mas ele analisou o último e o leu primeiro: *Atenção! Após dois anos, o agressor da sra. Suzannah Olah Fazekas terminou de cumprir sua pena na prisão do Condado Real de Szolnok e voltará para casa em Nagyrév.*

Enquanto o sol nascia, o bebê Stevie morreu.

Fim de setembro de 1923

Kristina Csabai abriu a porta do quarto. Fazia semanas que não dormia ali. O filho tinha tomado seu lugar. A cama de solteiro dele fora colocada lá dentro, do lado oposto da cama do pai. Tanto pai quanto filho estavam doentes de desinteria havia semanas.

Kristina passou pelo filho que dormia e foi até o marido, também adormecido. Na última visita do dr. Szegedy, ele dera a cada paciente uma dose alta de codeína para amenizar o desconforto.

O cheiro pútrido, azedo, do conteúdo aguado de seus intestinos se misturava ao cheiro ácido do vinagre, que Kristina passava generosamente nas paredes e no chão.

Ela olhou para o marido na cama. A febre e a dor tornavam seu sono agitado, mas era um descanso mais calmo do que ela via em anos. Para ela, era um vislumbre do marido antes da guerra. Do seu antigo amor, que era gentil e calmo.

Ele tinha marchado para o front italiano. Havia escalado as faces rochosas cobertas de gelo dos Alpes. Engatinhara sobre mãos e joelhos trêmulos por ribanceiras estreitas. Seus irmãos de armas estavam à sua frente e às suas costas, em fila. Tinha entrado em buracos e cavernas para disparar contra o inimigo e esperado por avalanches, já que os tiros as provocavam com frequência. Ele matava o inimigo, e os disparos matavam a montanha, segundo o acordo que fora feito naquela guerra vertical para a qual tinha sido convocado. Naquele campo de batalha, sua raiva havia nascido.

Kristina sacudiu o marido para acordá-lo. Ajudou-o a se sentar com travesseiros nas costas. Deu a ele o pequeno copo de água que havia preparado na cozinha. Tia Suzy explicara que aquela era a forma ideal de administrar a solução. Doenças sempre ofereciam um bom disfarce para a parteira. Mascarado por uma enfermidade pré-existente, não haveria suspeitas do veneno.

Ninguém suspeitaria, incluindo o dr. Szegedy.

Sexta-feira, 5 de outubro de 1923

O lenço preto de Kristina estava ensopado, e o nó amarrado sob seu queixo tinha endurecido na chuva. Mechas de cabelo emaranhavam-se na testa. Correntes de água pingavam da barra do xale, e o interior das botas estava molhado. Piscou para afastar as gotas de chuva.

Ela estava na frente da latrina. Segurava a comadre com as duas mãos. O cheiro de chuva ajudava a amenizar o fedor que vinha do excremento cheio de sangue e do vômito que sacolejavam no fundo do recipiente. Ela virou a comadre de cabeça para baixo. A mistura aguada bateu no chão sujo. Restos de muco, manchados com o cor-de-rosa do sangue, giraram por último ao entrar no buraco na terra.

A porta da latrina fechou às suas costas quando ela se virou para entrar na casa. As solas de seus sapatos afundavam no chão macio, a lama molhada grudando ao couro gasto enquanto ela se apressava para voltar pelo quintal. O ar noturno, normalmente preenchido pelo som de cães ladrando e galos cacarejando, de lobos e raposas, de gatos brigando, fora silenciado pela chuva forte. O temporal também havia escondido a chuva de meteoros. A Terra estava no meio do caminho da poeira cósmica levantada por um cometa desconhecido: um alerta para os aldeões, caso eles conseguissem enxergá-lo, de que grandes problemas estavam por vir.

Pela manhã, o marido de Kristina Csabai estava morto.

Oito órfãos choram

Quando eu era uma menina curiosa, perguntei sobre isso, e meus pais me disseram que, quando meu bisavô morreu, ninguém investigou. Não houve investigação, porque todo mundo sabia que "minha mãe não faria algo assim".

— Lidia Kukovecz, sobrinha-neta de Tia Suzy

Desde a morte do sr. Ambrusz, Tia Suzy e Lidia debulhavam milho na casa de Lidia nas tardes de verão. Por um tempo, as duas tinham continuado a frequentar a casa da sra. Ambrusz, mas a velha mulher se tornara cada vez mais reclusa após a morte do marido, e quando falecera no ano anterior, em 1923, as irmãs já tinham transferido quase todos os aspectos de seu ritual para a casa de Lidia.

O casebre de Lidia era parecido com o de Tia Suzy, e ela mantinha pequenas coleções organizadas em seu interior. *Findzsas* de porcelana, colheres de chá de prata, pratos decorativos. Eram itens preciosos que tinha herdado da sogra ou comprado do mascate de antiguidades, ou que tinham sido trazidos como souvenires de Budapeste para ela. Sua casa era mantida meticulosamente limpa. Lidia passava pano pelas superfícies das mesas e armários a qualquer sinal de poeira ou sujeira. Se visse alguma coisa fora do lugar, ela corria para arrumá-la. Apesar disso, a casa abrigava um cheiro persistente de argila fresca, que voltava todas as noites com seu marido. Valentine tinha mais de sessenta anos, mas ainda trabalhava todos os dias nos campos com os filhos.

Apesar de fazer anos que Lidia não pensava naquilo, havia uma garrafa de vidro escondida sob o alicerce do impecável casebre branco. Valentine o colocara lá durante a construção da casa. Dentro da garrafa havia um pedaço de papel com a data em que o imóvel fora construído, quem fizera a obra, preços de produtos, como açúcar e tabaco, e uma curta lista dos eventos que tinham ocorrido por volta de 1880, quando Lidia e Valentine Sebestyen — um *gadjo* — eram recém-casados. A cápsula do tempo era uma marca da família selada sob a terra.

A varanda de Lidia era tão arrumada quanto o restante da casa. Ela a varria várias vezes por dia, removendo assiduamente qualquer migalha de terra que tivesse sido bicada por uma ave até virar pó e ser soprada até sua casa. Um banco comprido e baixo ficava perto da porta, sob o *kukurut* seco e a páprica, que ficavam pendurados por fita.

Havia uma grande cesta de milho ao lado do banco. Logo depois ficava um cesto feito com galhos, que começara a ser lotado de sabugos. Outra cesta era preenchida pelas cascas com textura de papel, que seriam usadas na latrina. Entre os recipientes, havia um jarro pesado de vinho.

Tia Suzy estava sentada no banco. Um montinho de sabugos ocupava seu colo. O ar cheirava à fumaça de seu cachimbo. Ela ergueu o jarro sob um braço como se fosse um pequeno barril e o inclinou para baixo. Observou o largo fluxo de vinho jorrar no copo que ela segurava sobre o banco. Ao terminar, empurrou o jarro na direção da irmã. Tirou o cachimbo da boca como uma rolha, ergueu o copo e bebeu.

Às vezes, a parteira lançava um olhar analítico para o quintal da irmã. O jardim era quase tão bonito quanto o seu. Havia um poço no meio e uma variedade de flores. Os dois filhos de Lidia, quando eram mais novos, costumavam arrancar as flores e prendê-las à faixa do chapéu quando saíam para encontrar garotas. Os filhos de Tia Suzy faziam o mesmo com as flores do seu jardim. Trepadeiras largas cobriam a cerca, uma cortina para proteger o quintal. Havia um espaço vazio na linha da cerca, e, com o portão aberto, as irmãs tinham vista para a casa de Rose Pirate.

Rose era o assunto do vilarejo havia semanas. Tia Suzy ficara aliviada em sair de foco. A absolvição da parteira em Budapeste havia impulsionado outra onda de boatos e teorias. Os aldeões achavam que sua magia tinha interferido. Estavam convencidos de que a bruxaria dela, e apenas a bruxaria, revertera a decisão de Szolnok. Fazia um tempo que as suspeitas sobre a parteira os levavam a se distanciar dela sempre que possível, apesar de os fazendeiros ainda procurarem seus emplastros para dores e incômodos. Mas a verdade era que, para cada aldeão que atravessava a rua ao vê-la se aproximando, havia uma mulher batendo discretamente à janela da sua cozinha. Era uma safra de mulheres que crescia sem parar.

O distanciamento entre Tia Suzy e Maria Szendi também não tinha passado despercebido pelo vilarejo. As duas mulheres chiavam e falavam palavrões quando se viam, criando um escândalo que às vezes atraía pequenas multidões. A aliança entre elas era um ponto cego que agora envergonhava Tia Suzy. Ela queria deixar a amizade negativa para trás, e esse era outro motivo para o falatório sobre Rose ser uma distração bem-vinda.

O suicídio do sr. Pirate no verão anterior — ele havia se enforcado em uma das vigas da casa — fizera os aldeões prestarem mais atenção do que nunca em Rose. Poucas pessoas a notavam antes disso. Rose havia nascido em Budapeste, e, por causa disso, os aldeões sempre a tinham tratado com certo distanciamento. Havia muitas pessoas em Nagyrév que tinham nascido em outro lugar, mas eram cidades bem-conhecidas pelos locais: Tiszakürt, Cibakháza, Tiszaföldvár. As famílias deles se conheciam, ou pelo menos tinham formas de se informar umas sobre as outras. Mas ninguém conhecia a família de Rose. Ninguém sabia se ela era confiável. Ela falava de um jeito diferente. Comportava-se de um jeito diferente. Mas o sr. Pirate era membro da comunidade, e, por causa dele, tinham passado a aceitá-la.

Inicialmente, nos dias após a morte do sr. Pirate, os aldeões tinham enchido Rose de cuidados. Tinham ajudado a enterrá-lo, levado comida para ela, auxiliado na limpeza. Mas o período de luto tinha se transformado em uma oportunidade para prestar mais atenção em Rose, e, nas semanas e meses seguintes, muitos se convenceram de que ela levara o sr. Pirate a tirar a própria vida. Buscavam por provas, encontrando-as no único filho do casal, Desi, que tinha se alistado no exército logo depois da triste morte do pai. Por que, questionavam as pessoas, um filho deixaria a mãe enlutada sozinha, a menos que acreditasse na culpa dela?

Mais provas foram encontradas nas fofocas sobre os inúmeros casos amorosos de Rose. Todo sussurro trocado sobre ela oferecia um prazer leviano, porém gratificante, aos abutres do vilarejo, uma alegria no sofrimento que os fazia voltar, procurando por mais. Enquanto os aldeões enxeridos limpavam os ossos dos boatos, Rose chocara a todos de uma forma completamente inesperada. Para a surpresa geral, ela havia se casado de repente com Charles Holyba, um viúvo de Cibakháza, em uma cerimônia rápida que acontecera quase no aniversário exato de um ano da morte do marido. Fazia apenas duas semanas que ela conhecia Charles.

Charles não era uma figura conhecida no vilarejo, mas quase todos sabiam a informação mais infeliz sobre ele: precisou criar oito filhos sozinho. A história do parto de sua esposa ficara amplamente conhecida. A criança mais nova tinha menos de um ano de idade quando a esposa de Charles falecera. Isso acontecera há quatro anos. As crianças já tinham quase cinco anos agora. A mais velha tinha 16. Todos os filhos moravam com o pai em sua casa em Cibakháza, com respeitáveis 1,4 hectares de terreno.

Qualquer um que conhecesse Charles seria capaz de identificá-lo de longe devido a outro fato infeliz: ele havia nascido com um pé torto, virado tão para dentro que a macia sola cor-de-rosa nunca tocava o chão. Seu passo era instável e mancava feito um animal ferido, mas empolgado. A pele na lateral do pé ruim era grossa como couro, porém a complicada estrutura de pequenos ossos que ela protegia tinha se fragilizado com o passar dos anos e lhe causava dores insuportáveis. Por conta disso, e pela série de questões estomacais que o assolavam, Charles buscava regularmente por tratamentos com seu amigo de longa data, o dr. Szegedy. O médico conhecia Charles desde que tinha nascido.

Charles era extremamente coxo, sofria de dores e carregava o fardo de uma multidão de filhos. Como ele conseguira convencer Rose a se casar com ele era uma pergunta que muitos se faziam.

Outra união notável havia acontecido em Nagyrév, pelo menos para a parteira. Após oito anos de viuvez e de cuidar dos avós do finado marido, Petra Joljart decidira se casar de novo. Petra tinha herdado a casa do velho sr. Ambrusz, onde tinha morado nos últimos anos. A filha dela havia recebido um bom pedaço de terra, com oito hectares, depois da morte do sr. Ambrusz, em 1921. O novo marido de Petra, o sr. Varga, tinha ido morar com Petra e a filha depois do casamento. Ele era um fazendeiro de Nagyrév bem conhecido entre os aldeões.

Pouco após o casamento, o sr. Varga comprou uma bicicleta. Andava nela por todo o vilarejo e costumava deixá-la do lado de fora do portão, para ser vista por todos que passassem pela casa. Era o segundo homem da vila a ter uma, e Tia Suzy não estava impressionada pela forma como a exibia. Tia Suzy nunca havia gostado muito do sr. Varga.

O belo casebre de Rose brilhava com a nova camada de cal. As trepadeiras que se prendiam à sua cerca continuavam bem-podadas. Lá dentro, o clima permanecia o mesmo. Ela quase não havia levado nada para Cibakháza, exceto pelo que conseguira carregar em uma trouxa usando as duas mãos. Rose havia saído da casa em Nagyrév quase tão rápido quanto seu marido partira deste mundo. Quase parecia que ela não tinha ido embora.

Da frente da casa de Charles, Rose via pela janela a longa mesa de madeira, que na hora do jantar era lotada de tigelas lascadas com batatas ou lentilhas. Os pratos eram gastos, também lascados, com um ou dois exibindo rachaduras no centro. Nada era como ela imaginava que seria — a mesa decepcionante era um espelho do restante da casa —, e havia momentos em que ela se questionava se havia cometido um erro.

Fazia quase um mês que suportava a casa de Charles, o que significava dezenas de refeições noturnas na mesa lotada com os oito filhos, a caçula com os olhos inchados feito travesseiros de tanto que chorava desde a chegada de Rose.

O quintal cheirava a feno mofado e forragem. Atrás da casa havia dependências externas com caminhos estreitos pisoteados de uma para a outra, uma rede de veias funcionais, mesmo que feias. Um emaranhado de árvores frutíferas salpicava o terreno vazio. Cachinhos de cerejas tinham caído dos galhos e apodreciam no chão. A propriedade de Charles não era um lugar imponente, como ele insinuara. O terreno era formado por pedaços desiguais de terra, lotes pequenos que tinham sido unidos, e Rose tinha a impressão de que, por trás de toda sebe sem poda e de cada janela encardida, havia uma criança de rosto sujo a encarando. E sempre havia Charles. Ele mancava atrás dela. Dava voltas ao seu redor como um cachorro coxo, esperançoso e apaixonado. Ela detestava cada passo hesitante que ele dava. Mesmo assim, naquele ritmo manco, ela estava certa de que levaria alguma vantagem.

A existência dos filhos não a incomodara no começo. Charles tinha garantido que encontraria outros lugares para eles morarem. Mas, assim como tinha feito declarações extravagantes sobre sua propriedade — descrevendo uma mansão, não um uma choça —, ele também tinha exagerado ao falar desse assunto.

Quanto a mansões de verdade, Rose as conhecia bem. Tinha já 10 anos quando os pais a tinham enviado de Budapeste para trabalhar como criada em uma das grandes propriedades da região. Aos 18 anos, ela largara o trabalho e se casara com Gabriel Pirate.

As mansões eram cercadas por muros de pedra que escondiam grandes gramados verdes. Rose se lembrava de árvores cujos galhos se estendiam como as asas de uma rapina, oferecendo sombra para as crianças que brincavam sob sua proteção. Lembrava-se dos pesados portões de ferro na frente, que abriam espaço de sobra para a passagem do automotor do dono da casa, ou parelhas de cavalos brancos puxando carruagens elegantes.

A mansão a que servira era tão grande que era fácil para uma jovem menina se perder nos primeiros dias. Planejava ir para a cozinha e acabava no escritório, ou na sala de estar. Andava na direção do quarto de uma criança, mas chegava na porta do quarto do chefe. O lugar despertava tanto medo quanto fascínio.

As memórias de Rose da mansão eram livres de nostalgia. Quando refletia sobre aquela época, sabia que tinha aprendido os sinais e as deixas de sua nova vida tão rápido quanto se estivesse em uma corrida. Ao pisar nos degraus da mansão com vestido e sapatos de menina, imediatamente tinha entendido que os donos da casa eram seus patrões, não seus guardiões, e que os filhos deles eram chefes em miniatura. Ela se tornara uma ave peregrina empoleirada no topo de um galho, analisando um terreno estrangeiro. A infância dela fora vendida, mas ela havia deixado de lado a nuvem do medo e enxergado a realidade: uma casa em que acordos eram feitos. Calor constante, em vez de frio. Comida. Roupas. Aulas de etiqueta e dicção. Com o tempo, com seus olhos de águia, ela havia se tornado uma especialista em identificar oportunidades.

Szolnok

Kronberg chegou aos degraus do tribunal. Terra era soprada em seus pés. Ele parou diante de uma entrada improvisada e de um imenso pilar de pedra lavada, que se projetava para a rua. Analisou a bagunça.

No começo da primavera, a prefeitura tinha aprovado um grande orçamento para reformar o tribunal e a prisão. Fundos viriam da Liga das Nações, que aprovava empréstimos para reconstruções causadas pela guerra. O plano tinha duas partes: trocar as posições do tribunal e da prisão — deixando a entrada do tribunal diretamente na agitada e importante rua Gorove — e dobrar a capacidade da prisão, para que pudesse abrigar até setenta prisioneiros. Esta última parte parecia absurda para Kronberg. Ele não conseguia entender por que uma cidade relativamente pequena como Szolnok precisaria de uma prisão de capacidade tão grande. Que Deus lhe desse forças, pensou, se algum dia houvesse tantos criminosos presos ao mesmo tempo.

No entanto, os fundos tinham sido congelados. Um atraso burocrático. O tribunal tinha exagerado demais, financeiramente. Mal havia dinheiro para levar a julgamento todos os casos atuais. Enquanto isso, o monte de pedras permanecia intocado havia semanas.

Os arreios ficavam pendurados na parede do estábulo. Rose puxou os dela de um gancho. Soltou o emaranhado de fivelas e tiras até ouvir uma delas cair no chão. Enquanto aproximava a rédea de si mesma, sentiu o peso repentino dos arreios em seus braços. Era como uma âncora que a puxava para baixo. O couro e as tiras eram frios ao toque, e faziam um calafrio percorrer seu corpo.

Pare de ser cruel com as crianças!, Charles implorara a ela.

Havia uma pilha funda de palha cobrindo o chão. Pedaços tinham se prendido à sola de seus sapatos de madeira, que estavam molhados de orvalho. Ela os sentia espetando sua pele através da meia.

Você as está machucando!

Ela se aproximou devagar do cavalo, cumprimentando-o baixinho. A lamparina projetava apenas uma luz fraca no estábulo, mas ela conhecia tão bem o próprio cavalo que era como se o visse no clarão do meio-dia. Conhecia cada longo e arqueado cílio de suas pálpebras, cada veia inchada em seu focinho. Levou a mão à lateral do corpo dele e acariciou seu pelo com a ponta dos dedos.

Escovou gentilmente o cavalo com a palma da mão. Falou em um tom doce. Ele baixou a cabeça. Ela colocou a embocadura na boca dele e apertou a focinheira. Prendeu a cisgola.

... seria fácil com um homem como Charles, se não fossem as crianças...

Rose tinha esperado Charles sair para os campos. Carregava consigo a mesma trouxa que trouxera para Cibakháza.

... um fósforo acendido na cama... uma queda de escada...

Ela colocou o colar no cavalo e o apertou. Posicionou a culatra no lugar. Inclinou-se para baixo, posicionou o rabicho sob o rabo dele e o prendeu.

Que fosse pro inferno.

Ela foi até a caçamba da carroça, a barra do vestido comprido acumulando palha. Inclinou-se para baixo, ergueu a carroça pelas varas e a empurrou até a traseira do cavalo, prendendo-a nos cabos tirantes. Com sorte, estaria de volta a Nagyrév na hora do café da manhã.

Já estava cansada de Charles.

O verão passou tranquilamente em Nagyrév. O martelo do sapateiro batia como um pica-pau enquanto ele consertava sapatos para as crianças a tempo do novo ano escolar. Os fazendeiros que vendiam melancias tinham uma de suas melhores estações. Os mercados de fruta em Szolnok e Kecskemét estavam cheios de seus produtos. As estradas ruins sempre estragavam metade dos alimentos a caminho do mercado, mas isso não fazia diferença naquele ano. A safra estava tão deliciosa que ainda restavam melancias boas suficientes para vender.

Uma procissão de mascates e menestréis já tinha passado pelo vilarejo, incluindo o sr. Goldmann, o caixeiro-viajante. Ele chegava no começo de cada verão em sua carroça parcialmente coberta, na qual carregava uma mala grande, dura e cheia de produtos, e pequenas bolsas com itens menores, como agulhas, carretéis e temperos, dos tipos que não se encontrava no mercado de quinta-feira. O sr. Goldmann parava no fim de uma rua e puxava a mala pesada para o chão. Pendurava os sacos menores em um braço e ia batendo de porta em porta, arrastando a mala com a mão livre. "O que tem para nós hoje, sr. Goldmann?", perguntavam as mulheres. Ele abria a mala sobre um tronco virado no quintal, ou dentro do estábulo, se estivesse chovendo, e apresentava seus produtos.

Antes de partir do vilarejo, o sr. Goldmann parava na oficina do ferreiro para que as rodas da carroça fossem verificadas ou consertadas. A cascata de faíscas voando do ferro quente da forja era interrompida quando o mascate entrava. O ferreiro interrompia o trabalho no portão de mansão que produzia ou na ferradura que consertava para bater papo com o sr. Goldmann. Mascates sempre traziam notícias de outras cidades — quem tinha morrido, quem se casaria, quem tinha caçado o maior faisão —, e, como uma gazeta, as notícias que chegavam aos ouvidos do ferreiro voavam de sua boca como pássaros que percorriam Nagyrév. No verão, o ferreiro competia com o pregoeiro na tarefa de informar os aldeões.

Não foi pelos sussurros do ferreiro, mas pelos gritos do pregoeiro, que os aldeões descobriram que mudanças estavam acontecendo no conselho administrativo da cidade. O cargo de sineiro estava vago, e, até que um substituto fosse encontrado, o dr. Szegedy ficaria responsável por assinar todas as certidões de óbito.

Um novo encarregado seria nomeado na reunião de novembro.

Tia Suzy conhecia a pessoa perfeita para o trabalho.

Rose tirou jarros de vidro grosso da despensa e os colocou sobre a mesa. A toalha havia sido removida e ela havia trocado o cântaro de lugar para abrir espaço para eles. Os jarros eram antigos e marcados com pequenos arranhões delicados, e seu verniz havia embotado com o passar dos anos. Acima da mesa havia uma pequena janela, pela qual a luz do sol entrava e se acumulava dentro dos recipientes embaçados.

Sobre o banco havia um grande cesto de frutas recém-lavadas e descascadas. Ameixas. Damascos. Cerejas. Rose colhera algumas delas do próprio jardim, e o restante tinha vindo das árvores frutíferas que cresciam pelo vilarejo. Rose tinha passado boa parte da manhã descascando-as. Os dedos estavam manchados e tinham cortes pequenos nos pontos em que se machucara com a faca.

Desde que voltara a Nagyrév, Rose não pensava em Charles. Não era dada a perder tempo ruminando o passado, e apenas se estendia para o futuro o quanto fosse necessário. Não fazia bem ao espírito ficar remoendo o que já tinha acontecido, nem a distante estrada que ainda tinha pela frente.

O primeiro dia em casa fora dedicado a botar algumas coisas em ordem. Desfazer a trouxa. Fazer um balanço do estoque da cozinha. Abrir as janelas. Varrer.

Alguns vizinhos tinham feito visitas. Mais por curiosidade do que para ajudar. Lidia viera. As duas mulheres sempre tinham se tratado em pé de igualdade, apesar da idade de Lidia, vinte e seis anos mais velha que Rose. Ambas acreditavam compartilhar de um senso prático sobre o vilarejo que apenas forasteiros poderiam ter. Tinham gênios parecidos, apesar de Lidia ser mais ansiosa. Assim como a irmã, Lidia era inquieta, com dedões que giravam e uma perna que balançava sem parar. Rose, por outro lado, se considerava ponderada e impassível.

Em questão de aparência, Rose era comum em todos os sentidos. Não era gorda, mas musculosa. Tinha um cabelo comprido e liso. O longo nariz ocupava um longo rosto, e o traço da boca era reto, equilibrado, quase uma balança. Ela raramente curvava a boca em um sorriso, e, quando o fazia, tratava de extingui-lo com rapidez. Encarava as pessoas sem sentir vergonha, olhando através delas como se fossem uma janela.

Escutou um tinido baixinho. Depois outro. Era o som familiar de um sino de carroça. Um carroceiro barulhento subia a rua. Rose escutou o barulho se tornar mais insistente.

Alguns visitantes anunciavam a própria presença muito antes da chegada, tocando o sino da carroça assim que entravam na rua, ou, às vezes, antes mesmo de fazer a curva. Alguns só paravam de tocá-lo um bom tempo depois de pararem na frente da casa. Quando o carroceiro barulhento finalmente chegou ao casebre de Rose, o tinido havia alcançado um tom histérico. O cavalo e a carroça pararam com um solavanco. O sino ressoou por mais um instante.

Rose costumava deixar o portão aberto. Às vezes, também não fechava a porta. As duas aberturas estreitas ofereciam uma vista serpenteante da rua.

A carroça estava cheia de objetos. Havia uma pequena pilha de troncos de madeira amarrados frouxamente com corda. Itens tinham sido embalados em lençóis e empilhados no chão e no assento de madeira. Algumas ferramentas de fazenda, com pedaços de terra presos aos garfos, se apoiavam na lateral da carroça. Sentado como um rato em meio à uma montanha torta de objetos estava Charles.

Rose o observou saindo da carroça. Ele se remexeu até conseguir virar a perna boa para o lado, tomando cuidado para preservar a torre bamba que tinha criado. Montou sobre a lateral da carroça, estufada com o fardo de seus pertences. Ele passou a outra perna por cima da lateral e pulou para o chão com cuidado, aterrissando sobre o pé bom. Uma breve onda de dor o percorreu. Os anos de uso excessivo, com um pé fazendo o trabalho de dois, tinham enfraquecido seu tornozelo. Os ossos do pé bom estavam tão gastos e frágeis quanto os de um homem de noventa anos. Ele se equilibrou, depois empertigou as costas tanto quanto conseguia e começou a andar na direção da casa.

Rose notou o esforço em seu rosto ao subir com dificuldade até a varanda. Ele fez uma careta de dor. Entrou. Estava coberto por uma fina camada de terra cinza macia que fora implacavelmente soprada sobre ele na estrada que vinha de Cibakháza. Uma linha de sujeira mais escura percorria a borda de seu chapéu e manchava seu rosto. A calça pesada que usava estava amarrotada, e suas costas, úmidas. Rose sentia o cheiro de suor que emanava dele. E o cheiro de cavalo, de couro e feno e da perspiração poeirenta do próprio cavalo, tudo vinha com força de Charles. Carregava tudo isso como uma peça de roupa extra. Os odores eram uma afronta ao aroma frutado, açucarado, que vinha da cozinha.

Exceto pelos pertences lamentáveis na velha carroça diante da casa, Charles tinha vendido tudo que possuía. A casa. O vinhedo. A fazenda. Todas as suas humildes posses tinham sido transformadas em dinheiro.

Tinha colocado os filhos em lares adotivos. Alguns dos mais velhos estavam no orfanato em Cibakháza.

Não consigo viver sem você.

Rose tinha um vizinho na rua que criava bodes, e todos os dias os levava para pastar na beira do Tisza, onde a balsa atracava. Ela os escutava agora, balindo para a carroça torta que Charles havia parado em seu caminho enquanto eles passavam na frente da casa.

Charles esticou a mão para ela. O que ela achava que não aconteceria tinha acontecido: ele estava livre dos filhos e com dinheiro no bolso. Rose o convidou para conhecer o restante da casa.

Às vezes, Lidia acompanhava a irmã em seus passeios pela floresta, onde os patos selvagens gostavam de colocar ovos. Lidia ficava com os olhos grudados no chão, buscando pelas pilhas de folhas, galhos ou grama seca que as mães usavam para esconder os ninhos. Lidia e Tia Suzy caminhavam com os vestidos erguidos o suficiente para ver quaisquer cobras que passassem se esgueirando. Quando Lidia notava a camuflagem, afastava-a com a ponta da bota. Inclinava-se para baixo, escolhia o melhor ovo e gentilmente o guardava no bolso do avental. Em casa, o daria para as galinhas. Elas o chocariam nos próprios ninhos. Quando o pato roubado ficasse grande o suficiente para voar, Lidia cortaria as asas dele. Quando ficasse grande o suficiente para comer, ela torceria seu pescoço.

Sempre que as duas irmãs saíam nessas caminhadas, tinham a oportunidade de conversar abertamente.

Nos últimos tempos, o assunto sempre acabava sendo Rose. Tia Suzy sabia que Rose voltara a Nagyrév. Também sabia que Charles a seguira até lá.

Por que ela continua se importando com ele?, queria saber a parteira.

O dr. Szegedy saía, na maioria das manhãs, com a caravana dos fazendeiros. Depois que eles seguiam o caminho para os campos, os cavalos do médico sabiam o restante da jornada até os vilarejos que precisavam ser visitados, e mal precisavam de orientação. Já tinha escutado histórias de homens bêbados, doentes ou cansados demais para guiar a própria carroça que tinham subido nela e caído no sono enquanto suas mulas os levavam de volta para casa. Naqueles longos trajetos matinais, o dr. Szegedy podia se recostar e aproveitar o tempo para pensar. A mente dele com frequência ia parar nos portões de seus problemas.

O dr. Szegedy tinha passado o verão inteiro preocupado com Charles. Sempre havia considerado Charles um homem que tinha dificuldades para lidar com as próprias circunstâncias. O amigo tinha uma longa lista de infortúnios, começando pelo azar do pé torto e se estendendo por uma infinidade de questões graves ou bobas que Charles tinha certeza de que vinham rolando de uma montanha de lamentações até sua porta. O dr. Szegedy tinha escutado o amigo reclamar de um destino desafortunado e das forças sombrias da Maldição de Turan, a grande maldição lançada sobre o Reino da Hungria quase mil anos antes. Charles tinha certeza de que a Maldição o selecionara para o castigo.

Mas o dr. Szegedy sabia que era a ternura que tornava Charles tão suscetível aos temporais de sua vida. Ele lamentava as próprias tragédias. Mas também saudava as próprias bençãos com o mesmo fervor. Os filhos dele eram fonte de grande orgulho. Ele ignorava os insultos que os habitantes do seu vilarejo proferiam sobre sua família atipicamente grande e se reconfortava com sua prole. Tinha sido sempre um pai amoroso, atencioso ao extremo, o que tornava o abandono total e repentino das crianças uma surpresa ainda maior para o dr. Szegedy. Charles parecia enfeitiçado. Os filhos dele concordavam. Choravam, dizendo que o pai tinha caído no feitiço de Rose.

Algumas das filhas mais velhas de Charles tinham procurado o dr. Szegedy em seu consultório e explicado que o pai não estava com a cabeça no lugar e que tinham contratado um advogado. Tinham preenchido uma solicitação para que ele fosse internado em um manicômio, pois essa era a única forma que viam de recuperar tudo que fora vendido. Ele vendera a casa onde moravam e o terreno que garantia seu sustento, dando todo o dinheiro para a nova esposa, uma mulher que mal conhecia. O dr. Szegedy sabia que decretar a instabilidade mental do pai era a única forma de os irmãos Holyba recuperarem qualquer coisa das mãos de Rose. Conseguiriam sobreviver sem o pai, mas não sem as posses dele.

● ● ●

A varanda de Lidia era um santuário para Rose nos dias após a mudança de Charles. O novo marido não tinha mais uma fazenda para cuidar. Não tinha filhos para criar. Não tinha amigos no vilarejo, apenas alguns conhecidos. Passava o tempo seguindo-a de cômodo em cômodo, de baia em baia, de loja em loja, e era difícil para ela encontrar um lugar onde ele não estivesse. Rose sabia que havia um lugar até o qual ele não a seguiria: a casa de uma vizinha.

Às vezes, Rose levava seu bordado para a varanda de Lidia e as duas ficavam bordando juntas enquanto conversavam sobre a situação que Rose enfrentava. Nos fundos da varanda havia um telhado sob o qual a lenha era empilhada, e elas se sentavam em um tronco para bordar embaixo da cobertura. Tanto Rose quanto Lidia tinham um baú de madeira cheio das *varrotas* que tinham costurado ao longo dos anos: padrões intricados, coloridos, tecidos em panos de cor ocre que se tornavam envelhecidos com o tempo.

"Você devia dar um fim nele", disse Lidia certa tarde.

Rose era habilidosa com a agulha. Às vezes fazia ponto-cruz, às vezes tricotava. Tinha aprendido a costurar com a mãe e a avó em Budapeste e dominara a habilidade na mansão.

"Converse com a Suzy. Ela vai dar alguma coisa pra você."

Rose enfiou a agulha na parte de trás do pano. Olhou com atenção. Puxou-a para o outro lado, até a linha esticar.

Domingo, 5 de outubro de 1924

Rose sentia o sol enrubescendo suas bochechas. Passava um pouco das dez da manhã, porém o dia já estava quente, quente demais para o outono. A câmara do vilarejo estava fresca, mas ela já tinha resolvido as questões que precisava lá dentro e voltara para o calor. Olhou para os sapatos de madeira que calçava. Estavam cobertos da terra que tinha sido soprada da rua.

Rose olhou na direção da praça. Viu um grupo de vestidos pretos se espalhando feito sombrinhas. Ouviu o som baixo de conversas. Como sempre, havia mais gente reunida do lado de fora da igreja do que lá dentro, mesmo no dia do Senhor.

Baldes de madeira estavam espalhados pelo chão poeirento. Muitas mulheres-corvo agora tinham poços no quintal e só vinham à praça pelas fofocas. Porém, algumas ainda levavam água para casa. Rose via Anna por ali com frequência. Anna tinha começado a levar a filha, que agora tinha 10 anos e era forte o suficiente para carregar dois baldes de volta para o casebre dos Cser. A filha de Anna também tinha começado a trabalhar como "pastorinha de gansos", assim como a filha de Petra. As meninas, junto de várias outras crianças do vilarejo, criavam e engordavam gansos para proprietários de terra, que, por sua vez, vendiam as aves para um abatedouro próximo a Kecskemét chamado Schneider. As meninas eram vistas sempre empunhando seus cajados compridos com farrapos de pano branco acenando no topo deles como uma bandeira, os bandos de gansos seguindo-as obedientemente até o rio a fim de se alimentarem.

Rose tinha seguido as instruções da parteira ao pé da letra. A primeira dose que dera a Charles tinha sido o suficiente para deixá-lo doente, mas não grave demais. Ele devia se sentir mal o bastante para justificar uma visita do dr. Szegedy, porém não o bastante para levantar suspeitas, fora o que a parteira dissera.

Não era um método novo, mas a parteira o estava seguindo com mais rigidez desde a morte de Michael. As pessoas no vilarejo ainda comentavam o fato de Maria nunca ter chamado o médico para uma consulta.

Rose, então, tinha marcado uma segunda visita, também seguindo as ordens da parteira. Assim que entrara na câmara naquela manhã, o pregoeiro tinha pegado a agenda. O vilarejo já comentava que o sr. Holyba continuava doente.

Charles tinha passado a semana inteira reclamando de dores. Sentava-se em um banco, colocado do lado de fora por sua nova esposa, e convidava os transeuntes a se sentarem para lhe fazer companhia. Dizia que tinha certeza de que estava morrendo. O estômago dele tinha finalmente vencido a guerra, dizia para alguns. Rose tinha suspeitado que ele falaria esse tipo de coisa. Mas não suspeitara que o marido também contaria uma outra história bem mais sombria.

Durante a primeira visita, o médico notara que Charles "parecia exausto". Dera-lhe codeína para ajudar com a tosse, e, para a náusea, prescrevera água de mira, uma água mineral que era usada para tratar problemas digestivos. Antes de ir embora, tinha aplicado uma compressa quente ao peito de Charles, outra tentativa de amenizar a tosse persistente e ajudar o amigo a respirar melhor. No entanto, a condição de Charles pouco mudara na semana desde que o dr. Szegedy o examinara.

Rose entrou na praça, passando pelo leve cheiro de porcos. O pastor havia levado os animais até ali mais cedo, e o odor deles ainda pairava no ar. A oficina do ferreiro estava silenciosa em respeito ao culto na igreja. Rose se aproximou de Lidia. Eram como duas corvas espertas, atentas às suas presas.

"Alguma mudança?", perguntou Lidia.

O acordo que tinha sido feito era o padrão da parteira: metade do pagamento adiantado e a outra metade seis meses depois. Atuando como intermediária, Lidia estava ganhando uma comissão.

"Não muita."

Rose escutava crianças brincando fora de vista no pátio da igreja. Nos trechos planos, especialmente perto do rio, nos campos abertos, meninos brincavam de boliche; galhos enfiados em um lado eram derrubados por bolas jogadas do outro. Os gritos de comemoração deles podiam ser escutados da igreja e muito além.

"Vou preparar uma comida para ele", disse Lidia.

Os domingos em Nagyrév antes da última colheita talvez fossem os mais agradáveis. Os jovens fazendeiros que passavam semanas acampados em seus lotes voltavam para casa no fim do verão. Dedicavam os domingos ao cortejo de suas moças favoritas. Domingo também era o dia de jovens casadas visitarem os pais. Quando o clima estava bom, famílias inteiras faziam passeios, descendo o rio ou caminhando pela Árpád. Naquele dia quente de outono, o vilarejo fervilhava de vida.

Ao meio-dia, Lidia saiu de casa e atravessou a rua até o casebre de Rose. Trazia consigo uma panela de ferro fundido. A alça fina se enterrava em seus dedos. A panela estava pesada, porém a tampa estava bem presa. Ela caminhava num ímpeto, entrando no caminho dos gatos que se aglomeravam à sua frente, atraídos pelo cheiro. Tomou cuidado para não derramar nada, para os animais não lamberem os restos e o elixir que tinha acrescentado à comida. Lidia não tinha certeza, mas suspeitava de que levar uma sopa de pato à casa da vizinha para o almoço era um feito comum o suficiente para passar despercebido em uma tarde agitada de domingo.

Lidia subiu na varanda de Rose. Soltou uma das mãos da panela e bateu à janela. O rosto de Rose apareceu, e, um instante depois, ela estava na porta, uma carcereira.

"Sirva isto ao seu marido."

Nas tardes de domingo, Henry Miskolczi costumava sair de seu casebre por volta das três da tarde carregando a viola. A blusa que usava era branca, e a jaqueta, vermelha; vestia também um chapéu preto com uma borda redonda dramática que parecia um pires. Miskolczi e seu trio se apresentavam no bar toda semana para o *csárdás* dos jovens. A festa começava às quatro, mas Miskolczi gostava de chegar cedo para aquecer os dedos e a voz.

Estava prestes a sair para o bar quando foi convocado à casa de Rose Pirate — ainda não tinha se acostumado a chamá-la de Holyba —, e era lá que estava desde então. A própria Rose fora buscá-lo. Dissera que Charles estava implorando para ouvir música.

O quarto de Charles estava entulhado com seus pertences. Os bens materiais dele tinham sido empilhados junto às paredes, deixando apenas uma passagem estreita entre a cama e a porta. O odor no aposento era enjoativo. Uma janela tinha vista para o quintal, onde Miskolczi via Rose cuidando do jardim.

Ele pressionou o queixo ao instrumento. A madeira era tão familiar à bochecha quanto o beijo da esposa. Ele levou os dedos às cordas. As pontas eram duras e brancas, e tinham calos desde que ele era menino, quando aprendera a tocar.

Charles insistia em pedir por músicas tristes, e Miskolczi as tocava. Charles tentou cantar. A voz dele estava fraca e falhava, mas Miskolczi ouvia certa beleza nela, e tocou o mais baixo possível para que ele conseguisse se ouvir.

Cibakháza
Terça-feira, 7 de outubro de 1924

O dr. Szegedy colocou a lamparina sobre a mesa e aproximou as mãos da chama quente. O escritório dele esfriava muito à noite. Correntes de ar passavam por debaixo da porta e só conseguiam ser repelidas por um aquecedor bem-aceso. O médico nunca se dava ao trabalho de esquentar o consultório durante as manhãs em que precisava ir aos vilarejos, não tão cedo na estação. Ele apertou o casaco contra o corpo.

Dobrando a alça dura da bolsa de médico, abriu o fecho. O estojo era firme, mas o couro estava seco e começava a rachar. Alguns anos de sujeira, da terra de estradas e de caminhos poeirentos se encrustavam nas covinhas do couro duro, pintando a bolsa preta de manchas arenosas de cinza-escuro. Ao abri-la, o cheiro forte das tinturas que guardava foi liberado.

A bolsa pesava muitos quilos, como a mala de um caixeiro-viajante. Quando o dr. Szegedy a pegava ou a baixava, ouvia-se o tilintar de vidro, metal e madeira, batendo uns nos outros dentro do espaço apertado. Aberta, ela revelava uma pequena farmácia — frascos de vidro cheios de opiáceos, iodina, álcool, unguentos alcalinos, ácido clorogênico. Ele guardava as espátulas juntas, assim como os recipientes de vidro, que usava para a coleta de urina e outros fluidos. Na parte de cima da bolsa, guardava algodão e ataduras de gaze, além dos utensílios maiores, que também eram os mais usados: o estetoscópio de madeira e sua corneta auricular de aço. As tesouras e pinças eram guardadas em embrulhos nas laterais, junto ao fórceps de emergência. Havia uma caneta-tinteiro e um bloco de anotações. Quando ele enfiava a mão no fundo, encontrava o canivete e a garrafa de conhaque.

Um armário de canto alto cheio de remédios ficava encostado na parede do outro lado da mesa. O processo de reabastecer o estoque diário era mais rápido agora do que quando tinha assumido o trabalho do pai. Não ficava mais contabilizando cada gota ou colherada como fazia nos primeiros dias. A rotina havia se tornado instintiva, e ele conseguia avaliar bem o que precisava ser reposto antes de examinar as garrafas pela manhã. Assim que abria o armário, o cheiro de éter e álcool vinham correndo recebê-lo.

Ele parou por um instante para escutar a batida curiosa de cascos lá fora. Ainda estava cedo demais para a caravana, é claro. O dr. Szegedy esperava que ela passasse em uma hora. Ele não conseguia ver a rua. A janela ainda estava fechada. Talvez fosse apenas uma carroça de passagem.

O dr. Szegedy observava o estoque em meio às sombras. Algumas aranhas estavam acampadas nos cantos. Preferiam morar no fundo das prateleiras, onde passavam despercebidas. Ele aproximou a lamparina das prateleiras e começou a pegar remédios.

O som dos cascos parou.

Houve um breve instante de silêncio, seguido pelo estalo de arreios. Farfalhares e relinchos se seguiram.

O dr. Szegedy ergueu uma garrafa marrom espessa que tinha tirado do armário. Removeu a tampa e cheirou a poção, um hábito que herdara do pai. Com a mão firme, serviu a tintura em seu frasco menor sem derrubar uma gota. Habilidoso e eficiente, gostava de pensar ele.

A maçaneta sacudiu. Ele ergueu o olhar e viu a porta se abrir com um rangido, revelando uma figura na entrada. O xale dela estava apertado ao redor do pescoço e cobria a cabeça, então apenas um minúsculo buraco redondo restava para o rosto. Ela espiava por ele como se fosse um portal. Se não fosse por seu passo característico, as pernas musculosas que se moviam como tábuas de madeira, talvez o dr. Szegedy não a reconhecesse. Rose carregava um velho bornal dobrado em seus braços, e ele observou enquanto ela o desemaranhava e enfiava a mão lá dentro.

De vez em quando, os pacientes regionais do dr. Szegedy vinham até Cibakháza para vê-lo, em vez de aguardar pelo próprio horário semanal. Ele olhava pela janela e via uma carroça parando, um fazendeiro sendo ajudado por um amigo a saltar. Às vezes, deparava um marido se apoiando com força na esposa. Esse tipo de coisa costumava acontecer ao pôr do sol, depois do fim do expediente. Mas o dr. Szegedy chegaria em Nagyrév ao nascer do sol. Que urgência Rose poderia ter que não conseguiria esperar duas horas?

Rose revirou o bornal. Mexeu lá dentro até puxar um papel e o esticar para o dr. Szegedy.

"Preciso da sua assinatura."

O dr. Szegedy pegou o papel dela. Empurrou os óculos para cima e levou o documento até a lamparina. Conhecia bem o formulário. Em vilarejos sem médicos, como Nagyrév, eram mantidos na câmara, com os registros vitais, ou com o sineiro. Os de Cibakháza ficavam em uma pasta em seu escritório.

Ele analisou Rose. Os olhos baixos. O bornal apertado contra o peito feito um escudo. Agora ele entendia por que ela estava ali. Charles Holyba havia morrido.

Por ordem do conselho administrativo do vilarejo, o dr. Szegedy precisava assinar todas as certidões de óbito de Nagyrév. Seria assim até o vilarejo nomear um novo sineiro para assumir a responsabilidade.

Mas por que Rose tinha viajado no meio da madrugada para conseguir a certidão de óbito no mesmo dia em que ele deveria ir a Nagyrév?

Ele abriu a bolsa preta. Guardou a certidão lá dentro e fechou o trinco. Não entendia por que Rose o procurara, mas não assinaria nada sem antes examinar o corpo.

Não fosse pela caravana prestes a partir, Rose teria corrido de volta para Nagyrév para chegar antes do médico. Nunca tinha sentido tanta sensação de urgência. Mas a caravana *estava* partindo, e, se não a acompanhasse, sabia que atrairia atenções indesejadas. De fato, teria que voltar junto do dr. Szegedy, provavelmente com suas carroças lado a lado. Arrependia-se muito de ter ido até Cibakháza. Agora, sabia que devia ter ficado em casa e esperado por ele em Nagyrév. A vinda dela só tinha gerado um alerta. Mas ela seguira as instruções de Tia Suzy.

Tia Suzy havia garantido que o dr. Szegedy não iria a Nagyrév naquele dia. A parteira apostara que o médico não apareceria se a chuva que era esperada para a tarde, a primeira da temporada, oferecesse qualquer chance de deixá-lo preso no vilarejo. Estava enganada. Agora, Rose teria que acompanhá-lo na caravana, preocupando-se e se questionando sobre o que aconteceria quando chegassem.

Tia Suzy sempre dissera aos clientes que "nem cem médicos" seriam capazes de notar o trabalho de sua solução, mas ela sabia que isso só era verdade até certo ponto. Se uma série de pistas fossem observadas ao mesmo tempo, poderiam instruir um legista atento. A parteira jamais pretendera que os corpos fossem analisados de perto por ninguém além dela. Sempre fora ela que ditara a causa da morte ao sineiro, independentemente de quem tinha morrido e do motivo. Sem um sineiro em Nagyrév, a situação se complicava.

No entanto, Tia Suzy, talvez pelo excesso de confiança gerado por sua absolvição, havia aceitado Rose como cliente sabendo da ameaça que o dr. Szegedy apresentava. O fato de Charles ter falecido na noite de segunda-feira, e não em qualquer outro dia da semana, de fato era uma infelicidade. A parteira sabia que, se ele tivesse sucumbido em uma data diferente, seria praticamente impossível para o dr. Szegedy chegar até Nagyrév antes do enterro. Ele teria sido obrigado a assinar a certidão de óbito sem ver Charles. Ela culpava a irmã e Rose por acelerarem o trabalho.

Quando Rose e o dr. Szegedy chegaram a Nagyrév, o céu já estava com um tom escuro e ameaçador de cinza, e o sol parecia não ter se dado ao trabalho de nascer. O dr. Szegedy viu lamparinas brilhando dentro de algumas casas. Desacelerou a carruagem até parar na frente do casebre de Rose e saltou. Em seguida, pegou sua bolsa preta na parte de trás. Rose havia parado atrás dele.

Lá dentro, o médico removeu o casaco e o chapéu. Entrou no quarto onde Charles estava deitado na cama. As mãos do dr. Szegedy estavam molhadas da umidade do ar matinal. A janela deixava entrar um vento frio. O quarto ainda tinha um cheiro azedo, de diarreia e vômito. Ele colocou a bolsa preta no chão de terra e se aproximou do amigo. O corpo ainda não tinha sido limpo nem preparado para o enterro. Havia um vômito recente. O dr. Szegedy ainda via traços na frente da blusa de Charles. Ele puxou Charles na sua direção. Examinou a blusa de linho suja e a pele por baixo. Olhou as costas e o peito. Voltou a deitá-lo e puxou a camisa de volta para o lugar.

O corpo apresentava sinais de um ataque cardíaco. Mas por quê?

A chuva começou. Tinha chegado bem mais cedo do que o esperado.

Uma pequena poça havia se formado na entrada da câmara do vilarejo, no ponto em que as pessoas batiam suas botas para livrá-las da água. Alguns aldeões estavam parados perto do pregoeiro. O dr. Szegedy havia faltado às consultas matinais, e os pacientes estavam esperando, tentando entender o que tinha acontecido. O médico passou por eles com pedidos educados de desculpa, e, quando o pregoeiro tentou lhe entregar a agenda, ele a dispensou com um aceno de mão.

Apoiou-se sobre a bancada para se aproximar do pregoeiro. Água da chuva pingava do seu casaco e gotejava na mesa. O pregoeiro se inclinou para encontrá-lo, pronto para receber o sussurro ao ouvido.

Chame o Ébner. Chame os gendarmes também.

A chuva rapidamente encheu as estradas. Um dia se passaria antes de os gendarmes chegarem. O dr. Szegedy passaria a noite em Nagyrév na casa de um conselheiro.

No meio-tempo, mais rápido do que as gotas de chuva caíam, foi espalhado o boato de que Charles Holyba tinha sido assassinado.

Quarta-feira, 8 de outubro de 1924

A chuva pesada finalmente melhorou pela manhã. As valetas tinham enchido até virarem rios, e os rios até virarem mar. Ensopados, cachorros trêmulos se abrigavam onde podiam durante o aguaceiro, sob arbustos e calhas, e saíam quando era hora de buscar comida. A rua Árpád continuava puro lodo escorregadio. O dilúvio tinha feito buracos em alguns dos telhados de sapê, e os homens subiam nas escadas, fazendo consertos. Havia histórias sobre gatos e outros animais alpinistas que tinham caído pelo sapê molhado, aterrissando nos pisos terrosos abaixo sem entender o que estava acontecendo. Com isso em mente, e vendo as poças que se formavam em seus lares, os homens trabalhavam depressa.

Quando os gendarmes chegaram, Nagyrév já estava pronta para explodir de tensão. Quase todo mundo tinha dedicado o tempo que tinha passado preso em casa pela chuva a debater não apenas Charles, mas os outros homens também.

Os dois policiais, John Bartók e John Fricska, pareciam irmãos. Tinham praticamente a mesma altura. Ambos eram magros, tinham bigodes grandiosos, cabelo castanho-escuro e cerca de trinta anos de idade.

As baionetas deles estavam presas à cintura. Os gendarmes se acomodaram no almoxarifado do pregoeiro, como tinham feito quatro anos antes, no interrogatório da parteira. O dr. Szegedy os seguiu. O conde Molnar estava presente para testemunhar formalmente qualquer declaração. Assim como Ébner.

Vários aldeões tinham sido convocados para depor. Juntavam-se em grupos ansiosos, como apostadores em uma pista de corrida de cavalos. Andavam de um lado para o outro no espaço apertado do vestíbulo, fumando e batendo as cinzas nas mãos. Um bando de curiosos tinha se misturado às testemunhas, tentando descobrir o que estava acontecendo. O pregoeiro os expulsou do prédio, mas eles voltaram a se reunir do lado de fora. Alguns ficavam olhando descaradamente para dentro da janela.

Eram os vizinhos de Rose que os gendarmes queriam escutar, os que tinham visto Charles no pouco tempo em que ele habitara Nagyrév. Os que tinham se sentado com ele no banco.

O fabricante de caixões tinha se sentado com Charles na véspera da morte do homem. Charles lhe dissera que só tinha tomado uma sopa, que parecia estragada, e estava com medo de sua esposa estar tentando envená-lo. Chegou a dizer ao fabricante de caixões que queria acabar logo com aquele sofrimento. Ameaçou comer uma caixa de fósforos, acreditando que os ingredientes tóxicos presentes neles o matariam.

Henry Miskolczi contou aos gendarmes como Rose o buscara para tocar viola para Charles. Ele relatou como o homem parecia fraco e sobre o desejo dele de ouvir canções húngaras tristes.

"Ele me disse que morreria em pouco tempo", contou Miskolczi aos gendarmes.

Lidia também foi chamada. Alguns aldeões relatavam ter visto Lidia e Rose juntas com frequência nos dias que precederam a morte de Charles, e os gendarmes passaram boa parte do dia a interrogando.

Quando chegou a vez de Rose, ela se sentou, impassível, no almoxarifado do pregoeiro. O xale preto cobria a cabeça, e as mãos estavam dobradas no colo, como em oração. A cama em que ela sentava tremia sempre que um policial a chutava. Um pequeno calafrio a arrepiava toda vez que isso acontecia. Ela conseguia enxergar o vapor da respiração deles sempre que se inclinavam na direção dela. Conseguia ver os pelos compridos, eriçados, de seus bigodes. Eles cheiravam a tabaco velho. Ela fechava os olhos com força quando gritavam. Os berros eram tão altos que certamente eram escutados até na praça, e muito além, até o cemitério, até os campos, até a margem do rio.

A SENHORA MATOU O SEU MARIDO?!

Rose encarava o próprio colo. Tinha vestido uma anágua naquela manhã, já que o clima chuvoso tinha esfriado a temperatura, e suas mãos afundavam no volume do vestido. Ela sentia o calor do medo subindo pelo corpo. O almoxarifado bolorento parecia inescapável.

A SENHORA É UMA ASSASSINA?!

Rose permaneceu em silêncio, imune aos berros e chutes, pairando além do espaço apertado do armário do pregoeiro até chegar alto, bem alto, fora de alcance.

VADIA! VOCÊ MATOU SEU MARIDO?

Após rodadas e rodadas de perguntas inúteis, os gendarmes foram até a casa de Rose, onde buscaram por arsênico, potassa, qualquer coisa que pudesse ser usada para envenenar alguém. Mas não encontraram nada além do que teriam achado nos armários de suas próprias mães e esposas — sal, vinagre, páprica.

Ébner cutucou a porta do seu escritório com o cajado para abri-la. Foi até a escrivaninha e se jogou sobre a cadeira larga. A idade o deixara mais pesado. Tinha mais de setenta anos agora, e seus joelhos e costas começavam a lhe pregar peças, retorcendo-se quando ele se virava de jeitos que não os agradavam. Reclinou-se para trás tanto quanto a cadeira permitia para abrir a gaveta e pegar seu conhaque. Suava em bicas após passar boa parte da tarde no almoxarifado do pregoeiro. O cabelo dele não via um pente desde a manhã. Parecia tão desgrenhado quanto um porco velho.

Dava para escutar os gendarmes montando em seus cavalos lá fora. O inquérito havia terminado tão abruptamente quanto começara. Tudo que tinham descoberto era um médico e alguns vizinhos desconfiados. Ébner abriu a tampa do frasco. No caminho para casa, faria uma parada na oficina do fabricante de caixões. O corpo de Charles estava sendo mantido lá por falta de lugar melhor para armazená-lo, e, agora, poderia informar ao homem como proceder. Ébner tomou um gole. Sentiu o calor lento do conhaque descendo pela garganta.

A última coisa que o pregoeiro fez ao sair da câmara do vilarejo naquela noite foi fechar e trancar as persianas. Mais chuva e ventania estavam a caminho.

Lá dentro, um relógio batia ritmadamente conforme as horas passavam. Ratos mordiscavam a perna de uma mesa e a parte de baixo da porta de entrada, cuja madeira estava macia e mais fácil de mastigar devido à chuva; fora isso, a câmara permanecia imóvel.

Em algum momento durante a noite, houve uma leve agitação na porta da frente. O farfalhar de botas do lado de fora. Batidas e pancadas abafadas. Havia uma fresta estreita sob a porta onde ela não estava mais aprumada e por onde a brisa de verão entrava, assim como a neve do inverno, e foi por essa fresta, essa pequena abertura, que um bilhete sem assinatura foi enfiado. Ele deslizou pelo chão antes de girar e parar.

> Não é apenas a sra. Holyba que deveria ser investigada pelos gendarmes, mas também a sra. Takacs, a sra. Beke, a sra. Farkas, a sra. Foldvari, a sra. Kardos, a sra. Kiss, a sra. Csabai...

O guarda noturno aguentou o máximo possível na chuva. Sua capa estava ensopada e a lamparina tinha sido apagada pelo aguaceiro. Ele seguiu para o estábulo de um amigo para se aquecer e se secar diante de uma fogueira.

Antes de desistir do seu turno, patrulhara em ziguezague pelas ruas secundárias mais próximas à Árpád. Tinha passado pelo número um da rua Órfão, onde uma luz queimava em cada janela.

A parteira tinha passado a noite toda acordada.

Quinta-feira, 9 de outubro de 1924

O dr. Szegedy tinha deixado Nagyrév na noite anterior com uma sensação desagradável e acordou pela manhã com o mesmo desconforto. Desconfiava que os gendarmes não tinham feito seu trabalho direito. O interrogatório de Rose tinha sido superficial. A culpa não era apenas dos gendarmes, porque ele mesmo fizera poucas perguntas. No inquérito dos abortos da parteira, ele tinha pilhas de registros para sustentar suas alegações, porém, desta vez, havia bem menos provas. As declarações das testemunhas, apesar de terem ocupado boa parte do dia, não passavam de especulações. Precisava de mais do que apenas suspeitas, boatos e oito filhos — agora órfãos — para provar que Charles fora assassinado. Ele precisava da ciência forense.

O funeral de Charles ocorreu no começo da tarde, logo depois de o corpo chegar em Cibakháza. A longa procissão serpenteava pelas ruas molhadas, e os oito filhos seguiam tristes e chorosos atrás da carroça que levava o corpo do pai até o local do túmulo. O caçula chorava incontrolavelmente. Rose, a única herdeira, guiava o cortejo.

Após o funeral, o dr. Szegedy voltou para seu escritório e escreveu uma carta para o superintendente do Tribunal Real de Szolnok, Henry Alexander. Pedia para que o corpo de Charles Holyba fosse exumado e examinado por autópsia, já que ele, o legista, suspeitava de um crime. Foi correndo com a carta até o correio antes que o expediente acabasse. Seguindo o protocolo, mandou cópias para a gendarmeria em Tiszakürt e para o escritório de Ébner.

Esperaria ansiosamente por três semanas antes de receber uma resposta.

Tia Suzy havia caído no sono em algum momento após o nascer do sol, mas estava cansada demais para dormir bem. Acordava com frequência, sempre tomando um susto, o que fazia seu coração disparar. Uma dor apertada surgiu em seu esterno, sobre o qual ela batia com a palma da mão, como se tentasse desalojar alguma coisa.

O auge do seu terror estava se esvaindo, talvez apenas porque a sensação a deixava exausta. Ela havia passado o dia anterior agachada diante da janela da cozinha, vigiando se os gendarmes vinham buscá-la. Passara a noite vagando por todos os cômodos da casa. À tarde, seu filho tinha vindo com a notícia de que Bartók e Fricska haviam voltado para Tiszakürt, mas ela permanecera em pânico só de pensar que poderiam voltar. Apenas quando o sol nascera para um novo dia, ela havia aceitado que o vilarejo estava calmo, e então conseguira se acalmar também. Só para garantir, tinha preparado uma bebida com ervas calmantes. Servira o preparo em uma xícara e tomara tudo.

Depois que sua tempestade pessoal passou, Tia Suzy se deu conta de que a longa noite deixara algo bem claro. Uma providência precisaria ser tomada quanto ao dr. Szegedy.

No outono, os vinhedos eram uma paisagem tranquila na planície húngara, com as folhas farfalhando ao vento e coelhos saltando pelo chão. A quietude era interrompida quando chegava a época de colher as uvas. Os aldeões sempre juntavam as safras, e, após a colheita de cada pequeno vinhedo, uma mesa era servida na grama para um piquenique. As crianças recitavam poemas, brindes eram feitos, conhaque era servido, e todos voltavam para casa ao pôr do sol, prontos para retornar na manhã seguinte para fazer a mesma coisa no vinhedo vizinho. Era uma tradição pela qual os aldeões ansiavam todo ano, que envolvia muita comida e só um pouco de trabalho. Era o último momento de festas ao ar livre antes de o frio chegar.

Em meio à colheita das uvas, o inquérito sobre o assassinato permanecia na mente de muitos em Nagyrév, e, na última semana de outubro, a determinação oficial de Szolnok chegou à câmara do vilarejo. De sua parte, Ébner tentara permanecer indiferente ao ocorrido. A agitação havia abalado os aldeões sem motivo, sendo a prova disso o punhado de bilhetes anônimos endereçados a ele que vinham sendo enfiados embaixo da porta nas últimas semanas. Ele havia guardado cada um em uma pasta dentro da gaveta de sua mesa. Não ousara deixá-los no lixo, onde poderiam ser encontrados pelo pregoeiro.

Ele sabia que, se o pedido de autópsia em Holyba fosse aceito, a inquietação apenas aumentaria. Os aldeões começariam a achar que todas as mortes eram suspeitas, independentemente da idade ou da condição de saúde do falecido. A comoção ao redor de Charles tinha deixado o vilarejo em polvorosa, e Ébner queria acabar logo com aquilo. Ébner costumava ver graça na histeria causada por assuntos bobos nos habitantes locais. Com o passar dos anos, tinha recebido inúmeros bilhetes anônimos alegando ofensas como garrafas de leite afanadas ou lenha roubada, e alegações de vandalismo esporádicas, porém o frenesi causado por uma investigação de homicídio de verdade criaria um clima diferente, e ele não queria nada disso — sendo assim, a carta do superintendente de Szolnok, a resposta ao pedido do dr. Szegedy, tinha sido um alívio. Não haveria autópsia.

A resposta podia ter vindo do superintendente, mas era uma mensagem do Tribunal Real de Szolnok. A corte afirmava que não poderia autorizar uma investigação, devido à atual ausência de fundos para tal. Os empréstimos que o tribunal esperava receber da Liga das Nações ainda não tinham se materializado. As reformas grandiosas continuavam paradas, e os escritórios, inclusive a promotoria, que cuidava das investigações de homicídio, precisavam economizar cada centavo.

Começo de novembro de 1924

Daniel estava atrás de sua cadeira de barbeiro. Um cigarro pendia dos dedos. Uma coluna fina de fumaça subia da ponta dele, frágil e proibitiva ao mesmo tempo. Levou o cigarro aos lábios. Observou a ponta brilhar sob a luz fraca enquanto inalava.

O crepúsculo havia coberto a loja estreita em tons de preto e cinza. Havia um espelho pendurado na frente da cadeira, e Daniel enxergava o espaço refletido. Sua escova de pelo de cavalo estava acomodada sobre uma pequena tigela de porcelana. Óleos e sabonetes de barbear ficavam sobre uma bandeja de prata manchada ao lado de tesouras e tosquiadores. A navalha estava guardada dentro do estojo de couro. As ceras de bigode e os tônicos capilares se encontravam alinhados em uma prateleira às suas costas.

Ele também conseguia enxergar a janela dali. Dava para a rua. O vidro tinha manchas de mão que ele ainda não limpara, e os respingos de uma chuva recente a enchiam de poeira. A luz lá fora diminuía rapidamente.

Ele olhou para ela, a quem sempre tinha temido, tornando-se menor enquanto seguia a passos pesados pela rua Árpád, desaparecendo em meio à obscuridade do pôr do sol. Ainda conseguia sentir o cheiro doce do tabaco de seu cachimbo no cômodo.

Sua magia o deixava apavorado.

Mais uma vez, ele fitou o próprio reflexo. Observou-se levando o cigarro aos lábios de novo. Soprou a fumaça, cobrindo-se com uma nuvem. Quando o vapor se dissipou, ele examinou o próprio rosto. Estava pálido. Da cor do medo. O rosto dele era também o do novo sineiro.

Avanços

Era um "serviço de envenenamento"...
— **Jack MacCormac,** *The New York Times*

Tia Suzy havia vestido camadas de anáguas pela manhã para se proteger do frio que sabia que enfrentaria. Em conjunto, elas aqueciam tanto quanto um edredom, e a deixavam com calor enquanto andava pela casa, preparando-se para a viagem. Havia acordado no meio da madrugada para preparar um pão especial. Ainda conseguia sentir o aroma pairando no ar da cozinha enquanto ela ia até o aparador e abria a gaveta em que guardava seu maço de papel branco. Tirou uma folha da pilha. Envolveu o pão com duas voltas do papel antes de guardá-lo na cesta de vime. Ela empurrou o filão com delicadeza para o lado, abrindo espaço para as outras guloseimas que levava — geleias que tinha enlatado na primavera anterior, balas que preparara com a filha, um strudel de sementes de papoula. Na despensa, havia tirado vários frascos de sua solução da prateleira. Preparara uma nova leva. Depois de embrulhar cada vidro no papel branco, colocou-os com cuidado no cesto, pressionando-os contra o fundo para firmá-los ali. A parteira seguiu a passos firmes até seu casaco e passou os braços pelo tecido pesado — precisava apenas de uma cesta para aquela viagem —, e seguiu para a porta. Ao se deparar com o ar cortante e enfurecido do lado de fora, ficou satisfeita por ter vestido camadas extras.

A parteira seguiu com a cabeça baixa protegendo-se do frio e do vento. Seus olhos estavam fixados nas velhas botas pretas, cuidadosamente guiando-a pelos trechos congelados que restavam de uma tempestade de gelo recente. Ergueu o olhar apenas ao alcançar a rua Árpád. O bar dos Cser parecia especialmente desolado. Os vira-latas que costumavam ficar ali tinham ido dormir em um lugar mais quente.

Ela se virou para a casa de Maria. Sem ninguém ali para observá-la, a parteira se virou para assimilar tudo. Nos mais de dois anos desde a morte de Michael, ela não havia trocado uma palavra com Maria, nem quando a notícia estranha de que Franklin e Marcella se tornariam membros da família Szendi tinha se espalhado. Maria havia anunciado que adotaria formalmente os irmãos adultos.

A parteira se aproximou do muro de Maria. As partes podres tinham sido trocadas recentemente, e ela ainda conseguia sentir o cheiro de madeira fresca. Apertou o rosto entre as tábuas e colocou um olho na fresta. Observou a propriedade. O telhado tinha sido belamente coberto. O estábulo fora quase todo reconstruído com troncos novos. Uma nova porta havia sido colocada nele. O mais irritante para a parteira era que a carroça guiada por um cavalo tinha sido trocada por uma carruagem ornamentada com espaço para dois animais, que poderia ser transformada em um trenó durante o clima mais inclemente e cheio de neve. A carruagem era mais magnífica do que a parteira era capaz de suportar. Afastou-se da cerca e cuspiu contra a madeira, lançando uma maldição no ar gelado. Então voltou cambaleando para a rua e atravessou a Árpád. O cuspe ficaria congelado na cerca até o tempo esquentar.

Quando ela chegou ao correio, seu filho já esperava do lado de fora com a carroça da correspondência. Ela aguardou enquanto ele pegava o saco com as cartas e o jogava sobre a carroça baixa. Enquanto o carteiro fazia a distribuição por Nagyrév, seu filho levava a correspondência para aldeias e vilarejos ao redor. A parteira entrou logo depois. Grunhiu ao erguer um pé e apoiá-lo no chão da carroça. Agarrou as laterais e se impulsionou para dentro, aterrissando com um baque sobre o banco coberto por geada. Enquanto se ajeitava, espirrou. Puxou o cesto para perto. Arrumou o casaco, esticando-o de um lado e do outro até finalmente apertar o cinto, um sinal de que estava confortável. Firmou os pés no chão e as botas afundaram no feno espalhado ali. Era uma camada extra de calor para a jornada fria.

O filho pulou para dentro. Esticou o braço para pegar um cobertor que deixava em um canto e o esticou sobre o colo da mãe e o seu próprio. Minúsculos cristais de gelo tinham se formado sobre a lã durante a noite. Brilhavam sob a luz do começo do dia.

Tia Suzy enfiou mais uma vez a mão no cesto, tateando o conteúdo. Transportava mais arsênico do que nunca. Jamais havia levado tanto para fora de casa.

O filho segurou as rédeas. O cavalo seguiu para a rua e começou a trotar pela Árpád. Quando saíram do vilarejo, seguiram para Tiszakürt, onde a prima de Tia Suzy vivia. Estava na hora de ampliar os negócios, e Kristina Csordás era o tipo de sócia em que ela sempre fora capaz de confiar: parte da família.

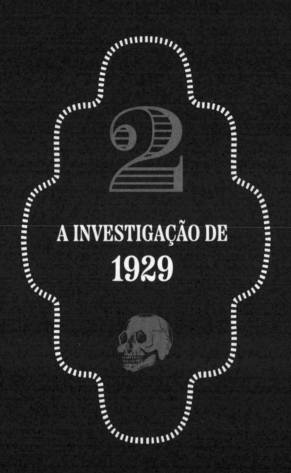

O segredo do sr. Ébner

Viena, Áustria
Janeiro de 1929

O Café Louvre ficava localizado a apenas alguns metros do correio e da nova rádio Áustria, e por isso era chamado de o "café dos jornalistas". Os repórteres escreviam suas matérias na cafeteria e depois corriam para o outro lado da rua e as enviavam por telegrama ou por telégrafo para os editores a tempo de cumprir o prazo determinado. O lugar era praticamente uma redação para correspondentes estrangeiros, que tinham até treinado o chefe dos garçons, Gustav, como assistente. Gustav mantinha o amplo estoque de jornais do café em um armário junto à parede. Guardava uma resma de papel atrás do balcão de doces, assim como tinta e lápis. Boletins de notícias eram enviados diretamente para ele, ignorando piamente a sala de imprensa que havia sido montada para os repórteres no telégrafo.

Jack MacCormac e a esposa, Molly, tinham chegado a Viena na virada do ano, transferidos de Londres. O *The New York Times* havia nomeado Jack como o novo chefe da repartição de Viena. Seu território era vasto e incluía a Tchecoslováquia, a Romênia, a Bulgária, o Reino dos Sérvios, Croatas e Eslovenos, e a Hungria. MacCormac conhecia bem os países quando se tratava de notícias sobre política e questões do pós-guerra.

Mas tinha apenas uma vaga noção do que acontecia fora das capitais. Matérias sobre "retratos da vida" eram publicadas no jornal de tempos em tempos — talvez sobre uma charmosa competição de pular corda em uma aldeia desconhecida, ou sobre algum incidente climático bizarro —, histórias enviadas à repartição por correspondentes locais. Tanta coisa acontecia em Budapeste sob o regime autoritário no poder desde o caos do fim da Grande Guerra — e do país tentando se recuperar dos escombros —, que qualquer coisa que acontecesse nas províncias seria desimportante o suficiente para permanecer nas províncias, disso ele tinha certeza. Era raro acontecer uma história que tirasse seu foco das capitais.

Nagyrév

O conde Molnar puxou com força a gaveta da escrivaninha, sacolejando e insistindo até ela finalmente se soltar. Inclinou-se para a frente, agachando-se sobre ela como uma flor murcha. O cheiro bolorento de papel velho o atingiu com força. O brilho de partículas de poeira salpicava o ar ao redor da gaveta aberta. Os arquivos estavam tão apertados lá dentro que muitas pastas tinham rasgado, com os papéis se estufando nas laterais. Vários documentos tinham escapado delas e estavam caídos e amassados entre as ranhuras da gaveta. Ele esticou a mão para puxá-los.

Tinha sido meticuloso ao arrumar a bagunça de Ébner. A bandeja da escrivaninha de madeira tinha pilhas de correspondências antigas, envelopes vazios, bilhetes rabiscados, catálogos, boletins, horários do trem para Budapeste — um amontoado de irrelevâncias. O pequeno baú do tesouro que ocupava um canto da sala deveria estar cheio de itens preciosos para o vilarejo; entretanto, em vez disso, tinha sido usado para guardar a coleção pessoal de velhos troféus de caça de Ébner. O conde estava trabalhando incansavelmente para separar e selecionar tudo que fosse útil, e guardara a maior batalha, as gavetas de arquivos, para o final.

Ébner havia falecido repentinamente no fim de outubro (a esposa dele o seguira para o túmulo pouco depois), e, durante a reunião do conselho administrativo do vilarejo em novembro, os conselheiros tinham escolhido o conde Molnar para assumir o controle. A maioria já tinha se arrependido do voto. Enquanto Ébner tratava os aldeões como brinquedos, estava claro que o conde os encarava como um exército desorganizado que precisava ser corrigido por ele. Dentro de poucas horas após a eleição, o conde havia começado a percorrer as ruas com um bloco de notas, anotando toda infração que encontrasse, fosse uma mula mal amarrada ou um carneiro fujão. Toda ofensa boba era merecedora do seu olhar, e ninguém estava a salvo do seu escrutínio. Quando ele não estava fazendo anotações sobre o comportamento imperfeito dos camponeses, estava, ao seu jeito meticuloso e tecnocrata, inundando o governo do condado de cartas detalhando as violações que acreditava serem cometidas pelos juízes do vilarejo.

A nomeação dele tinha se tornado oficial na quarta-feira, no dia nove de janeiro, e a primeira tarefa que determinara a si mesmo tinha sido organizar o escritório da câmara.

Por boa parte da manhã, folheou os arquivos. Quando ficou escuro, acendeu novamente a lamparina para ter mais luz. Na hora do almoço, já tinha eliminado bastante coisa. Agora, ele franzia a testa para o cesto de lixo, que estava cheio até a boca. Pegou outro arquivo. Ao abri-lo, um turbilhão de bilhetes escritos à mão saiu voando feito traças, aterrissando em um círculo ao seu redor. Pegou os papéis e os levou até a luz para conseguir enxergar melhor. Depois de lê-los, percebeu que ali estava o motivo por trás de cada homem perdido.

O conde se virou para a máquina de datilografar. Colocou uma nova folha de papel nela. E rezou para que o governo do condado não ignorasse aquela carta.

Com carinho, Anônimo (de novo)

Nagyrév
Abril de 1929

O trajeto entre a câmara do vilarejo e sua casa era rápido, e o conde geralmente o percorria em um passo apressado ao voltar para o trabalho depois do almoço.

Mesmo nos dias com uma temperatura agradável, ele não sentia necessidade de relaxar o ritmo e apreciar o clima descontraído que tomava o vilarejo nas tardes quentes. Na primavera, as pessoas costumavam deixar os portões abertos para a entrada e saída de vizinhos. Se ele quisesse, poderia andar devagar, dar uma espiada. Poderia ver a idosa trançando o cabelo da menina, ou o velho sentado na varanda, apoiando a cabeça no colo da esposa. Mas o conde não queria fazer nada devagar. Movia-se como uma máquina, não como um homem. Via-se como uma peça na engrenagem de um aparato muito maior.

Lá dentro, a câmara do vilarejo estava silenciosa. Havia certos estalos e gemidos, a respiração de uma construção antiga, que deixavam o conde nervoso quando ele ficava sozinho lá. O pregoeiro tinha saído para ler boletins de notícia e passaria uma hora fora.

Os cômodos estavam sempre limpos, varridos duas vezes por dia e lavados com um esfregão uma vez por semana, e o pedaço de papel no chão do salão principal se destacou como um barco branco em um mar cinzento. Ele chamou atenção do conde imediatamente.

Molnar se esticou para pegá-lo. O bilhete estava dobrado no meio duas vezes. O papel farfalhou ao ser aberto, soltando um estalo no silêncio do salão.

A caligrafia era legível. O conde não conseguia determinar se era de um homem ou de uma mulher. Instruído? Possivelmente, talvez até a terceira série. Ele procurou por uma assinatura, mas não encontrou nada. Uma pequena chaleira de raiva e empolgação começou a fervilhar dentro dele.

O conde se sentou à mesa. Colocou o bilhete à sua frente. Alisou-o gentilmente com a palma da mão para desamassá-lo, então o ergueu pelo canto superior e o segurou contra a luz, como um detetive em busca de impressões digitais. Leu a mensagem outra vez, desta vez prestando mais atenção.

Por que agora?, perguntou-se.

Aquele era o primeiro bilhete sobre o assunto gravíssimo que chegava durante seu serviço. Ébner havia recebido uma montanha deles.

Pegou a antiga pasta de Ébner. Ficou segurando o bilhete novo em uma das mãos enquanto revirava os antigos. Procurou por uma caligrafia igual, ou por um uso de sintaxe semelhante, e quanto mais persistia em sua busca, mas furioso ficava — ele havia alertado o superintendente sobre as cartas quando as encontrara e ninguém tinha se dado ao trabalho de investigar até o momento. Agora, mais uma havia chegado.

O conde pegou uma nova folha de papel da pilha organizada que mantinha na primeira gaveta. Com cuidado, prendeu-a na máquina de datilografar e começou a escrever:

Atenção: Superintendente Henry Alexander,
Como minhas correspondências anteriores endereçadas ao senhor em relação a alegações de anos atrás sobre mortes suspeitas não receberam resposta, talvez a carta anônima mais recente, recebida hoje, seja do seu interesse...

O festival do Dia de Maio

Maio de 1929

Tia Suzy golpeava o chão com a bota no ritmo da batida. Seu quadril gordo balançava um pouco. Na lateral do corpo, estalava os dedos, balançando a cabeça em um pequeno arco de alegria.

A música e o sol quente já tinham começado a afetá-la como um bálsamo, apesar da viagem de sacudir os ossos até a propriedade dos Jurenák. A dança discreta, balançando-se e estalando os dedos, ajudara a soltar os velhos músculos tensos.

Ela sempre tinha apreciado uma boa música. Gostava de comprar as partituras que mascates vendiam por um centavo, e sempre as levava para casa para seus netos as aprenderem. Muitas eram canções que cantava na infância. Ficava sempre com os ouvidos atentos para o som de violinos, e corria quando ouvia as notas deles. As outras crianças se reuniam. Ela tentava cantar mais alto do que todo mundo na infância, e melhor do que todo mundo ao envelhecer. O som do violino do pai, por outro lado, tinha um som específico, ao que ela permanecia conectada como um pássaro ao seu companheiro. Não importava onde ele estivesse no assentamento, as orelhas dela conseguiam acompanhar as notas das cordas do violino para localizá-lo.

Quando criança, vinha aos festivais do Dia de Maio apertada em uma carroça bamba com as outras crianças romani com o pai ou o tio comandando as rédeas, cantando por todo o caminho da ida e da volta, seus violinos em estojos gastos aos seus pés.

O senhorio Jurenák era um vendedor de porcos que exibia uma corrente de relógio de ouro grossa pendurada no bolso do colete como um enfeite. A propriedade dele era uma das maiores nos entornos de Nagyrév, e ele tinha uma frota das carruagens mais belas que a parteira já tinha visto, todas puxadas por elegantes cavalos brancos. Jurenák alugava as carruagens para bailes e outros eventos extravagantes em Szolnok, oferecendo condutores uniformizados em cartolas e fraques como parte do negócio. O senhorio organizava um festival de primavera todo ano. Diante de sua magnífica mansão, o gramado ficava lotado de músicos e mágicos romani, vendedores de balas e contadores de histórias, e a parteira ansiava pelo evento todo ano.

Ela estava bem empolgada para o daquele ano, e o encarava como uma folga necessária da solidão que havia tomado sua vida. Fazia um tempo desde que a parteira perdera seu velho cachorro querido, mas ainda sentia a dor da ausência como um corte profundo. Não conseguia passar pela fogueira do quintal sem imaginá-lo deitado ali, e não conseguia ver um coelho correndo pelo quintal sem vê-lo se levantando num pulo para persegui-lo. Às vezes, ainda escutava a respiração lenta e contida dele, que era o som mais tranquilizador que ela conhecia. Revivia com frequência aquele primeiro minuto de sua longa morte, a queda, a convulsão. Ela havia se jogado no chão ao lado dele, puxando-o para o seu colo tanto quanto possível.

Mari tinha se mudado mais ou menos na mesma época para morar com um fazendeiro cujo casebre ficava próximo de Tia Suzy. Os netos de Tia Suzy ainda visitavam o tempo todo a sua casa — que, de acordo com o conselho, era tecnicamente de Mari —, como se ainda morassem lá. Os dois iam sempre até lá, tomavam café da manhã com ela e dormiam em suas velhas camas. Mari passava tanto tempo na casa que mal parecia que tinha se mudado. Mas ela não morava lá, e Tia Suzy também sentia essa ausência.

Tia Suzy olhou ao redor em busca de velhos amigos com quem conversar. Festivais eram um dos pontos de encontro favoritos do povo romani. Algumas famílias faziam o circuito completo das feiras de primavera, chegando em caravanas desde a Transilvânia ou a Tchecoslováquia. Para a parteira, eles eram pacientes, além de amigos, e ela preferia nunca perder a oportunidade de encontrá-los.

"Os gendarmes estão aqui!"

Tiszakürt
Primeira semana de junho de 1929

Anton Bartal abriu a porta larga da gendarmeria e passou apressado por ela. Uma breve lufada de vento soprou às suas costas antes de a porta fechar com um baque. Lá dentro, ele parou por um instante para recuperar o fôlego. A porta nem era tão pesada assim. Uma criança muito pequena poderia abri-la se usasse as duas mãos. Anton, porém, estava tão fraco que o menor esforço já lhe tirava o ar.

A gendarmeria ocupava uma construção baixa com telhado inclinado, coberto no topo por uma cúpula como o chapéu de um cavalheiro. Ficava localizada pouco depois da praça empoeirada, bem de frente para o consultório do dr. Szegedy, que funcionava uma vez por semana, assim como o de Nagyrév. Anton passava pela gendarmeria todos os dias, mas entrava ali tão raramente que conseguia se lembrar de quase todas as visitas. Nada no lugar tinha mudado desde a última vez em que estivera ali. Ainda havia um cheiro velho, bolorento, emanando dos móveis. Os bancos ainda eram da mesma madeira escura, com os mesmos arranhões, a mesma camada de poeira de que se lembrava.

A sala era pouco mobiliada, mas parecia entulhada mesmo assim. Os policiais sentavam-se em escrivaninhas largas, posicionadas de frente para a porta, como se fosse um forte. Anton seguiu na direção deles com pernas trêmulas. Moveu-se tão rápido quanto conseguia, o coração batendo com a emoção de ter escapado por pouco. O velho nunca tinha passado por algo tão dramático antes, e estava ansioso para contar a história.

Fazia anos que os policiais Bartók e Fricska eram os dois gendarmes postados em Tiszakürt, transferidos da sede em Tiszaföldvár. Deveriam fazer patrulhas a pé, ou a cavalo quando necessário, mas era mais comum encontrá-los às suas mesas cuidando de papeladas ou folheando catálogos de caça ou a pilha de jornais semanais, cada um com seu cigarro equilibrado entre os dedos. Na maioria dos dias, suas conversas eram resumidas, uma lenta goteira de comentários e observações que preenchiam o vazio do tédio. Quando não estavam lendo, sentavam-se, com frequência, de braços cruzados e com as pernas sobre a mesa. Era uma postura de desconfiança adotada para o trabalho, e os dois mal se moveram dela ao notarem a entrada de Anton.

Os gendarmes conheciam Anton, o velho professor da escola que tocava órgão e cantava nos cultos de domingo antes de se aposentar das duas funções alguns anos antes. Nunca tinham tido problemas com ele, apesar de notarem as bochechas vermelhas e a pequena rede de veias roxas no nariz carnudo causadas pela bebida.

Anton foi até eles a passos curtos e apressados, como um rato nervoso, e parou subitamente ao chegar às mesas.

A respiração estava ofegante. A barriga redonda estufava e murchava com as inalações demoradas, frenéticas. O coração disparava em uma tempestade de batidas. Nunca tinha se sentido tão cansado, tão fraco, tão vazio, como as garrafas que deixava ao lado da cama à noite. Restavam pouquíssimas forças em Anton naquela manhã, mas ele tinha reunido cada migalha delas para aquilo.

Esther Szabó tentou me assassinar!

Ao se ouvir dizer aquilo, ficou imediatamente decepcionado com a maneira como as palavras tinham soado. Por algum motivo, pareciam inexpressivas. A gendarmeria era pequena e costumavam abafar sons que, na opinião de Anton, ecoariam em um espaço maior, como uma igreja.

Os eventos ainda eram confusos em sua mente, mas ele os relatou para Bartók e Fricska, começando por sua caminhada para casa, apenas 24 horas antes.

No fim da tarde, estava passando pela casa de Esther Szabó quando ela o chamara da varanda. Anton tinha dedicado boa parte do dia à bebida. Começara em seu bar favorito, passara para a casa de um amigo, depois para a casa de outro amigo, voltando ao bar antes de retornar para casa. Seus dias desde a aposentadoria se mostravam mais longos e solitários do que imaginava que seriam. O tempo entre o nascer e o pôr do sol era um grande bocejo de nada, então ele preenchia o vazio com vinho, seu melhor amigo líquido.

A voz cantarolada de Esther o surpreendera. Ele quase nunca a via. Tinha sido seu professor quando ela era bem pequena, com seis ou sete anos, porém tinha 28 agora e era casada, com filhos muito pequenos. Espiara por cima do portão, oscilando perigosamente sobre a valeta. Ela havia gesticulado para que ele entrasse.

"Ela me perguntou se eu queria tomar uma taça de vinho, mas falei que precisava ir para casa."

Esther erguera um copo para ele e dissera que já tinha servido a bebida. Anton tinha pensado que seria falta de educação recusar.

Depois de ir embora da casa de Esther, ele tivera uma noite tranquila, jantando com a esposa e indo cedo para a cama. Mas acordara sentindo dores terríveis. O estômago se revirava. O corpo pegava fogo, e ele tinha saído correndo de casa.

Na varanda, ele respirara fundo o ar noturno. Respirar devia deixá-lo mais calmo, porém não houve tempo para fazer isso de novo. Ele tinha saído correndo para a latrina. Movera-se, cego, pelo quintal, retraindo--se ao pisar em ramos afiados com os pés descalços.

Ao longe, conseguia ouvir os noitibós estridulando na floresta. Ele havia cambaleado pelo chão desigual. As toupeiras tinham trabalhado bastante, e havia muitos buracos e montes causados pelas escavações delas, quase impossíveis de notar no escuro. Anton chegara à latrina. Vomitara e vomitara enquanto a porta balançava para a frente e para trás, as dobradiças rangendo.

A esposa o escutara e correra para fora para ver qual era o problema. Ela havia ficado parada atrás de Anton enquanto ele vomitava, perguntando sem parar o que estava acontecendo. Ao sair da latrina pálido e trêmulo, com dores agudas ainda esfaqueando a barriga, ele finalmente conseguira falar com a esposa.

"Esther Szabó me convidou para tomar um vinho quando eu estava voltando para casa hoje, e isso deve ter me deixado enjoado."

A sra. Bartal tinha dado um passo para trás. Cobrira a boca com a mão. Se Anton tivesse conseguido ver seus olhos na escuridão, teria ficado com medo da preocupação que encontraria neles.

O velho casal apoiara um ao outro enquanto seguiam devagar para dentro de casa no breu da noite. Nenhum dos dois tivera tempo de pegar uma lamparina antes de sair. Não havia nem uma fonte de luz, nem de uma estrela, nem uma velinha insistente brilhando em uma janela, enquanto a dupla se movia a passos curtos e incertos. Ao chegarem na varanda, Anton se abaixara até o degrau para descansar. A sra. Bartal permanecera de pé, oscilando para a frente e para trás, os braços cruzados sob os seios, segurando-se. Meu deus, o que Esther fizera? As coisas tinham mesmo chegado a esse ponto? A sra. Bartal percorrera a estrada estreita de sua memória, tentando freneticamente conectar as últimas semanas.

Meu marido bebe demais.

Não suporto mais a bebedeira de Anton.

Estou tão cansada de ver meu marido bebendo.

A sra. Bartal tinha dito isso tudo. Será que falara mais alguma coisa?

Esther e a sra. Bartal participavam do mesmo clube de costura, e a sra. Bartal contava muito com o apoio do grupo nos anos desde a aposentadoria de Anton. Aquele era um espaço em que ela podia desabafar sobre a quantidade de garrafas que o marido esvaziava toda semana, e como esse número só aumentava, e como ela detestava vê-lo chegar em casa sabendo que ele estava completamente bêbado.

Ela não era a única esposa que reclamava. Outras compartilhavam das mesmas queixas sobre os próprios maridos. Mas Esther a procurara menos de duas semanas antes. Por que ela havia escolhido aquele momento específico, a sra. Bartal não sabia. Ela reclamava da bebedeira de Anton desde que havia entrado para o clube, apesar de ser verdade que tinha se tornado mais reclamona ultimamente. A chegada da primavera e a obsessão do marido pelas novas safras de conhaque — ele também gostava muito dessa bebida — sempre a deixavam mais nervosa.

Então Esther dissera algo. A sra. Bartal não sabia se ela estava brincando ou se tinha procurado qualquer uma das outras mulheres e feito a mesma oferta estranha, mas a sra. Bartal havia ficado tão chocada que faltara nos últimos encontros do clube.

Ela estremecera na escuridão, apertando os braços no próprio corpo. Juntara coragem para falar.

"Reclamei com Esther sobre a sua bebedeira. Então ela me perguntou por que eu ainda perdia tempo com você." A voz dela havia falhado, as costuras tensas de sua vida se desfazendo. "Ela me disse que tinha algo que podia resolver meu problema."

No começo do casamento, os dois conversavam frequentemente no escuro, quando a lamparina apagava e continuavam tendo o que falar. Agora, Anton tinha dificuldade em enxergar a silhueta da esposa, em dar forma à sua voz.

"Ela disse que eu devia envenenar você e acabar logo com isso."

A sra. Bartal arrumara a carroça e acendera as lamparinas nas laterais antes de levar o cavalo para a frente da casa. Anton tinha entrado e desmoronado em um canto. Mantinha a cabeça esticada na direção da rua enquanto a esposa conduzia o veículo com pressa, deixando um rastro de vômito no caminho até o consultório do dr. Szegedy em Cibakháza.

Entre o instante em que o dr. Szegedy ouvira as batidas frenéticas à porta e correra para abri-la, passaram-se apenas poucos segundos. Enquanto ele lavava as mãos com a água de um jarro que deixava sobre a mesa, instruíra a sra. Bartal a sentar Anton na cadeira retrátil no centro da sala de exames. Então o dr. Szegedy rapidamente prendera um babador de plástico ao redor do pescoço do paciente.

Ele tinha ido até o armário e se inclinado até a última porta, onde guardava a bomba estomacal. Ficava alojada em uma caixa de madeira elegante. Com cuidado, ele a puxara para fora e a colocara sobre a mesa. Abrira o trinco. Era raro surgir a oportunidade de usar a bomba, e as dobradiças da caixa estavam duras. O interior dela era forrado com um veludo dourado brilhante.

Ele tinha removido as peças da bomba. Prendera o tubo comprido à torneira mais baixa, e uma segunda mangueira, mais curta, à torneira da lateral. Molhara a extremidade do tubo comprido, que logo entraria pela garganta de Anton, com a água fresca que pedira para a sra. Bartal buscar. A água faria o tubo deslizar pela garganta com mais facilidade. Ele havia posicionado a mordaça, com uma placa de madeira para ser mordida, dentro da boca de Anton, e passara o tubo por trás. Pedira a ele para engolir. Deslizando o tubo pela faringe, o instruíra a continuar engolindo. O tubo fora entrando mais e mais fundo, até finalmente alcançar o estômago. Era preciso respirar fundo, orientara ele a Anton.

Ao pressionar a alavanca, ele tinha começado a assistir à bomba sendo preenchida com tudo que Anton tinha consumido nas últimas horas e que não fora vomitado. A sra. Bartal se afastara durante o processo, escutando os sons gorgolejantes que preenchiam a sala.

Depois que a bomba se enchera, o conteúdo espumoso, cheio de vinho, tinha sido esvaziado em uma panela. A sala imediatamente tinha sido dominada por um cheiro azedo. O procedimento fora repetido várias outras vezes até o estômago de Anton estar completa e incontestavelmente vazio.

Ainda era de noite quando os Bartal voltaram para casa. Anton dormira até amanhecer, mas ainda se sentia fatigado. Os gendarmes escutavam o cansaço no tremor rouco que invadia sua forte voz de cantor.

Quando Bartók e Fricska seguiram para a casa de Esther Szabó, já era fim da manhã. A rua principal estava agitada com mulas e bois puxando carroças pesadas, cheias de leite, feno ou trigo, ou até caixas cheias de gansos. Os velhos fazendeiros gostavam de fazer as entregas cedo para dedicarem as tardes aos vinhedos. As mulheres costumavam tomar café com os filhos por volta das dez horas, após terminarem as tarefas matinais, e o aroma de pão quente e bacon pairava ao redor dos gendarmes enquanto eles caminhavam. O pregoeiro vinha logo atrás deles com seu tambor.

O portão estava aberto quando chegaram, dando uma vista estreita para os degraus que levavam ao interior do pequeno casebre, uma vez que a porta também estava parcialmente aberta. Esther estava no quintal. De costas para o portão, ela gritava com os filhos, que pareciam continuar dentro de casa. O pregoeiro nem teve tempo de pegar as baquetas antes de os policiais irromperem no quintal e a segurarem. Um gendarme a prendeu em seus braços enquanto o outro golpeou seu pulso com uma algema de couro. Tudo aconteceu rápido demais, antes que ela tivesse a oportunidade de fugir ou gritar, e, quando ela conseguiu entender o que estava acontecendo, os gendarmes já a arrastavam feito um galho pesado em direção ao portão e por cima da valeta. Esther gritou para os dois filhos pequenos ficarem em casa.

Alguns cachorros se levantaram do lugar onde estavam tomando banho de sol. Saíram correndo atrás dos gendarmes com as cabeças erguidas, latindo para o ar. O pregoeiro se virou e cutucou o focinho deles com a baqueta, forçando-os a se afastarem, apesar de eles continuarem insistindo com seus latidos a uma distância mais segura. As galinhas perto da valeta saíram correndo do caminho. Tordos que se remexiam e piavam sobre as cercas caíram em silêncio enquanto os gendarmes passavam marchando, segurando com firmeza a prisioneira.

O sol tinha aquecido rapidamente os dois homens, e seus uniformes de lã começavam a coçar no calor. Os capacetes emplumados deslizaram para a frente, batendo nas sobrancelhas. Suor escorria por suas testas, e cada homem exibia pingos sobre o bigode e rios correndo pelas orelhas.

Eles saíram da grama ao longo da valeta para a rua de terra que seguia paralelo a ela. Em dias bonitos, muitos aldeões deixavam os portões abertos para facilitar a passagem entre os quintais. Alguns já tinham notado os gendarmes e observavam o espetáculo por entre as frestas das cercas de madeira. O pregoeiro acompanhava o ritmo atrás deles.

"AI, MEU DEUS! AI, MEU DEUS! AI, MEU DEUS!"

Bartók se virou para trás. Trocou um olhar com Fricska, que concordou com a cabeça.

O grito viera do quintal pelo qual tinham acabado de passar.

"OS GENDARMES ESTÃO AQUI! ESTAMOS PERDIDOS!"

O som era agudo e esganiçado. Penetrava o ar matinal como uma bala. Fricska tampou a boca de Esther com a mão para o caso de ela estar cogitando gritar também. Ele sentia o hálito quente dela na palma da mão. Sua pele suada esquentou ainda mais.

A matilha de cachorros os seguia de longe, mas o grito lhes deu um susto tão grande que se dispersaram por um emaranhado de árvores e correram para a rua principal, fugindo. Bartók soltou Esther e foi até o portão. Passou uma perna por cima da valeta, segurando a baioneta para não deixá-la escorregar, e chutou o portão com força para abri-lo. A força excessiva fez o portão bater de volta, estremecendo a grade. Bartók entrou correndo. Viu a sra. Madarász parada no quintal, no meio do caminho entre a varanda e o portão. A porta da casa estava escancarada.

Bartók conhecia a sra. Madarász de vista, da mesma forma como conhecia Esther Szabó. Quando chegara a Tiszakürt, tinha feito questão de se informar sobre os fatos básicos dos moradores: nomes, nomes dos filhos, desavenças que mantinham uns com os outros. Ele não conseguia se lembrar de já ter tido trabalho com ela.

A sra. Madarász tinha madeixas macias de cabelo escuro, mantidas afastadas do rosto por um fino lenço preto. O vestido dela estava limpo e passado, mas era grande demais para o seu corpo. Parecia uma criança nele.

Ela ergueu a mão para Bartók enquanto ele se aproximava dela.

"Não toque em mim. Não toque em mim." Sua voz estava séria agora. "Vou contar tudo, mas não toque em mim, por favor."

Quando os cinco chegaram à gendarmeria, o pregoeiro foi enviado para chamar dois juízes do vilarejo para testemunharem os interrogatórios, apesar de ainda não estar claro o que exatamente a sra. Madarász tinha feito. Assim que todos estavam reunidos, o secretário do vilarejo também veio da câmara. O pregoeiro recebeu novas ordens, agora para vigiar a sra. Madarász na sala principal, enquanto os policiais levavam Esther Szabó até um espaço menor para o interrogatório, acompanhados pelos dois juízes-testemunhas e pelo secretário.

A sala de interrogatório era apertada. Havia uma mesa estreita e algumas cadeiras com formatos diferentes em volta dela, doadas pela câmara do vilarejo e pelo clube de leitura muitos anos atrás. Uma lamparina apagada pendia de um fio.

As cadeiras foram puxadas, e Esther foi largada bruscamente sobre uma delas. A queda foi desajeitada, como se ela tivesse desabado de uma prateleira alta e a cadeira amortecesse o baque. Com cuidado, ajeitou-se. Juntou os pés. Puxou de leve a saia para desenrolá-la. Todo movimento era mínimo, até passivo. Já tinha aprendido a não inflamar a ira dos gendarmes.

A caminhada desde sua casa tinha sido sua primeira lição brutal. As canelas dela doíam por terem sido repetidamente chutadas pelas pontas duras e fortes das botas dos policiais, o castigo por não seguir no passo deles. Seus braços tinham sido puxados com tanta força, e tão esticados, que ela esperava ouvir o som dos ossos quebrando. Os homens se agigantavam sobre ela agora. Esther baixou a cabeça, uma mesura camponesa praticada. Alisou o vestido, criando um pequeno ninho para suas mãos no colo.

O QUE A SENHORA COLOCOU NA BEBIDA DO SR. BARTAL?!

Esther se jogou para trás para se afastar de Bartók. Pressionou-se com tanta força contra o encosto da cadeira que sentiu uma onda de dor subir pela espinha. Bartók se inclinou sobre o rosto dela. O hálito azedo dele pairava no ar diante dela.

O QUE A SENHORA COLOCOU NA BEBIDA DO SR. BARTAL?!

Esther se retraiu, depois desmoronou para a frente, baixando a cabeça sobre os joelhos. A pequena pedra de conhecimento que Bartók havia acabado de jogar contra ela se acomodava sobre Esther, ancorando-a. Até agora, ela não sabia que Anton Bartal era o motivo para sua prisão.

O QUE A SENHORA COLOCOU NA BEBIDA DO SR. BARTAL?!

Ela analisou as próprias mãos. O clima seco havia ressecado sua pele, marcando linhas desenhadas em cinza pela terra fina de seu quintal. Encarou as unhas, que estavam quebradas e ásperas.

Aquele velho beberrão? Como eu vou saber o que ele bebeu?

Esther começou a cutucar as fibras escuras do vestido. Beliscou o tecido, esfregando-o entre os dedos.

Aquele velho tolo bebe qualquer coisa.

A mão de Bartók foi tão rápida que ela nem a viu se aproximar. Houve apenas um borrão de lã enquanto o braço passava por ela como um machado. Ele bateu o punho com força sobre a mesa. Houve um estalo tão estridente, tão ensurdecedor, que Esther deu um pulo na cadeira. Fricska chutou uma das pernas da mesa, e toda a estrutura balançou.

O QUE A SENHORA COLOCOU NA BEBIDA DO SR. BARTAL?!

• • •

A sra. Madarász não tinha se acalmado nem um pouco enquanto esperava na sala principal, e, ao ver os gendarmes e os outros homens saírem da sala de interrogatório, quase se sentiu prestes a vomitar de nervosismo. Fazia anos que ela temia por aquele momento.

Quando os gendarmes se aproximaram, a sra. Madarász permaneceu sentada. O secretário do vilarejo e as testemunhas fechavam o cerco. Era uma floresta de homens que se agigantava sobre ela, com espirais finas de fumaça subindo de seus cigarros. O pregoeiro foi tomar conta de Esther Szabó.

O sol tinha se tornado mais forte conforme o meio-dia se aproximava. O calor, que antes era tão reconfortante para ela, agora deixava a jovem esposa sufocada.

Durante os longos minutos que tinha ficado esperando com o pregoeiro, ela havia escutado os gritos dos gendarmes com Esther e outros barulhos fortes na sala, que ficava a poucos metros dali.

Mas a voz de Bartók estava firme quando ele se inclinou para encará-la.

Conte o que a senhora sabe sobre Anton Bartal.

Foi só então que a sra. Madarász conseguiu olhar bem para os gendarmes. Ela os via patrulhando as ruas de tempos em tempos, mas os capacetes deles sempre ocultavam muita coisa. Com o rosto de Bartók tão próximo ao seu, agora ela conseguia observar os pelos grossos do seu bigode. Os olhos dele, de um azul magiar.

Bom, ele tocou órgão por muito tempo.

Os dois gendarmes se inclinaram sobre ela. Era como se formassem uma muralha ao seu redor.

A senhora disse que contaria tudo. Então conte.

A sra. Madarász não sabia como responder.

Ela apertou as mãos com força, como se o seu segredo pudesse pular para fora do corpo se ela não segurasse. As palmas dela se encheram de suor. A garganta estava extremamente seca, e ela lutou contra a tosse que ameaçava escapar. Mais uma vez, olhou para os gendarmes, depois para os outros homens, buscando por pistas.

Não sei nada sobre o sr. Bartal. Estou aqui para falar sobre o meu marido.

O calor que começara a sentir agora fervilhava dentro dela. Os homens curvados sobre ela se tornaram, de alguma forma, distantes, longínquos e pequenos, e isso abriu espaço para que sua história fosse contada.

Era uma mulher diminuta quando se casara com o marido, os ossos leves como folhas, o corpo delicado como um sussurro. Mesmo agora, ela mal havia engordado cinco quilos desde o nascimento dos filhos, mas, na época, poderia tê-la carregado nas costas sem fazer nenhum esforço. Pesava quase tanto quanto um travesseiro.

Os primeiros meses juntos foram aconchegantes. Eles davam comida um para o outro. Cantavam juntos. Faziam passeios aos domingos. Viajaram algumas vezes para Szolnok e Kecskemét. A sra. Madarász tinha memórias vagas desse tempo, pois quando o sogro se mudou para morar com eles, o aconchego se transformara em tormento.

O marido o levara para a própria casa para poupar a mãe daquela fera problemática. Ele achava que a esposa estaria a salvo das garras do velho. Ela era pequena, mas tinha força, muito mais força que a mãe dele, que também era surda e muda.

Porém, um dia após o outro, o Madarász mais velho a atacava. Ele a agarrava pelas costas e enfiava os dedos sujos em seus seios, buscando pelos mamilos. Segurava uma mecha do seu cabelo e a puxava para trás para lamber seu pescoço. Descrevia os pensamentos lascivos que tinha sobre ela. Tirava as roupas e se exibia.

O marido havia sugerido que ela se mudasse de volta para a casa da mãe, mas ela se recusava a abrir mão da própria casa.

"Um dia, voltei da casa da Esther e contei ao meu marido que ela havia nos oferecido um veneno, algo que poderíamos usar para nos livrarmos do meu sogro sem que ninguém soubesse do que ele tinha morrido."

Semanas se passaram. O velho, então, a pegara desprevenida no estábulo. Ele a empurrara até ela cair contra parede, deslizando em seguida para o chão, onde se encolhera. Ele se jogara em cima dela e revirara seu vestido, mas ela agarrara o tecido com força, prendendo-o como se fosse um escudo. O simples vestido preto era sua única proteção contra o estuprador, e ela se agarrava a ele com todas as suas forças.

Se o marido não tivesse aparecido, não tivesse visto o pai se pressionando contra ela, enfiando a mão sob seu vestido...

Por um pouco de dinheiro e cinquenta maços de galhos de alfarrobeiras, o marido havia comprado o veneno, arsênico, de Esther Szabó. Ele dera o arsênico para o pai em tudo, desde vinho até *goulash*, até o velho morrer.

Os homens à sua frente ficaram em silêncio. Ela conseguia escutar Esther na sala de interrogatório tentando conversar com o pregoeiro. E ouvia algumas vozes na praça.

"A senhora sabe onde Esther Szabó conseguiu o arsênico?", perguntou Bartók.

"Com a parteira Kristina Csordás."

Nagyrév

A notícia da prisão dos Madarász em Tiszakürt logo chegou a Nagyrév. Quando o pregoeiro finalmente a anunciou, quase todo mundo já sabia. Todos os jovens fazendeiros conheciam Joe Madarász. Conheciam os campos dele, suas safras. Quando ele parou de aparecer, os boatos se espalharam rápido.

Você ficou sabendo do Joe?

Ouvi falar que a esposa o convenceu.

Não é um absurdo essa história do Joe e da esposa?

Foi a sra. Madarász. O Joe só levou a culpa.

Eu conhecia o velho. Não me surpreende.

Nunca imaginei que o Joe fosse capaz de uma coisa dessas.

Pobre Joe. Preso em Szolnok.

Tia Suzy havia se esforçado para descobrir o máximo possível sobre o caso dos Madarász. Mandou que os filhos buscassem cópias dos jornais semanais, e analisaram as matérias em busca de notícias sobre a prisão. As informações não passavam de notas policiais breves, mas Tia Suzy ouvia com atenção enquanto os textos eram lidos para ela. Pedia para que algumas fossem lidas mais de uma vez. Buscava por pistas, por sinais.

Graças ao dr. Szegedy, cuja língua solta era incapaz de não repetir os eventos da noite que passara fazendo uma lavagem estomacal em Bartal, a notícia da prisão de Esther Szabó também tinha se espalhado. Porém, as histórias sobre ela variavam. Algumas pessoas mencionavam apenas o organista, dizendo que era um velho beberrão que passava o dia se enchendo de vinho e conhaque, e que o único veneno que tinha tomado era álcool. Elas questionavam o motivo para Esther Szabó querer matá-lo. Na opinião delas, Esther não ganharia nada ao fazer um favor para a esposa sofrida do velho. Entretanto, havia aqueles em Tiszakürt que ocupavam as margens opostas do rio de suspeitas. Sugeriam que a sra. Esther Szabó vinha matando quem bem entendia.

Um caso para Kronberg

Szolnok
Segunda semana de junho de 1929

Kronberg sempre ia para casa no intervalo do meio-dia, e seu cachorro o acompanhava na volta para o tribunal à tarde. Dandy, uma mistura de beagle com golden retriever, gostava de seguir ao lado de Kronberg, de cabeça erguida, o rabo balançando de um lado para o outro feito um metrônomo.

A dupla caminhou pela rua Baross, passando pela praça Kossuth, até chegarem aos degraus do tribunal. Pequenas nuvens de poeira eram sopradas ao redor dos pés de Kronberg. A barra de sua calça estava salpicada com a poeira fina. A rua havia sido pavimentada anos antes, mas o redemoinho de terra ainda era uma peste constante. Quando Dandy se sacudiu, a sujeira poeirenta saiu dele para o dono, uma ofensa imperdoável para todos, menos para o cachorro animado.

Kronberg se inclinou e, com cuidado, prendeu uma cesta no pescoço de Dandy. Enfiou a mão no bolso e pegou um bilhete escrito pela esposa. Guardou-o na coleira do cachorro. Deu uma batidinha na lateral de Dandy, fazendo-o sair em disparada pelo caminho que tinham acabado de percorrer, a cesta balançando de um lado para o outro. O cachorro caminharia na direção do açougueiro, que leria o bilhete preso em sua coleira e prepararia o pedido da família. Dandy sabia que uma recompensa o aguardava em casa se ele não tocasse nas carnes que o açougueiro colocaria na cesta, a apenas centímetros do seu focinho.

No escritório, Kronberg tirou o paletó e o pendurou perto da porta. Então removeu o chapéu e o colocou ao lado dele. Uma janela grande deixava entrar o sol matinal, e os aromas de couro e madeira quentes já amenizavam o ar. Kronberg sentou-se à escrivaninha. Ela estava entulhada de papéis e arquivos, incluindo um novo sobre o assassinato em Tiszakürt, que fora recentemente atribuído a ele.

Seu amigo Barny Szabó,* um repórter conhecido afetuosamente pela cidade como "Editor", o acompanhava. Kronberg e Barny se encontravam todo dia de manhã no escritório da promotoria. Barny lia as notícias para o advogado, selecionando os artigos de uma variedade de jornais, tanto regionais quanto nacionais. Kronberg ficava parado enquanto o amigo lia, fazendo uma pirâmide com as mãos e apoiando o queixo no topo dela, frequentemente fechando os olhos para visualizar melhor o que Barny dizia. Às vezes interrompia, como um maestro com uma batuta invisível, e os homens faziam uma pausa para debater a história. Kronberg tinha o hábito de desenhar diagramas, cenas e números no ar. Os dois encaravam por um instante o espaço que ele havia riscado, os desenhos invisíveis sendo enxergados por ambos.

Assim que o caso de Tiszakürt chegara para ele, Kronberg tinha perguntado ao amigo o que ele sabia sobre a região. Barny começara seu trabalho como jornalista em um semanário regional nas proximidades do Tisza, então conseguia oferecer uma noção geral dos vilarejos locais.

Kronberg se recostou e abriu a pasta de Tiszakürt. Não era um arquivo grande, mas havia um acúmulo impressionante de detalhes. A notícia sobre o assassinato de Madarász já havia alcançado alguns jornais fora da planície húngara. Kronberg sempre se surpreendia com a rapidez com que as matérias surgiam e aonde chegavam. Jornalistas eram tão famintos quanto ratos, e tão gananciosos quanto

---

* O jornalista não tinha qualquer parentesco com Esther.

reis. Ele havia aprendido isso cedo. Descobrira que era sempre melhor escolher um do grupo e mantê-lo próximo. Em Szolnok, esse homem era Barny.

O casal Madarász tinha basicamente repetido a mesma confissão após serem transferidos para Szolnok, apesar de acrescentarem novos detalhes. Alegavam que a mãe de Joseph tentara matar o marido várias vezes colocando ferrugem em sua sopa antes de os dois interferirem. A velha não estava mais viva para se defender.

Os gendarmes de Tiszakürt ainda estavam trabalhando bastante para tentar arrancar confissões de Esther Szabó e Kristina Csordás, a parteira, pelo suposto papel que tinham no caso Madarász. O velho sr. Bartal, enquanto isso, tinha se recuperado bem.

Kronberg fechou o arquivo e o deixou de lado. Pegou outro item que tinha sido deixado para ele, um memorando do superintendente, ao qual estava anexado um bilhete escrito à mão.

O memorando era breve: *Esta carta foi enviada pelo secretário do vilarejo de Nagyrév em abril. Ele não sabe quem foi o autor. Merece investigação? Tiszakürt é próximo de Nagyrév.*

Kronberg analisou o bilhete. Parecia ter sido escrito em uma caligrafia feminina:

> Este é o segredo que todos sabem em Nagyrév, e muitas mulheres estão envolvidas. Homens continuam morrendo, e as autoridades não fazem nada. As envenenadoras seguem fazendo seu trabalho sem se abalarem. Esta é minha última tentativa. Se ela fracassar, não existe justiça.

"Nagyrév é o centro do vespeiro"

Nagyrév
Sábado, 29 de junho de 1929

Praticamente todos os aldeões tinham estado na praça desde o nascer do sol, ajudando a preparar a festa. Mesas tinham sido arrastadas do bar na noite anterior. Cadeiras e bancos haviam sido desencavados da igreja e dos casebres mais próximos.

O ferreiro havia levado bancadas e colocado tábuas sobre elas, e era lá que a maioria das panelas, jarros e garrafões tinham sido colocados. Havia comida suficiente para alimentar o vilarejo pelo verão inteiro, e não com pratos rotineiros como sopa de *lebbencs* e *goulash*, mas todo tipo de carne: ganso (animais que tinham ficado bem gordos sob os cuidados das pastorinhas), pato, porco e uma variedade de legumes e frutas, especialmente melancia, que crescia que era uma beleza no clima seco. Havia uma infinidade de tipos de pão, incluindo as broas imensas de quatro quilos e meio do padeiro, além de bolos e pão de mel para sobremesa. Os aromas pairavam pelo ar como nuvens vagarosas. Tia Suzy empinou o nariz, fungando.

Ela havia se apertado em um banco ao lado da filha. As cestas vazias estavam aos seus pés. Havia flores nelas. Os buquês de flores adornavam sua mesa, assim como várias outras próximas. Ela gostava de vê-las. Tinha cultivado belas plantas na primavera. Conseguia apreciá-las agora, mais do que quando estavam crescendo em seu jardim.

O vestido dela era desconfortavelmente duro. A gola era muito mais alta do que a do seu vestido normal, e tinha bordados de flores brancas sobre um padrão azul-marinho, as cores tradicionais das vestes dos camponeses da planície. A saia era de um azul brilhante e em formato de sino, drapeada como um leque da cintura à barra. Não tinha bolsos de avental onde enfiar as mãos. Vestia também um chapéu branco, com o cabelo grisalho preso em um coque. Sentada, ela havia tirado metade dos pés para fora dos sapatos, e eles rapidamente tinham inchado com a liberdade.

Antes de sair de casa, ela havia enfiado o cachimbo de sabugo de milho dentro da manga, deixando o fornilho escapando pelo punho. Parecia que havia um pequeno detetive de chapéu amarelo escondido embaixo de sua mão. A manga estava tão apertada com o cachimbo enfiado ali que seu braço começava a doer.

A primeira vez que ela havia usado aquela roupa tinha sido em seu casamento com o marido *gadjo*, e sempre a vestia naquele dia. A Festa de São Pedro e São Paulo era o maior dia de festival do ano.

Quase todo mundo tinha participado da procissão matinal guiada pelo pastor Toth. A longa caminhada havia acabado após uma volta solene ao redor da igreja, com o pastor abençoando todas as coroas e cruzes artesanais que pendiam de varas de madeira. Agora, as varas, as coroas e as cruzes estavam espalhadas por todo canto, e, quando cachorros curiosos enfiavam os focinhos nelas, um dos aldeões batia palmas e chiava para os vira-latas, afastando-os.

A parteira tinha provado cada variedade de carne e praticamente todos os pães. O vinho e o sol a tinham relaxado, e, ao olhar ao redor da mesa, saciada, pensou que Ébner não teria deixado passar aquela oportunidade de se deliciar. Oito meses tinham se passado desde a morte do homem. A esposa dele também tinha morrido, mas a parteira nunca se dera com ela.

Tia Suzy e seu clã ocupavam quase três mesas. Sentada ali perto estava Lidia e sua família, que agora incluía, pelo menos por uma relação amigada, Rose Holyba. Dias depois de os gendarmes fecharem o caso da morte suspeita de Charles Holyba, em 1924, Rose tinha ido morar com o filho de Lidia. Não tinha demorado muito para terem dois bebês.

Tia Suzy enfiou a mão dentro da manga e soltou seu cachimbo. Não fumava desde cedo, e o cachimbo estava frio e seco. Tinha enfiado um saquinho de tabaco junto dele, então meteu um dedo gordo mais para dentro da manga para recuperá-lo. Tirou o tabaco do saco e o colocou no fornilho do cachimbo. Inclinou-se na direção do filho. Não havia espaço na sua roupa para fósforos, e ele os trouxera junto de um monte de coisas soltas nos bolsos. Ele acendeu o cachimbo para ela, que voltou a se empertigar, sugando uma longa tragada.

Ela soprou um fino rastro de fumaça, e, através da nuvem, observou os filhos de Rose. O mais novo ainda não tinha aprendido a andar, e o mais velho continuava pequeno o bastante para ficar de pé debaixo da mesa. Os pequenos eram uma mistura dos pais. Tia Suzy também via traços de Lidia neles. Quanto ao filho mais velho de Rose, ele não era visto em Nagyrév desde a morte do pai. Rose nunca falava sobre Desi.

A parteira ficou entediada com as crianças e olhou para as outras mesas ao redor, até seus olhos encontrarem Petra. Ela havia passado boa parte da manhã acompanhando os movimentos de Petra da forma como sempre fazia quando tinha oportunidade. Agora, encarava-a, observando Petra remexer a comida no prato e tomar pequenos goles de vinho do copo diante dela. Tia Suzy tragou o cachimbo de novo e soltou a fumaça com força pelo nariz.

Tinha visto Juiz no meio da multidão mais cedo, porém ele havia desaparecido. Também avistara Kristina Csabai. Kristina, o filho e a filha estavam fazendo um piquenique no gramado da igreja. As crianças Cser também tinham passado boa parte da manhã lá com eles.

Anna corria de um lado para o outro como sempre, um ratinho apressado e ofegante. Lewis estava tão bêbado que não conseguia nem se levantar. Tia Suzy desejou que alguém o enfiasse em uma carroça e o levasse para casa.

Henry Miskolczi e seu trio tinham se posicionado perto do poço mais cedo, momento em que os aldeões estavam ocupados com a procissão. Haviam tocado músicas calmas por uma ou duas horas antes de fazerem uma pausa para aproveitar a festa. Agora que o intervalo tinha acabado, Miskolczi se levantava do banco e se espreguiçava. Jogou os ombros para trás e bateu no peito para desalojar um arroto antes de se inclinar para pegar a viola. Na opinião dele, todas as carnes estavam gostosas, mas o ganso tinha ficado especialmente bom, e, como sempre, ele havia comido demais. Prendeu a viola no pescoço, deixou outro arroto escapar e então inclinou a cabeça, ajeitando o instrumento no lugar.

As portas da câmara do vilarejo estavam trancadas. O conde havia passado a manhã toda lá dentro. Tinha deixado Juiz e o pregoeiro entrarem, trancando-as de novo. O pregoeiro tinha buscado Juiz das festividades na praça. Havia saído discretamente, sem ninguém perceber, e ido com o pregoeiro até a câmara.

Juiz se afastou das janelas, que emanavam ondas de calor do sol inclemente. Conseguia ouvir o som baixo da festa. O relógio acima dele batia em um ritmo seco, deixando-o inexplicavelmente apreensivo.

Miskolczi assentiu com a cabeça para seus companheiros de banda. Bateu o pé ritmadamente e, na quarta batida, levou o arco à viola, chamando a multidão para dançar.

A banda tocava na Festa de São Pedro e São Paulo todo ano, e Miskolczi sempre ficava empolgado com o evento. Era raro terem a oportunidade de tocar ao ar livre. Em geral, ficavam enfurnados no bar durante a festa de domingo à tarde. O clima estava tão animado que ele podia fechar os olhos e imaginar que tocava para um grupo muito maior do que o que estava ali.

Maria esperava justamente por aquele momento. Ela se levantou de um pulo do banco. Esfregou as mãos na saia azul e ajeitou o chapéu branco, puxando as cordas dele para garantir que estivesse bem-amarrado. Puxou Franklin para dançar. Passou as palmas das mãos sobre os ombros do "filho" e lambeu um dedo para prender um cacho solto atrás da orelha dele.

O ritmo começou devagar, e Maria se moveu com ele. Conforme acelerava, ela se empolgou. Um grupo de mulheres tinham dado os braços e dançavam em um círculo às suas costas, porém Maria permaneceu em seu lugar na frente da banda, encarando Franklin. A música tocou mais e mais rápido, e ela girava e girava, estalando os dedos acima da cabeça sem tirar os olhos dele, que chutava, pulava e batia palmas em uma das *csárdás* mais rápidas que ele já tinha dançado.

Tia Suzy se virou para observar Maria. O chapéu duro pressionou sua nuca quando ela esticou a cabeça para ver por cima das pessoas à sua frente. Tirou o cachimbo da boca. Baixou a cabeça e cuspiu no chão, lançando uma maldição contra Maria. Virou-se de volta para encarar o próprio prato. Enfiou o cachimbo de volta na boca e o prendeu com os lábios.

Uma cobertura pesada de suor tinha se formado sobre a testa de Miskolczi. As gotas escorriam pelo rosto e ensopavam as mãos, o forçando a segurar o braço da viola com firmeza para não deixá-la escorregar.

A melodia pairou no ar aberto. Ele se sentia completamente desprendido pela natureza abrangente do som. Aquela era sua época favorita do ano para tocar. Estava tão absorto pela música que criava que não viu o pregoeiro até o homem parar a um metro de distância.

O pregoeiro gesticulou para que ele parasse. Miskolczi obedeceu. Assentiu com a cabeça para os companheiros de banda silenciarem seus instrumentos. Miskolczi deu um passo para o lado e o pregoeiro se posicionou diante do banco de açoitamento.

Ladeado pelo Juiz e pelo conde, o pregoeiro pegou as baquetas e começou a bater no tambor. Por raramente ter uma plateia, sentiu uma leve náusea ao se dar conta de que a multidão estava vidrada nele.

Ele rufou o tambor, depois levou uma das mãos ao tampo para silenciar o som.

Deu um passo à frente.

Venho anunciar que três suspeitos adicionais foram acusados de conexão com a morte de Joseph Madarász, o pai, em nosso vilarejo-irmão, Tiszakürt: Lawrence Szabó, a esposa dele, Esther, e a parteira Kristina Csordás. Foram detidos em custódia na prisão do condado de Szolnok hoje pela manhã, onde se juntam ao sr. Madarász, o filho, e sua esposa.

O pregoeiro parou para retomar o fôlego.

A parteira Csordás e os Szabó também foram acusados pela morte do nosso Stephen Szabó.

Fez-se silêncio.

Stephen Szabó, tio de Lawrence, havia falecido em 1923. Tinha 51 anos e padecera inesperadamente, cedo demais.

Uma arfada angustiada quebrou a quietude. Gritos rápidos se seguiram, acompanhados de um burburinho aleatório de "Céus!" e "Meu Deus!".

O cachimbo de Tia Suzy caiu de sua boca.

Tiszakürt

Bartók achava que a velha cederia primeiro. Logo no começo, tinha percebido que Esther seria difícil, e seu marido era praticamente dispensável. Fazia o que a esposa mandava. Morria de medo dela. Mas a parteira Csordás parecia... não frágil, mas maleável.

Era tão velha. Mais perto dos setenta do que dos sessenta. Em certos momentos, na sala do interrogatório, parecia doente, apertando o peito, massageando as mãos. Dizia que tinha a bexiga solta e não parava de pedir para ir ao banheiro. Ele a mandava segurar. Gritava com a bruaca.

"Vou deixar você aí, sentada no próprio mijo, até o Natal!"

Mas a bruxa nunca chorava. Não produzia nem uma única lágrima.

Então fora Esther quem finalmente confessara. Tinha admitido a tentativa de envenenar Bartal e a venda do veneno para a família Madarász. Depois disso, o marido não tinha demorado muito para desmoronar. Só então Csordás começara a se abrir.

Ele e Fricska estavam em cima deles havia semanas sem chegar a lugar algum. Era como se estivessem esmurrando uma parede com uma estaca pesada, batendo e batendo, e, de repente, ela desabasse e revelasse um cômodo inteiro por trás. Só que a nova reviravolta no caso era tão inesperada quanto a confissão voluntária da sra. Madarász sobre o assassinato do sogro. Bartók jamais imaginaria que os Szabó admitiriam ter matado Stephen Szabó, o próprio tio deles. Porém, outra informação confessada os acertara como uma pedra quando a ouviram:

Nagyrév é o centro do vespeiro.

• • •

A parteira olhou ao redor do quintal, seus ouvidos atentos a sons estranhos ou desconhecidos. Estava sentada em um grande tronco virado, que costumava manter perto da varanda. Sulcos fundos marcavam o chão por onde ela o arrastara até a fogueira. Tentara esfregar as marcas com os pés descalços para apagá-las, mas não se empenhara muito, e ainda havia riscos visíveis.

Nem uma hora tinha se passado desde que ela fugira da praça. Ainda usava seu vestido tradicional, que encontrava-se coberto de poeira da rua. A barra traseira estava imunda por ter se prendido várias vezes a suas botas na pressa de voltar para casa. Quando chegara à cozinha, ela havia jogado o chapéu sobre a mesa. Uma linha de sujeira debaixo de seu queixo marcava onde as tiras do chapéu tinham sido amarradas.

O tronco estava bem no lugar onde seu cachorro costumava se deitar. Se ainda estivesse vivo, Tia Suzy sabia que estaria andando de um lado para o outro e ganindo. Tinha sido sempre muito sensível aos humores da parteira.

Tia Suzy sabia, praticamente desde o primeiro dia, que sua prima tinha sido capturada pelos gendarmes. Era como a capitã de um navio, observando de binóculos uma embarcação distante. Olhando, esperando para ver o que aconteceria com ele.

A fogueira estava forte. Tinha sido fácil acendê-la no ar seco de junho.

Aos seus pés estavam os maços de papel pega-mosca que usava. Ela havia tirado cada um da gaveta do aparador, além de revistar a despensa e tirar todos os frascos que estavam lá. Tudo pesava sobre seu colo agora, incluindo o vidro que costumava carregar no bolso do avental.

Tia Suzy pegou um dos fracos e tirou o tampo de madeira. Inclinou-se para a frente e jogou a solução no fogo, então se afastou enquanto as chamas azuis lambiam o ar. Ela pegou a ponta da barra suja e a enfiou dentro do vidro vazio, girando-a no interior até ele guinchar. Repetiu o procedimento até todos os frascos terem sido esvaziados na fogueira e secos. Quando terminou, jogou os papéis no fogo.

Não tinha tempo para cavar os frascos enterrados pelo quintal. O melhor que poderia fazer era enterrar os vazios que tinha em mãos.

•   •   •

A praça havia esvaziado rapidamente após o anúncio do pregoeiro. A banda tinha guardado os instrumentos e ido embora. Pratos e panelas tinham sido lavados em um instante e levados para casa. Homens tinham levado as mesas embora.

Depois que todos partiram, os vira-latas tinham tido acesso irrestrito a um baquete de restos de comida. Tinham se apressado para comer cada migalha que havia caído no chão. Agora, os cachorros descansavam na sombra do gramado da igreja, sob arbustos e árvores baixas, dormindo de barriga cheia.

Pouco som vinha das pessoas, uma vez que tinham chegado aos seus casebres. A rua Árpád estava deserta, já que a maioria das lojas tinha fechado para o festival. A rua parecia tão imóvel quanto uma pintura, tirando o redemoinho de terra que a percorria, empurrado pelos ventos que tinham ganhado força após o meio-dia. O único lugar que funcionava era a barbearia. Daniel abria toda quarta-feira e sábado, sem exceções.

A câmara do vilarejo tinha passado o dia inteiro trancada, e, conforme o jantar se aproximava, isso não havia mudado. Juiz tinha voltado para lá após o anúncio do pregoeiro sem dar qualquer explicação à esposa sobre o que estava acontecendo. Ele mal sabia o que dizer sobre aquele assunto, nem tinha certeza de por que sua presença era necessária para além de servir como conselheiro para o conde Molnar. Até então, não havia muito que eles pudessem fazer além de esperar ao lado do telefone por uma ligação dos gendarmes de Tiszakürt ou da promotoria em Szolnok, que agora mandavam no caso.

Quando Juiz se cansou de ficar sentado, levantou-se. Quando cansou de ficar de pé, sentou-se. Tinha caminhado por todo o perímetro da sala inúmeras vezes na última hora. O ritmo que andava era vagaroso, e um contraponto ao do conde, que rondava a câmara como se fizesse uma patrulha. Juiz nunca tinha conhecido um homem tão tenso quanto conde Molnar, nem tão detalhista. Os dois eram tão diferentes quanto um sapo de um elefante. Juiz tivera esse pensamento várias vezes durante o dia. Foi até a janela. Apoiou-se na vidraça grande e olhou para o sol. Estava alto no céu.

●　●　●

A primeira coisa que Daniel escutou que parecia incomum tinha sido o barulho dos ganidos dos cachorros na rua. Soavam tão esganiçados, tão preocupados, e o silêncio repentino depois de saírem correndo da rua pareceu ainda mais ameaçador.

A vibração dos cascos batendo subiu pelo chão de sua loja. Daniel correu até a porta, ainda segurando a escova de barbear. Viu os gendarmes passarem correndo, subirem a rua Árpád e virarem depressa na esquina com a Órfão, indo direto para a casa de Tia Suzy.

Ele voltou para dentro da loja. Piscou para afastar a poeira levantada pelos cavalos galopantes.

Fim da temporada de pepinos

Quarta-feira, 17 de julho de 1929

No mesmo dia do Festival de São Pedro e São Paulo, o vice-presidente do Tribunal Real de Szolnok ordenou que uma investigação completa fosse conduzida com base no que havia sido revelado nas confissões em Tiszakürt. Tia Suzy fora a primeira pessoa em Nagyrév a ser levada sob custódia — ela havia sido apontada como a fonte original do arsênico de Kristina e Esther —, embora o seu não tivesse sido o único nome fornecido aos gendarmes. Duas semanas se passaram desde a prisão de Tia Suzy no dia do festival, e, durante esse tempo, outras doze suspeitas foram interrogadas por Bartók e Fricska, todas mulheres, praticamente todas de Nagyrév.

Por todo aquele tempo, Bartók e Fricska tinham carregado toda a responsabilidade sozinhos. Haviam conduzido os interrogatórios na câmara do vilarejo, como antes, no caso Holyba e durante a investigação dos abortos da parteira. Agora, um esquadrão inteiro havia sido designado para o inquérito pela sede em Tiszaföldvár, totalizando catorze policiais, incluindo os dois. Todos foram para Nagyrév. Hospedaram-se nas casas das famílias mais proeminentes.

Bartók e Fricska haviam feito pouco progresso com as doze que já tinham prendido. Questionavam as mulheres por algumas horas, mandavam-nas de volta para casa e as chamavam de volta no dia seguinte.

Até agora, ninguém tinha confessado. Pelos cálculos de Bartók, o número de homens que havia morrido sob circunstâncias suspeitas agora passava de quinze. E, a cada dia, os gendarmes recebiam denúncias sobre mais mulheres.

O esquadrão de gendarmes transferiu a operação da câmara do vilarejo para o casebre do pregoeiro. Os interrogatórios agora seriam conduzidos sem intervalos. O pregoeiro se mudou de volta para o almoxarifado da câmara, como tinha feito durante o surto de gripe espanhola em 1918.

Por enquanto, Tia Suzy era a única suspeita em Nagyrév levada para Szolnok para ser interrogada. Havia sido levada por barco, chegando pouco antes do anoitecer no porto do outro lado da cidade. Os gendarmes a guiaram a pé pela cidade até a prisão, onde o carcereiro os aguardava.

Como promotor, Kronberg era responsável pelo inquérito criminal. Tinha convocado outros dois investigadores para ajudá-lo. Enviara-os direto para Nagyrév.

Uma equipe forense também tinha sido montada. O dr. Henry Orsos, chefe da equipe médica do Hospital do Condado de Szolnok, seria auxiliado pelo dr. Isador Kanitz. Os dois médicos conduziriam autópsias no local. Tinham recebido ordens para enviar amostras de quaisquer restos mortais suspeitos para o Real Instituto Nacional da Hungria de Análises Químicas Judiciais em Budapeste. O trabalho deles começaria em pouco tempo.

O dr. Gabriel Popp tinha uma casa de saúde particular em Szolnok e experiência com pesquisas. Havia sido selecionado para comparar os resultados do instituto de análises químicas (e das autópsias) com as declarações que as suspeitas faziam das doenças sofridas pelos falecidos. Por fim, todas as descobertas seriam verificadas mais uma vez por um especialista independente, o dr. Andre Kelemen, professor na Universidade de Pécs.

Coveiros locais tinham sido contratados para exumarem os cadáveres em Nagyrév, Tiszakürt, Tiszaföldvár e Cibakháza.

Kronberg estava sentindo a pressão. Algumas pessoas acusavam o tribunal de negligência no caso de Charles Holyba, cinco anos antes. Na época, a decisão havia sido de negar o pedido de autópsia devido à falta de fundos. O tribunal havia concluído que Holyba tivera doenças suficientes ao longo da vida para que uma morte por causas naturais fosse plausível. O que o tribunal faria se os contribuintes descobrissem que o dinheiro deles tinha sido desperdiçado tentando determinar por que uma pessoa doente havia morrido? A situação financeira do país estava uma desgraça na época. O tribunal em si, como Kronberg bem lembrava, estava um caos. As obras de reconstrução tinham sido interrompidas. Não havia dinheiro nem para consertar o que já havia sido demolido.

Porém, agora havia um novo ângulo a ser considerado na morte de Holyba, e se formava, na população, um consenso desagradável de que o caso tinha sido menosprezado. Novos memorandos eram escritos; reuniões, convocadas; relatórios, redigidos. Havia sido o escritório do superintendente que tomara a decisão sobre Holyba. E era o escritório do superintendente que estava sendo acusado de ignorar o alerta de conde Molnar na primavera sobre os problemas no vilarejo. E era o escritório do superintendente que agora pressionava Kronberg para consertar os próprios erros.

Kronberg tinha reunido toda a documentação sobre a morte de Holyba em 1924. Os arquivos sobre a condenação de Fazekas em 1920 também foram recuperados. Enquanto o primeiro caso chamava a atenção dele por tudo que o tribunal não fizera, o último se destacava pelo que Tia Suzy fizera ao tribunal. Kronberg tinha chegado em Szolnok apenas no verão anterior, mas lembrava-se bem do caso. A prisão de uma mulher sempre era algo que marcava a memória. E uma camponesa romani analfabeta que contratava o melhor advogado de defesa da cidade era algo digno de se lembrar. A absolvição dela no tribunal superior de Budapeste tinha sido uma grande vergonha para o tribunal real, e a instituição só aceitaria um resultado agora, tratando-se de Suzy Fazekas: condená-la sem chance de a decisão ser anulada.

Kronberg entendia que a parteira fora condenada em 1920 com base apenas nas confissões que fizera aos gendarmes. Estava convencido de que, se ela confessasse para ele e sua equipe de investigadores, seria mais difícil para ela se desmentir no tribunal, e, portanto, mais difícil para o tribunal superior conceder uma anulação. Por isso tinha pedido, pessoalmente, que ela fosse levada para lá.

Após dias de questionamentos sem resultados, porém, ele e os investigadores não tinham feito avanço nenhum com a parteira. Ela era um túmulo. Mal falava, e, quando o fazia, era para pedir água ou para usar o banheiro. Desta vez, nada escapava de seus lábios.

Pediu uma reunião com o oficial Danielovitz, o gendarme-chefe encarregado do esquadrão agora alocado em Nagyrév. Em relação ao caso Holyba, solicitou que Rose Holyba e Lidia Sebestyen fossem interrogadas pelos gendarmes de novo. Quanto à parteira, ele planejava uma armadilha, dando um papel importante para Bartók.

Barny Szabó passava a maioria das tardes no Café Nacional, onde tinha uma mesa permanentemente reservada. Ela ficava perto o suficiente da porta para ver quem entrava e saía do hotel e próxima o suficiente da janela para ele ver quem entrava e saía da rua. A mesa, em si, era pequena e redonda, com um tampo de mármore.

O caderno de anotações dele estava estufado de papéis soltos e cartões de visita, que viviam caindo. Flutuavam sempre para o chão, feito folhas de árvore, quando a capa era aberta, e o homem se apressava em pegar tudo. As páginas do caderno estavam lotadas de anotações e desenhos que o jornalista fazia sobre as histórias que investigava.

Ele havia empilhado no chão jornais regionais e municipais que tirara da prateleira de publicações que o café mantinha para os clientes. Sobre a mesa, estavam seu café e um pequeno copo de água.

Barny tragou o cigarro, seus lábios beijando a piteira de papelão que tinha prendido na ponta. A calça dele estava amarrotada. A blusa estava amassada. As roupas pendiam largas de seu corpo magro. Ele gostava de passar os dedos pelo cabelo castanho ondulado, deixando-o bagunçado. Ninguém seria capaz de imaginar onde ele havia passado a noite anterior, nem onde passaria a próxima. Às vezes, ele dormia encolhido sobre um banco de ferro na estação de trem após uma noite de farra, ou feliz no sofá da sala de algum amigo. Barny tinha morado em tantos apartamentos quanto tinha anos de vida, que totalizavam 37. De vez em quando, aparecia no Café Nacional muito depois da meia-noite para uma tigela de "sopa da ressaca", que inevitavelmente ficava pendurada em sua conta. O chefe dos garçons tinha uma longa lista de devedores, e o nome de Barny estava nela.

Às vezes, Barny entrava no café pelos fundos do hotel, passando pelo cinema e abrindo caminho entre a fila de expectadores que esperava sob a marquise. Um passatempo popular de verão era assistir Fatty Arbuckle em *The Woman Haters*, e em várias ocasiões ele havia visto os filhos de Kronberg — dois rapazes — na fila com os amigos para assistir à produção pela segunda, terceira e quarta vez.

Barny analisou o salão. Grupos de homens se reuniam em mesas próximas, distraídos com partidas de dominó ou *tarok*. Dois de seus amigos estavam absortos em uma competição de xadrez. Ele olhou para a mesa em que tinha jogado contra o mestre mundial de xadrez, o americano Frank Marshall, meses antes. Sozinha à uma mesa estava uma camareira em seu intervalo. Ela havia colocado seus óculos e lia a Bíblia em silêncio. Lá fora, membros de uma banda romani andavam de um lado para o outro. Só tocariam à noite, mas sempre começavam a se reunir às três da tarde.

Os jornalistas gostavam de dizer que aquela era a "temporada de pepinos", quando não acontecia nada digno dos noticiários. Muitos repórteres tiravam férias, diminuíam o ritmo para escreverem seus livros ou passavam a trabalhar em críticas longas, elaboradas, sobre peças de teatro.

Barny acompanhava o caso de Tiszakürt, como ainda o chamava, mas, por enquanto, não tinha feito a viagem para nenhum dos dois vilarejos — Tiszakürt ou Nagyrév — para ver a situação com os próprios olhos. Kronberg o convencera de que não havia muito a ser visto no momento. De toda forma, ele ainda não tinha onde publicar a matéria. A *Gazeta de Szolnok*, onde Barny trabalhava como coeditor, tinha fechado havia quase um ano devido ao que muitos acreditavam ser acusações forjadas de evasão fiscal. Em uma questão de minutos, mesas e cadeiras tinham sido confiscadas, máquinas de datilografia foram removidas e arquivos espalhados pelo chão. O governo no poder, sob o comando do antigo oficial naval almirante Horthy — agora regente Horthy — regularmente fechava jornais que julgava serem hostis com as autoridades.

As publicações regionais tinham publicado matérias sobre o assassinato na planície, mas Barny almejava os jornais de Budapeste. Por enquanto, nenhum tinha demonstrado interesse.

Nagyrév

Todo dia de manhã, desde o festival, Juiz acordava e ia direto para a câmara do vilarejo. Passava boa parte da manhã no almoxarifado apertado, servindo de testemunha para os gendarmes que interrogavam suspeitas. Quando não estava lá, estava no vestíbulo, vigiando as mulheres que esperavam por sua vez, ou ajudando conde Molnar com as tarefas associadas ao inquérito, que só pareciam aumentar. Agora que os interrogatórios tinham sido transferidos para o casebre do pregoeiro, ele alternava entre ir para lá e para a câmara.

O casebre do pregoeiro era o único nervo sensível em um corpo paralisado. Praticamente mais nada acontecia em Nagyrév fora a investigação. O correio continuava aberto, mas a correspondência era monitorada. A câmara era usada como centro de comando dos investigadores de Szolnok. A oficina do ferreiro fora desapropriada para a construção de caixões de metal, o único tipo adequado para transportar os corpos até Budapeste. Patrulhas eram feitas pelos limites da cidade para prevenir tentativas de fuga.

A tensão lembrava a Juiz dos dias da ocupação romena, apesar de ser difícil determinar quem de fato era o inimigo agora.

À noite, quando ia para a cama, Juiz frequentemente ficava acordado, pensando no que Michael teria achado daquilo tudo.

Pouco antes das dez da noite, dois gendarmes escoltaram uma mulher chamada Julianna Petyus de volta para sua casa após uma longa tarde e noite de interrogatório no casebre do pregoeiro. A sra. Petyus era viúva havia muitos anos, e tinha vivido tranquilamente no vilarejo desde a morte do marido. Uma denúncia anônima, porém, a tornara suspeita do assassinato dele. Os policiais a observaram seguir pelo quintal, indo embora apenas depois de ela fechar a porta de sua casa.

Ar de culpa

Quinta-feira, 18 de julho de 1929, 08:00

O conde saiu do casebre do pregoeiro para a varanda. Caminhou com cuidado pelas tábuas gastas, que afundavam. Parou por um instante sob a sombra do telhado inclinado, que também estava afundado e gemia um pouco sempre que o vento soprava ou um pássaro aterrissava sobre ele. O casebre inteiro parecia estar fazendo cara feia, decepcionado com seu destino.

Quando o investigador se juntou a ele do lado de fora, seguiram lado a lado para a câmara. O sr. Fölbach era um dos homens que Kronberg havia designado pessoalmente para o caso, e ele e o conde viviam juntos desde a chegada de Fölbach em Nagyrév.

Vários cachorros saíram correndo na frente deles. A matilha parecia ter tomado posse da área ao redor da estrada Shoreditch. O conde passou alvoroçado por eles. Sacudiu a mão, como se tentasse tirá-los de visão. Deu uma bronca nos cachorros, a voz guinchando de tensão, mas eles se recusaram a ir embora, parecendo se sentirem ainda mais confiantes. Os vira-latas eram apenas um dos muitos aspectos da vida no interior que o desagradavam.

Os dois homens viraram a esquina para a rua Árpád, que ecoava com as batidas incessantes vindas da ferraria. Fazia semanas que nenhuma mulher-corvo era vista na praça, e a poeira ventava pelo espaço vazio. Conforme os homens seguiam pela estrada, passando pelo correio e se aproximando da câmara, perceberam que alguém os seguia.

Fölbach foi o primeiro a notar. Sentiu uma presença e, ao olhar para trás, deparou-se com uma mulher idosa a vários metros de distância andando a passos arrastados em sapatos de madeira. Ela parou ao ser vista. Ele seguiu caminhando ao lado do conde. Os dois discutiam a tarefa que os aguardava na câmara, que era conversar com o dr. Szegedy. O médico tinha se oferecido para ajudar a analisar os registros de óbito.

O conde e Fölbach estavam quase nas portas da câmara quando escutaram ou viram algo que os fez dar meia-volta. A velha não estava mais atrás deles. Não havia ninguém no caminho agora. A rua inteira estava vazia, exceto pelos homens fazendo patrulha. Fölbach mal tinha visto um aldeão fora de casa desde a sua chegada. Era como se eles tivessem sido purgados das ruas. Se não estavam no casebre do pregoeiro, estavam em suas casas minúsculas. Ele, porém, tinha olhos de águia, que utilizou para notar a ponta de um sapato de madeira espiando por trás de uma alfarrobeira.

Ele correu até a árvore. O conde seguia em seu encalço, mas, antes que qualquer um dos dois a alcançasse, a velha passou correndo pelos dois e entrou na rua. Fölbach a perseguiu e a pegou rápido, já que era mais ágil em seus sapatos do que ela em seus calçados de madeira. Ele a arrastou de volta pela estrada e a pressionou contra a parede da câmara. Conde Molnar ficou observando de longe, os braços cruzados.

Por que está nos seguindo?!

A senhora é culpada de algum crime?!

Tem alguma coisa que queira confessar?!

Fölbach agarrou o braço da velha e a puxou para a frente, deslizando a mão até firmá-la no pulso. Ele segurou o outro também. Ambos eram tão magros que conseguiria prendê-los com uma única mão. Ele os apertou tanto que a velha arfou de dor.

O conde se esforçou para entender tudo que acontecia. Ele reconhecia a mulher, mas não sabia seu nome. Sra. Pápai? Sra. Simon? Talvez não a conhecesse. Eram todas parecidas, com seus vestidos pretos, lenços pretos e rostos enrugados de sol.

Nesse momento, um gendarme virou a esquina para a rua Árpád. O conde ergueu a mão e gritou para o policial.

"Prenda essa mulher! Achamos que ela também envenenou alguém!"

No palheiro

Nagyrév
Quinta-feira, 18 de julho de 1929, 10:00

Os dois gendarmes que acompanharam a sra. Petyus de volta para seu casebre no fim da noite anterior tinham ido para as casas onde estavam hospedados depois. Por enquanto, nenhuma das mulheres estava sendo detida. Os gendarmes trabalhavam em turnos de doze horas, então o primeiro dever deles naquele dia era buscá-la de novo.

Os policiais passaram por cima da valeta e bateram no portão da sra. Petyus. Ela criava um porco por ano, que engordava e matava no inverno, e eles o ouviam agora, roncando e gritando.

Mais uma vez, bateram no portão. Um gendarme espiou pela fresta entre as tábuas da cerca para olhar o quintal. A porta da frente estava fechada, e as galinhas andavam de um lado para o outro em frenesi.

Eles ergueram o trinco e entraram por conta própria. Enquanto seguiam pelo caminho até a casa, uma multidão de galinhas se reuniu ao redor deles. Abriram a porta da frente e entraram, seguidos por várias galinhas em seu encalço. Os homens fizeram uma busca rápida pela cozinha, despensa e sala.

Julianna Petyus! Saia agora! Onde a senhora está? Saia agora!

Um policial entrou no quarto. Afastou as cobertas. Abriu as portas do guarda-roupa. Verificou cada canto do pequeno cômodo.

Na cozinha, os gendarmes se voltaram para o palheiro. Um ficou para trás enquanto o outro subia pela escada estreita. Quando enfiou a cabeça na abertura, imediatamente viu várias cestas próximas, repletas de lentilhas e feijão. Imaginava que era muito conveniente poder subir a escada e pegar um punhado de feijão para o jantar e depois descer de novo. Tinha visto a mãe e a avó fazerem isso milhares de vezes.

Mesmo ali, ele ainda conseguia ouvir os roncos do porco. Olhou para as vigas. Um pedaço de carne de porco estava pendurado na mais próxima. Era um pedaço tão grande que quase bloqueou a visão do policial da corda pendurada ao lado, da qual o corpo da sra. Petyus oscilava. O rosto dela empalidecera até se tornar branco. Os lábios estavam azuis, e uma leve linha de cuspe secara em seu queixo. A boca estava aberta, revelando a língua, que empretecera. Os olhos estavam arregalados, em uma pose eterna de pavor.

Encontrei ela!

O gendarme puxou a baioneta presa à cintura e, com um golpe rápido, usou a lâmina para cortar a corda grossa da viga. O corpo da sra. Petyus caiu no chão do palheiro com um baque.

A armadilha

Quinta-feira, 18 de julho de 1929, tarde

Após o meio-dia, a chuva havia começado, e, quando Tia Suzy saiu da prisão, ela caía sem parar. Ela baixou a cabeça para proteger o rosto do aguaceiro e segurou o braço do filho. Cerca de uma dúzia de parentes aguardavam sua soltura. Eles a seguiam agora, como em um cortejo. Juntos, foram para a estação de trem.

A parteira tinha revivido horrores no tempo que passara na prisão. A mesma insônia enlouquecedora havia a afligido, e ela se viu novamente pisoteada pela mesma família de baratas que subira por seu corpo tantos anos atrás, os descendentes tão imundos quanto os antepassados. Era torturada pelo delírio de passar tantas horas sozinha, achando que as paredes se fechavam ao seu redor, que era assombrada por *mulos* vingativos, e as almas com frequência eram a única companhia que tinha por dias. No instante em que pisou fora da cela, fez uma promessa solene a si mesma e a todos que pudessem ouvir seu grito: nunca mais voltaria a uma prisão.

Após se acomodar no trem, um pavor diferente começou a paralisá-la. Um medo tão familiar e tão fatal à paz. Sua fiança fora determinada em mil *pengos*, uma quantia significativa. O conde Molnar levava quase quatro meses para ganhar essa quantia, e ele era o administrador mais bem-remunerado no vilarejo. O valor em si tinha sido relativamente fácil para ela desembolsar. Só precisara esvaziar um ou dois jarros enterrados para reunir a quantia. Agora, ela voltara a possuir dezenas de jarros cheios de dinheiro escondidos no chão de seu terreno. Havia cédulas costuradas em cada bainha e em cada fronha. Tinha reservas guardadas atrás do fogão, além de um pouco no palheiro. Tia Suzy havia se recuperado muito bem da escassez de seus julgamentos. Trabalhara até ter dinheiro de sobra, e havia construído uma clientela que se estendia quase até a fronteira com a Áustria. Mas um advogado — apenas Kovacs seria bom o suficiente — levaria cada centavo que sua casa abrigava, e com certeza muito mais.

O que acalmou seu pânico foi um plano.

Bartók deslizou os braços pelas mangas da camisa e jogou os ombros para a frente, já que o tecido sobrava às suas costas. O pano leve e frio roçava contra sua pele, quase como uma nuvem. Estava tão acostumado com o uniforme, a única coisa que vestira desde o início daquela situação, semanas antes, que se esquecera da sensação de usar roupas comuns.

Abotoou a camisa e vestiu a calça. Ela também era de uma leveza agradável. As duas peças serviam bem, um golpe de sorte, já que tivera pouco tempo para encontrar as roupas. Bartók não trouxera nenhum traje civil para o vilarejo, apenas o uniforme e o camisão com o qual dormia. Tinha pegado as roupas emprestadas de um conselheiro.

A balsa da estação de Újbög estava funcionando em horários instáveis por causa da chuva, e, quando a parteira finalmente desembarcou em Nagyrév, estava ensopada. Mas, para ela, a chuva parecia um batismo. Cada gota lavava o cheiro de sua cela de prisão e renovava sua determinação de nunca mais voltar.

Tia Suzy caminhou com seu clã pela margem larga, molhada. Toda a orla e o campo acima estavam cheios de buracos de lama, que a parteira tentava evitar. Ela ziguezagueava pela grama molhada, apressando-se furiosamente na direção da rua.

Ao chegar à estrada Shoreditch, ela se empertigou e bateu as botas. A lama espirrou um pouco na barra do vestido. Seguiu marchando em frente, fazendo a curva rumo à praça, sem jamais colocar os olhos no casebre do pregoeiro.

Assim que entrou em casa, sentiu uma onda de carinho. Sempre que Tia Suzy precisava passar muito tempo fora de seu lar, voltava com um forte senso de sentimentalismo. Era na sua casa em que se sentia mais segura, e aquele era o lugar de que mais gostava. Era ali onde preparava suas tinturas. Onde fazia suas geleias. Onde cantarolava suas cantigas e cultivava suas flores elegantes. A casa era sua fiel escudeira em todos os sentidos, e ela soltou um suspiro de apreciação antes de desabar sobre o banco e arrancar as botas imundas.

No quarto, ela removeu as roupas molhadas. Colocou um vestido limpo e entrou debaixo do edredom. Segurou seu *putsi* e murmurou vários encantamentos antes de cair, completamente exausta, em uma profunda soneca da tarde.

Junto das roupas, Bartók também pegara emprestado com o conselheiro um casaco de verão. Ele o usava para cobrir a cabeça e se proteger da chuva.

Fazia mais de uma hora que estava sob a nogueira do outro lado da casa da parteira. Sabia em qual trem ela chegaria. Vira sua caminhada árdua pela margem do rio após desembarcar da balsa ao lado do casebre do pregoeiro. Tinha virado na rua Árpád apenas alguns metros atrás dela e a seguido de uma distância segura. Sabia que ela estava em casa. Mas não imaginava que teria que esperar tanto para ela sair de novo.

De vez em quando, uma noz o acertava. A chuva e o vento soltavam os galhos menores, e as nozes caíam deles como se estivessem pulando para o chão. Bartók precisava se esforçar para não gritar de dor sempre que uma batia em sua cabeça.

Não havia galhos baixos para se sentar, então ele se apoiou no tronco, com os braços cruzados e a cabeça baixa. Pendia a cabeça, cochilando. Havia pouco para mantê-lo acordado. Ele havia aceitado o clima, e as batidas da chuva o embalavam. Já tinha listado mentalmente todos os eventos que o tinham levado até ali. A pressa para encontrar roupas normais. A espera pela chegada da barca. As batidas rápidas do seu coração ao vê-la. Ele nunca tinha feito nada parecido com aquilo antes, porém a espera interminável havia acabado com o nervosismo, e ele estava pronto para começar.

Bartók enfiou a mão no bolso e puxou seu relógio. Esfregou um dedo sobre o vidro para limpar a chuva, e, quando voltou a erguer o olhar, viu uma figura saindo do número um da rua Órfão. Guardou o relógio de volta no bolso. Observou-a. Ela vestia um casaco pesado — provavelmente o único que tinha — e o puxava sobre a cabeça, da mesma forma como ele usava o casaco emprestado. Uma única cesta balançava em seu braço. Kronberg tinha razão. A velha curandeira não os decepcionaria.

Ele observou a parteira andar desengonçada pela rua, passar por algumas casas e depois entrar pelo portão da sra. Pápai. Ele conhecia a casa porque já havia interrogado a sra. Pápai em duas ocasiões. Buscou por um bom esconderijo perto do casebre, mas não conseguiu encontrar nenhum. Correu até o portão. Jogou-se na valeta e se arrependeu na mesma hora. Era como entrar em uma banheira cheia de lama e lesmas.

Ouviu Tia Suzy batendo alto na janela da sra. Pápai. Bartok tinha quase certeza de que ela estaria em casa. Nenhuma mulher ousava sair para a rua agora. Mas a sra. Pápai não atendia. Ele ficou ouvindo a parteira esmurrando a janela.

Sei que a senhora está aí! Saia já daí, sra. Pápai!

Várias outras batidas se seguiram antes de Bartók escutar o trinco do portão ser erguido. Ele baixou a cabeça. Se precisasse, respiraria fundo e mergulharia na água da valeta.

O portão bateu com um estrondo alto que fez a cerca tremer. Bartók sentiu o movimento atravessá-lo como um choque. Ergueu a cabeça e espiou por cima da barreira da valeta. Seus olhos estavam na altura das botas da parteira. Ele conseguia enxergar as linhas de grama molhada nos saltos e os montinhos de lama por toda a sola. Com sua visão de cobra, ele a observou seguir a passos pesados pela grama encharcada até a casa ao lado e erguer o trinco daquele portão. Era a casa da sra. Gyõzõ. Bartok não conseguia escutar muito bem por causa da chuva, mas ouviu as batidas fortes da parteira à janela.

A parteira, encharcada de chuva, seguiu para cima e para baixo, rua após rua, batendo em uma janela atrás da outra, enquanto Bartók a seguia sem ser notado. Não imaginava a quantidade de casas às quais ela iria. Tentou se lembrar de todas, para saber em quais deveria voltar — a que tinha petúnias na frente, a com a cerca quebrada, a com um ninho de cegonha no telhado, a do outro lado de uma fileira de arbustos —, só que eram muitas. Desejou estar armado de caneta e papel para anotar todas. Mas o fato era que ninguém atendia as batidas de Tia Suzy às janelas.

Depois de ela terminar de circular pelas ruas secundárias desordenadas, voltou para a Órfão. Movia-se mais rápido do que tinha se movido por toda a tarde, quase se jogando pela rua, a cesta balançando loucamente. Cada passo pesado da bota espirrava água de volta nela. Bartók correu para acompanhá-la, parando de árvore em árvore, de arbusto em arbusto, enquanto ela passava pisando duro pela frente da própria casa, sem dar qualquer sinal de notar sua presença, e virar na rua Árpád.

Bartók disparou até a esquina. Oscilou na encruzilhada, olhando para um lado, para o outro. A respiração dele estava ofegante. Estava ensopado. Olhou para o bar dos Cser, do lado oposto. A Árpád parecia vazia, com exceção da figura solitária que ele agora via caminhando rápido, com um casaco de inverno quente demais cobrindo a cabeça. A parteira já tinha se distanciado bastante, mas Bartók conseguiu alcançá-la. Depois de ela entrar no portão do número sessenta e cinco, ele correu para se aproximar e agachou do outro lado da cerca.

A parteira estava guardando a casa de Maria por último, em parte porque estava determinada a encerrar seu dia no bar dos Cser (como uma demonstração pública da sua força de vontade, no mínimo), e em parte porque queria aparecer na casa de Maria com seus jarros cheios do dinheiro que tinha coletado.

Na mente de bruxa da parteira, ela não estava pedindo nada, apenas recuperando o que lhe era devido havia muito tempo. Toda janela em que batera abrigava uma mulher que devia a ela pelos segredos que guardara, pelas crises que solucionara, pelos atos que cometera. Ela as ajudara nos momentos em que precisavam — tendo elas pedido ou não, sabido ou não —, e havia chegado a hora de pagarem.

Mas seus jarros permaneciam vazios. Eles rolavam de um lado para o outro na cesta, tilintando e ressoando enquanto batiam uns nos outros. Cada rejeição encontrada em cada porta não atendida fervilhava dentro dela.

Ela ergueu a mão e bateu com força à janela de Maria.
MARIA! SAIA DAÍ AGORA!

Esfregou as juntas dos dedos, sentindo a pele esticada das mãos. Praticamente todas as articulações, desde os dedos até os joelhos e tornozelos, estavam inchadas de artrite. Ela não conseguira usar suas tinturas na prisão, e a dor estava quase insuportável.

Ela bateu à janela de novo.

MARIA SZENDI! EXIJO QUE SAIA DAÍ!

Após um instante, Tia Suzy saiu da varanda, tão pesada quanto um velho urso, e foi andando pelo quintal. Havia alguns pedaços de grama aqui e ali, mas a maior parte do chão era de terra, e havia buracos em que as galinhas se esfregavam.

Ela olhou para a lateral da casa. Um novo estábulo — construído para a bela carruagem de dois cavalos que Maria comprara após a morte de Michael — tinha sido apertado no quintal lateral. Tia Suzy nunca tinha visto a carruagem de perto, mas era obrigada a escutar os outros a descrevendo. Ninguém falava de outra coisa nas semanas depois de Maria ter feito a compra. As portas do estábulo estavam fechadas. A carruagem devia estar lá dentro. Então ela com certeza estava em casa. Era uma das poucas mulheres no vilarejo que circulava livremente por Nagyrév para desafiar os gendarmes, mas, nos últimos dias, também havia se trancado em casa.

Tia Suzy voltou pelo quintal e subiu com dificuldade na varanda de novo. Bateu à janela mais uma vez. Inclinou-se e espiou pelo vidro, mas viu apenas o próprio reflexo, distorcido pelas gotas de chuva que manchavam a superfície.

Empertigou-se. Olhou ao redor. O céu, que tinha passado o dia inteiro escuro, começava a clarear. A chuva se transformava em névoa.

MARIA SZENDI! SAIA AGORA!

A parteira continuou firme. Oscilava para a frente e para trás, segurando os cotovelos, pensando no que fazer.

Impulsionou o corpo para a frente feito um touro. Apertou os braços. Fincou o salto da bota com toda a força nas tábuas de madeira até escutar o som alto de algo quebrando, então observou a rachadura minúscula saindo de debaixo do seu pé e ziguezagueando pela madeira. Se precisasse, quebraria a casa de Maria inteira.

A porta abriu uma fresta, revelando parte do rosto de Maria. Ela segurava a maçaneta com força, pronta para bater a porta se precisasse.

O que está fazendo aqui? Vá embora agora!

Tia Suzy deu um passo curto, cambaleante, para trás. A tarde dela não estava indo nada como o planejado. Nem uma única vizinha atendera à porta. Após tanto bradar para Maria aparecer, estava chocada ao vê-la.

Deu alguns passos para a frente.

"Quero cinquenta *pengos*!"

No instante em que as palavras saíram de sua boca, ela desejou ter pedido mais. Cem *pengos*. Cento e cinquenta.

"Não! E por que você precisaria de dinheiro?" Maria enfiou a cabeça um pouco para fora da pequena fresta e olhou ao redor, analisando o quintal. O olhar dela voltou-se para a velha inimiga.

"Não tenho motivo para lhe ajudar agora. Não preciso de mais nada de você."

A névoa que havia tomado o lugar da chuva agora trazia um calor opressivo. O sol estava forte. A parteira suava embaixo das camadas de roupas molhadas que vestia, que instantes atrás a tinham deixado com frio. Agora, o casaco estava sobre um braço. Ela sentiu o pânico aumentar. Soltou a cesta no chão. Tentou arrancar o casaco, mas ele se prendeu à manga molhada do vestido. Falou um palavrão e se digladiou com o velho casaco, até ele finalmente se soltar e cair com um baque molenga. Chutou-o várias vezes, sabendo que tudo estava saindo de controle. Agitou os punhos no ar e bateu com as botas no chão.

"Quero o dinheiro, Maria! Agora! Se você não me pagar, vou sacudir Nagyrév como uma toalha de mesa e o vilarejo inteiro vai desmoronar!"

Maria voltou a cabeça para dentro de casa. Bateu a porta. O som foi tão alto que Bartók se retraiu.

Tia Suzy saiu da varanda, passou pelo portão batendo os pés e o fechou com força. Olhou para o bar dos Cser do outro lado da rua, mas estava cansada demais, esgotada demais para ir até lá. O único lugar onde queria estar era a sua casa.

Bartók passou na câmara do vilarejo para reportar suas descobertas ao conde Molnar antes de voltar para a casa onde estava hospedado. Precisava vestir o uniforme de novo para ir buscar as suspeitas com o pregoeiro.

Imediatamente, conde Molnar ligou para o promotor para contar os resultados da investigação de Bartók.

Vigília

Quinta-feira, 18 de julho de 1929, noite

Pequenas manchas de ferrugem brilhavam na palma da parteira. Uma marca vermelha profunda também tinha aparecido ali. A alça de arame da lamparina sempre a carimbava assim quando a apertava demais, como fazia agora. Abriu as mãos e as inspecionou sob a luz da lua. A luminária pendia de sua palma aberta. As dobradiças dela guinchavam, onde a ferrugem se acumulava. Quando a velha lamparina balançava, fosse por causa do vento ou de sua mão ansiosa, a poeira da ferrugem escapava, espalhando-se pelo ar ao seu redor.

Por horas ela ouvira o pregoeiro chamando no portão de várias aldeãs.

Ela ouvira a irmã berrado na rua enquanto era levada embora. Tinha espiado entre as frestas da cerca e visto Lidia se debatendo contra os gendarmes. Rose também. Depois, ela havia voltado engatinhando para casa, onde passara horas escondida.

O que ela sabia era o que sempre soubera. Não havia escapatória. As fronteiras do vilarejo estavam fechadas, vigiadas pelo guarda noturno e outros homens. Uma fuga para a floresta significaria passar a noite com lobos. Os gendarmes tinham armado uma arapuca. Ela era a abelha-rainha que perdera a colmeia. Quando a polícia viria buscá-la? Aquela espera era uma punição, e ela entendia o jogo deles.

Quando viessem, estaria pronta. Com os dedos trêmulos, ela acendeu a lamparina e saiu apressada para a estrada, uma vigia em defesa do próprio destino.

Por toda a noite, ela patrulhou a esquina das ruas Verde e Órfão, andando de um lado para o outro entre as duas, atenta aos gendarmes que, misteriosamente, jamais viriam buscá-la. O canto trêmulo de uma mobelha ressoou pelo céu.

Pastorinhas de gansos e covas abertas

Três semanas depois...

Budapeste

Fazia semanas que MacCormac estava em uma expedição investigativa com outro correspondente internacional, M. W. "Mike" Fodor, nativo da Hungria. Assim que os dois repórteres chegaram a Budapeste, Mac-Cormac contratara a irmã de Fodor, Elizabeth, como sua assistente local. Ela trabalhava como jornalista no jornal da família em Budapeste, era fluente em inglês e tinha contatos de primeira.

Uma das primeiras coisas que MacCormac observara na Hungria era que os repórteres agiam de forma muito parecida com os de Viena. Poucos correspondentes se davam ao trabalho de usar a sala de imprensa no correio, e a maioria preferia se alocar em um café com um chefe dos garçons excessivamente complacente, igualzinho a Gustav no Café Louvre de Viena. Em Budapeste, os repórteres trabalhavam no Café New York. A única diferença era que Budapeste, ao contrário de Viena, não estava lotada de correspondentes internacionais. Os jornalistas no café costumavam ser autônomos ou empregados por jornais regionais. O caso de Nagyrév, porém, havia chamado atenção da imprensa internacional em peso. Hordas de jornalistas agora circulavam pela cafeteria como se ela fosse uma bolsa de valores.

Era mais fácil cobrir a história em Budapeste — ou, para ser mais preciso, quase impossível cobri-la em Nagyrév. Ir até o vilarejo demoraria, na melhor das hipóteses, um dia inteiro. Chegando lá, não haveria um método prático para enviar as matérias além de por carta, que poderia demorar semanas para chegar nos Estados Unidos. Além disso, o correio do vilarejo não era equipado para lidar com as transmissões sem fio que os noticiários americanos usavam. Tudo que saía das salas de redação europeias era passado por telefone para Paris, e, de lá, despachado por telégrafo ou rádio para os Estados Unidos. Havia apenas dois telefones no vilarejo, e a conexão era precária demais para um telefonema de tão longa distância.

Em Nagyrév, não haveria lugar para um jornalista dormir, nem comer (nem o bar dos Cser, nem o outro bar, menos frequentado, estavam funcionando no momento), e seria impossível conseguir publicar as matérias. Escrever sobre as novidades do caso em Budapeste era a única opção viável para a imprensa estrangeira.

MacCormac se sentia sortudo por ter Elizabeth em sua equipe. Ela estava sempre alerta para qualquer notícia sobre Nagyrév e Tiszakürt desde que a nota inicial havia sido publicada pelo semanário regional de Kunszentmárton no começo de julho, mas era difícil encontrar alguma coisa além de migalhas.

A escassez de notícias era proposital, MacCormac entendia isso agora. Alguém devia estar controlando o fluxo de informações. Mas agora, elas vinham loucamente rápido, e era difícil prever qual seria a próxima reviravolta da história. Já tinham acontecido suicídios, fugas, túmulos vandalizados, até gendarmes capturando suspeitas como se as sequestrassem. Os coveiros encontravam frascos de vidro com arsênico escondidos dentro dos caixões das supostas vítimas.

E havia uma enxurrada de bilhetes anônimos nos quais vizinhos apontavam vizinhas como assassinas. A boca fechada dos camponeses da planície húngara tinha se escancarado e as canetas dos jornalistas corriam para acompanhar. O último número: mais de trinta prisões feitas. Além de mais de cinquenta suspeitas detidas no casebre do pregoeiro no vilarejo e no presídio de Szolnok.

MacCormac sabia que levava vantagem sobre os colegas de Viena por sua localização. Podia usar a redação do *Pesti Napló*, o jornal da família Fodor, quando quisesse, e a família tinha ótimos contatos em Szolnok. Esse era um benefício que ele estava aproveitando bastante.

Quanto aos jornalistas locais, tinham transformado Kronberg em um herói. "A imprensa húngara nunca escreveu tanto sobre um promotor, e nunca admirou tanto um", observou um repórter em matéria para o *Kis Hírlap*, um jornal de Budapeste. "Para Kronberg, os julgamentos serão a coroação da sua vitória, uma recompensa em vez de uma prova, após tanto trabalho duro."

Mesmo assim, apenas Barny tinha acesso direto a Kronberg, e, nesse sentido, acesso ao caso. A imprensa recebia apenas o que Kronberg liberava. Era, pelo menos até o momento, uma operação controlada com firmeza. A chegada da imprensa estrangeira a Budapeste, porém, era preocupante para o promotor. Ele sabia que isso significava receber mais atenção do regente Horthy.

Nagyrév

Uma pilha de cordas trançadas estava no chão, à sombra de um velho carrinho de mão. Algumas, muito esfarrapadas nas extremidades, tinham sido grosseiramente entrelaçadas de volta pelas mãos rudes de um coveiro. Outra pilha fora jogada ali perto. Havia cordas espalhadas por todo o cemitério. Sempre que um coveiro pegava uma — havia um monte de coveiros trabalhando agora —, uma explosão de poeira terrosa enevoava o ar.

O fedor de pinheiro podre era amenizado pelo vento leve. Lascas de madeira em decomposição sujavam o chão. Quase quarenta caixões tinham sido desencavados. Alguns estavam enterrados havia mais de uma década. Quando os coveiros abriam as covas, elas cediam com um estalo baixo, farelento.

Em sapatos brilhantes, com a barra da calça beijando os cadarços, Kronberg se movia com cautela pelo labirinto de buracos fundos e caixões desenterrados, evitando cuidadosamente cordas, abaixando-se para desviar de galhos de árvore, passando por cima de montes de ferramentas enferrujadas enquanto ficava de olho nos coveiros, que repentinamente empunhavam suas pás e começavam a jogar terra por todas as direções permitidas pela Mãe Natureza.

Ele parou e se empertigou, pressionando uma das mãos contra a lombar. Levou a outra mão à testa, protegendo os olhos para enxergar melhor.

Analisou o exército de coveiros enquanto iam de um lado para o outro do cemitério. Eram recrutas locais. A remuneração era generosa, e qualquer homem sem emprego estável tinha se oferecido. Com pés descalços, calças dobradas acima dos tornozelos e chapéus de abas largas abraçando suas cabeças, eles pareciam espantalhos para Kronberg. Tinham passado dias desencavando seus pais, avós, tios, primos. Trocavam gritos em um dialeto completamente incompreensível para Kronberg. As ordens deles passavam voando por ele como bolas. Também tinham a tendência de largar as ferramentas onde bem entendessem. Kronberg logo tinha aprendido a prestar atenção no zunido de machadinhas dando um golpe. E passavam pelo dr. Orsos e sua mesa grande como se fosse completamente normal ter um médico de jaleco branco parado em um cemitério, diante de uma tigela cheia de órgãos humanos.

O dr. Orsos tinha montado sua base na frente da cabana sem reboco do cuidador do cemitério, um ponto branco brilhante no canto de toda a agitação. O médico fazia o teste de Reinsch em amostras de órgãos, e o dr. Kanitz estava dentro da cabana, onde só havia espaço para uma pessoa, fazendo a mesma coisa.

O teste de Reinsch era um procedimento rudimentar em que uma tira de lâmina de cobre limpa era aquecida em solução ácida, junto da amostra removida de um órgão. Se o cobre ficasse preto ou até algum tom de cinza, era prova suficiente para os médicos de que poderia haver arsênico nos órgãos, e as amostras suspeitas eram enviadas para o instituto de análises químicas em Budapeste. Lá, o teste de Marsh era conduzido, um procedimento muito mais abrangente para detectar arsênico.

Alguns casos logo seriam refutados, incluindo Ébner e o marido ausente de Tia Suzy, que tinham falecido mais ou menos na mesma época do ano anterior. Nenhum dos dois corpos tinha arsênico. Esse também era o caso de Alexander Kovacs, o pai. Ele havia morrido pouco depois do retorno de Maria a Nagyrév, mas seu cadáver não portava indícios detectáveis da toxina. O mesmo não podia ser dito sobre Alex Junior.

Assim que o caixão fora aberto e o corpo pôde ser observado, o dr. Orsos ficara imediatamente desconfiado. O arsênico costumava preservar restos mortais. Ele deve ter notado pela data, ainda legível na lateral do caixão, que lidava com um homem que falecera dez anos antes. As observações dele tinham sido detalhadas, e Kronberg as lia como se fossem literatura.

O corpo inteiro está, surpreendentemente, tão mumificado que permaneceu inteiro, duro e seco. A superfície do cadáver, especialmente o rosto, a cabeça e a parte superior do peito, está coberta por uma camada grossa de mofo branco amarelo-dourado-amarronzado. Do lado esquerdo, até a pálpebra permaneceu intacta. O cabelo é muito espesso, comprido e levemente cinza-amarelado. Os músculos do pescoço e os órgãos estão tão perfeitamente preservados que a cor deles permanece cinza-amarronzada. A cabeça é leve, pesando pouco menos de um quilo. A pele do crânio se assemelha a couro; ela preservou todas as camadas. Os músculos das têmporas estão secos e apresentam um tom marrom desbotado [...] O cérebro retrocedeu na parte traseira do crânio e estava coberto por insetos necrófagos de asas curtas que mediam oito ou nove milímetros de comprimento e um milímetro de largura. Eles emitem um odor ácido e desagradável [...] A pele do peito e do estômago tem a mesma cor de bacon. Sob a pele, a camada de gordura está amarelada e exala um fedor estragado [...] Observamos que o coração tem tamanho médio, e seu formato e localização são reconhecíveis. O coração apresenta uma cor marrom-avermelhada discreta. As câmaras permanecem intactas [...] Tiramos cem gramas do coração e a acrescentamos ao pote de número três.

Os médicos tinham encontrado os restos mortais de Michael Kardos em um estado de preservação semelhante. Amostras dos dois cadáveres tinham sido enviadas para o instituto de análises químicas.

A cabana tinha uma janela comprida, estreita, de vidraça fina, pela qual muitas ventanias tinham soprado e que muitas tempestades atormentaram. Animais tinham espiado por ela e a cutucado até muitos arranhões cobrirem a superfície do vidro. Agora, um grupo de camponeses tinha brotado como flores. Espiavam o dr. Kanitz pela janela. Kronberg concluíra de que vinham de vilarejos vizinhos. Ao entrar no cemitério, ele vira várias carroças com placas de Abony e outros lugares das redondezas de Nagyrév. O dr. Kanitz erguia os restos mortais para a janela, onde a luz era melhor, mas os mantinha ali apenas por um ou dois instantes a mais do que o necessário.

Kronberg ouviu um leve farfalhar perto de si, o som de uma cobra, ou talvez de um coelho ou esquilo. Olhou para os próprios pés. O chão era arenoso e cheio de pedrinhas. Muitas das lápides eram feitas de madeira, porém algumas eram de pedra, como a mais próxima dele. Inclinou-se para baixo e deparou-se com uma mulher, toda vestida como a noite mais escura, agachada contra o túmulo. Ela o agarrava com as duas mãos para espiar por cima da pedra, tentando ver o que o dr. Orsos estava fazendo.

Ele ouviu outro farfalhar às suas costas e se virou para olhar. O sol estava forte demais para distinguir as fitas brancas que salpicavam o céu, mas Kronberg achava que os gansos que vinham caminhando pela terra pareciam maços de nuvens caídas.

As pastorinhas vinham das margens da curva do rio, que tinham sido encharcadas pelas chuvas recentes, tornando-as menos firmes. As meninas faziam um caminho sinuoso entre os túmulos, carregando seus bastões de madeira com as esvoaçantes fitas brancas no alto como bandeiras para as aves, que as seguiam obedientemente, parando de tempos em tempos para comer a grama.

O velho Cser

Sexta-feira, 9 de agosto de 1929

Lewis tinha caído. Seu rosto estava virado para o chão e galinhas ciscavam ao redor dele. Tinha engolido um pouco de terra.

Virou-se de barriga para cima, mas não conseguia se levantar. Voltou à posição anterior e tentou encontrar algo em que se segurar, qualquer coisa que lhe desse apoio. Não sabia direito onde estava. Dentro do seu quintal? Fora?

Ele se empurrou para cima com as palmas das mãos e se segurou em um arbusto próximo. Lembrava-se de uma fileira de arbustos diante de seu bar, e isso ajudou a orientá-lo. Lewis segurou a planta como se ela fosse uma escada, levando cada uma das mãos à frente da outra, até estar mais ou menos de pé. Soltou-se. A cabeça girava com a bebida. Quase caiu sobre o arbusto até se jogar para trás, os braços girando feito as rodas de uma carroça enquanto buscava pelo simples equilíbrio que o eludia. Antes de se espatifar de novo, porém, ele conseguiu se firmar, e foi nesse momento que se lembrou para onde estava indo e por que estava com raiva.

Lewis tinha conseguido passar boa parte do verão sem se envolver diretamente com a situação dos gendarmes na casa do pregoeiro. Não estava por perto para vê-los buscando sua esposa nas primeiras vezes que a levaram para ser interrogada, e só estava minimamente ciente do fato de que a sra. Kiss também fora levada. Não tinha pensado muito sobre o que iriam querer falar com nenhuma das duas. Mal notava os homens de terno de Szolnok que agora empesteavam o vilarejo. E nem se importava tanto assim por sua clientela ter sido praticamente toda espantada como resultado da investigação. Mas a loucura em Nagyrév também não o afastara do bar. O lugar se movia ao seu redor como os ponteiros de um relógio, enquanto ele mergulhava em sua garrafa no meio de tudo.

Aquela vagabunda maldita.

Quanto mais rápido ele se movia, mais firme se sentia, então começou a ir se inclinando pela rua Árpád, batendo nas alfarrobeiras que ladeavam o caminho e girando de volta para o meio da estrada como um pião.

Mais cedo, naquele dia, a porta do bar fora escancarada. O brilho repentino de luz tinha iluminado o espaço como uma fogueira. Lewis estava sozinho — fazia semanas que os clientes não apareciam — e se virou para ver quem era.

Um dos seus vizinhos, um homem com quem tinha crescido, estava parado na porta, apenas a silhueta visível, uma mancha escura contra o sol.

Lewis, você soube? Anna acabou de confessar que matou o seu pai.

Prestação de contas

Sábado, 10 de agosto de 1929

Dois bancos tinham sido apertados dentro da cozinha do pregoeiro, e dez mulheres-corvo estavam sentadas neles. De costas para o quarto, onde os interrogatórios aconteciam, as mulheres encaravam a parede amarelada. Havia espaço suficiente na frente delas para os gendarmes passarem, apesar de ser estreito. Vários outros bancos estavam empilhados lá fora. As idas e vindas de suspeitas eram como uma maré enchendo e esvaziando.

Maria Szendi estava sentada no banco atrás de Anna, e perto de Maria estava Kristina Csabai. A sra. Kiss ocupava o lado oposto, e Mari Fazekas estava bem do lado de Anna, tão perto que seus braços pareciam ter sido costurados juntos. A coxa larga de Mari pressionava a perna ossuda de Anna. Sempre que ela respirava, era como um balão se expandindo, e Anna era ainda mais pressionada, apertada feito uma pulga.

Anna estava desconfortável, mas não se deixava abalar pela presença da filha do demônio ao seu lado.

Havia uma janela embaçada, e o sol entrava pelo vidro como se o cômodo fosse um balde que se enchia de sua glória. A velha tapeçaria desbotada na sala principal tinha sido reanimada pela luz, e os poucos pertences do pregoeiro — sua vara de pesca na sala e algumas panelas de cerâmica na cozinha — quase pareciam bonitos. A fileira de vestidos pretos era como uma fila de sementes escuras arrumadas, prontas para serem plantadas. Para Anna, os raios fortes feriam os olhos, que estavam tão inchados que pareciam ter sido costurados com linha e agulha. Uma fina linha vermelha passava por suas pálpebras. Sua testa também estava ferida, manchada com um hematoma roxo-escuro, da cor da noite, uma marca que mapeava a verdade desde seu nariz até a maçã do rosto.

Não fazia nem um dia inteiro desde que Lewis causara o hematoma. Tinha entrado com tudo pela porta aberta do casebre e lhe dado um soco rápido no rosto antes que os gendarmes conseguissem segurá-lo e empurrá-lo para fora. O olho dela ainda doía demais. Movimentos repentinos, ou até abaixar a cabeça, causavam uma dor latejante.

Anna não havia confessado ter matado o pai de Lewis. No entanto, tinha confessado que não impedira a sra. Kiss de matá-lo.

O velho sr. Cser costumava cagar pela casa toda. A merda dele caía direto no chão, em excrementos moles que se acumulavam aos seus pés. Ele caminhava por cima da sujeira e deixava rastros de fezes pelo casebre, que Anna precisava limpar depois de limpá-lo. Mijava onde quer que se sentasse, e ela precisava limpar isso também. Além disso, ele estava cego. Às vezes, ela o encontrava parado em um canto como se estivesse preso. Quando Lewis Junior tinha nascido, Anna tinha um medo constante de que o velho o machucasse. Não de propósito, claro. Mas que tropeçasse no bebê, mijasse nele ou coisa parecida. Lewis dormia onde quer que caísse, mas o velho dormia na sala com ela e o bebê. Depois de um tempo, ela havia parado de dormir. Passava a noite inteira acordada, cuidando dele ou do bebê. Ela fora minguando até virar um fiapo de gente.

A sra. Kiss havia sugerido tomar uma atitude, mas ela não tinha coragem. "Meu marido me espancaria até a morte", dizia ela para a sra. Kiss.

Mas ela não a impedira de colocar uma esmaltita cheia de arsênico na sopa do velho. Ele tinha morrido três semanas antes do segundo aniversário do filho dela.

Ninguém teria descoberto sobre o velho sr. Cser se não fosse pelas conclusões errôneas da sra. Kiss e dos gendarmes. Tinham trazido a sra. Kiss pela desconfiança de que ela poderia saber algo sobre as mortes dos bebês de Anna. Mas, assim que ela os viu, começara a falar sobre o sr. Cser.

Isso estava acontecendo bastante com os gendarmes, mulheres confessando crimes que ninguém sabia que tinham sido cometidos. E, com a mesma frequência, mulheres imploravam para que os restos mortais dos maridos fossem desenterrados, apenas para provar, caso alguém se interessasse em saber, que o homem havia morrido de causas naturais.

O banco era duro, como o da igreja, e passar horas a fio sentada nele causava uma dor lancinante no corpo ossudo de Anna.

As suspeitas tinham começado a dormir na hospedaria, uma casa grande localizada quase no fim do vilarejo, onde alguns dos gendarmes também estavam hospedados. Sob condições normais, a hospedaria raramente ficava cheia, e com frequência estava vazia. Às vezes, mascates ficavam lá quando não conseguiam encontrar um aldeão que os alojasse durante a noite, mas o lugar costumava ser usado sobretudo por caçadores quando seu grupo era grande demais para alojamentos de caça locais. As mulheres-corvo ocupavam um quarto. Dormiam em esteiras de palha e sobre pilhas de cobertores, e a esposa do dono preparava café da manhã para todas.

Era meio-dia quando Anna foi chamada de novo ao quarto do pregoeiro. Na varanda, as pessoas traziam almoço para as parentes detidas. Elas se reuniam diante da porta aberta com panelas e tigelas, tentando enxergar além do conselheiro que ficava de guarda na entrada. Quando Anna passou, sentiu o cheiro de lentilhas, sopa de *lebbencs* e carne de carneiro. Pensou imediatamente nos filhos, apavorada com a ideia de que eles estivessem lá fora agora e que continuariam ali quando ela saísse.

Ao entrar no quarto do pregoeiro, Anna entendeu que os gendarmes não queriam mais saber sobre o sr. Cser. Já tinham descoberto tudo sobre o velho, o suficiente para acusar a sra. Kiss de homicídio e Anna de cúmplice. Desta vez, queriam saber sobre os bebês.

Anna contou tudo.

Falou sobre a filha com lábios de botão de rosa e sobre o filho nascido à meia-noite. Contou sobre seus seios vazios e sobre seus armários vazios. Contou sobre a pressa para salvar a alma do filho com um batizado em cima da hora e sobre a eternidade terrível no purgatório a que tinha condenado a irmã morta dele. Contou sobre a pergunta que a parteira fizera, que tinha levado veneno ao corpo da sua bebê, e sobre a pergunta que a filha da parteira fizera sete anos depois. Contou sobre a hemorragia, sobre os bebês que nasciam meio-vivos e morriam sem precisar que uma solução fosse passada em seus lábios. Contou que ela sempre soubera que jamais poderia escapar de Deus.

A confissão de Anna não teve pausas nem lágrimas. Ao terminar, saiu a passos arrastados do quarto do pregoeiro e retomou seu lugar no banco.

Ela firmou os pés no chão. As botas eram grandes demais, e todo aquele tempo de ociosidade inchara os pés dela o suficiente para caberem lá dentro. Curvou-se para a frente. Enfiou um dedo sob o lenço amarrado no queixo e o soltou um pouco. Devolveu as mãos para o colo, e, assim que fez isso, sentiu-as serem tomadas pelo toque quente de Mari.

Se já estava apertada contra Mari antes, agora mal conseguia respirar com a falta de espaço. A corpulência da mulher era como um saco aberto em um espaço livre, e Anna era obrigada a se encolher ainda mais para caber no pequeno espaço que lhe restava.

As mãos de Mari eram quentes como um forno, mas Anna estremeceu mesmo assim.

Com as palmas, Mari cobria como um telhado as mãos de Anna, pequenas como as de uma criança. Mari as levou ao peito, apertando-as. Ergueu a cabeça, esticando o pescoço por cima de Anna para ver melhor o que acontecia na sala, onde todos os gendarmes tinham se reunido. Via-os encarando a comida, que tinha sido trazida da varanda. Mari se inclinou para perto de Anna, levando os lábios à sua orelha.

"Querida sra. Cser", sussurrou ela. "Eu *imploro* a você, ao grande Deus no céu, retire sua confissão, por favor."

Era fácil para Mari supor que Anna havia confessado. Ninguém tinha precisado lhe contar. Conseguia enxergar no rosto dos gendarmes. Quando não estavam distraídos pelo almoço, os policiais se alternavam em vigiar as mulheres. Apertavam-se pela passagem estreita à frente delas, chutando seus pés em vez de passar por cima. Inclinavam-se para baixo e batiam em ombros. Inclinavam-se mais ainda, diante de seus rostos.

Vagabunda.

Vadia.

Espero que você esteja sentada no seu mijo.

Já sinto o cheiro da corda com que vão lhe enforcar.

Quando voltavam para o outro lado, cutucavam as costas de alguma mulher-corvo com a ponta da baioneta, afastando-se logo depois de o pano do tecido rasgar.

Mas, depois que uma mulher confessava, passava a ser ignorada, deixada de lado feito uma fruta estragada, e Mari havia notado que nem um único policial olhara para Anna depois de ela sair do quarto do pregoeiro.

"Por favor, vamos dizer que foi minha mãe que fez tudo."

Um calor começou a subir por Anna, uma cobra esguia de raiva que nunca a visitara antes. Ela puxou as mãos para longe das de Mari. Afastou a cabeça e fechou seu olho bom como se soltasse a cortina após o fim de uma peça.

Mari sussurrou de novo. "Nós duas nunca brigamos. Sempre nos demos bem."

Anna virou a cabeça de novo para Mari.

"Me deixa em paz!"

Na sala, os gendarmes começaram a se empanturrar com as panelas de comida enviadas para as mulheres. Os conselheiros presentes começaram a servir algumas tigelas para alimentar as suspeitas. Mais tarde, elas seriam escoltadas até a latrina, mas, por enquanto, ninguém as vigiava.

Mari se inclinou para a frente. Enfiou uma das mãos dentro da bota, esticando os dedos sobre o tornozelo até pegar sua navalha. Ela a guardara ali no dia em que os gendarmes tinham capturado sua mãe. A navalha, parte da coleção do seu ex-marido, tinha um logotipo alemão sobre o cabo de osso escuro. Daniel tinha deixado vários equipamentos da barbearia para trás quando fugira da casa. Ela havia juntado tudo e ainda os guardava após tantos anos.

Abriu a lâmina.

"Eu jamais vou confessar. Nem para Deus."

Mari passou a navalha rapidamente sobre o pulso em um corte reto.

Resgate e resolução

Domingo, 11 de agosto de 1929

Kronberg tinha andado do cemitério até a margem do rio em sapatos feitos para caminhar por ruas metropolitanas, paralelepípedos ou caminhos planos, sem buracos. Em comparação, as vias de Nagyrév eram completamente selvagens. Agora que tinha se aventurado pelo solo revirado do cemitério e as gramas pantanosas da orla, os sapatos dele estavam tão sujos quanto os de um menino, arranhados e enlameados. A caminhada entre os dois pontos, porém, tinha sido reflexiva. A terra do cemitério era impura de tantas formas sombrias, e ele não conseguia tirar isso da cabeça. Kronberg sentia o peso dos assassinatos em suas costas.

Não fosse por seus sapatos e seu humor, ele pareceria um homem que tinha acabado de sair de um navio a vapor para aproveitar as férias. O paletó que vestia era quadrado nos ombros. A gravata-borboleta estava firme na gola. A temperatura tinha alcançado 32 °C, e, de tempos em tempos, ele tirava o chapéu para secar a testa com o lenço que trazia no bolso da calça. A brisa do rio também ajudava a refrescá-lo.

Chegou mais perto da margem, onde um barco a remo grande estava ancorado. A cor dele era marrom como o tronco escuro de uma árvore, apesar de estar desbotada pelos anos de sol. Partes tinham se tornado cinza-escuro. Pintado em grandes letras maiúsculas brancas na lateral, lia-se "GENDARMERIA". A tinta estava velha, lascada e se desprendendo nos cantos de cada letra.

Ele escutou o som oco do barco batendo contra as amarras e observou uma sombra escura cobri-lo, lançada por um rebocador se aproximando do porto. O ancoradouro para embarcações maiores — a balsa, por exemplo, e o barco que o abatedouro de gansos Schneider, de Kecskemét, usava — ficava vários metros rio acima. Kronberg ouvia os trabalhadores do local gritando uns com os outros.

Uma cadela estava deitada na grama perto da orla, amamentando os filhotes com uma expressão satisfeita. O calor do sol a relaxara. O próprio cachorro querido de Kronberg, Dandy, gostava de tomar sol no pátio de casa, e o animal dominou seus pensamentos por um momento. Mais para baixo no rio, dois meninos pescavam sobre uma pedra cuja ponta sobressaía da margem. O sol brilhante lhes atribuía silhuetas escuras, magras, e os dois se moviam pela ponta da pedra como sombras. Mais adiante estavam os pântanos juncosos que as cegonhas pretas depredavam, e ainda mais para baixo, perto da cidade de Szeged, ficava o Cânion das Bruxas, que recebera o nome em homenagem a uma parteira chamada Anna e a dezenas de outras acusadas de bruxaria e queimadas na fogueira em julho de 1792, duzentos anos antes.

Kronberg ouviu o farfalhar às suas costas e virou-se para olhar. Era o motivo para ter ido até ali.

Ele não havia visitado o casebre do pregoeiro durante as visitas a Nagyrév. Tinha deixado essa parte sob responsabilidade dos investigadores e conselheiros locais, além dos gendarmes e de seu inspetor, é claro. Mas havia sido chamado para testemunhar uma procissão sombria. Ainda não sabia que aquilo faria germinar uma ideia importante.

Observou a cobra formada pela fila de mulheres de preto que marchava, vinda do casebre do pregoeiro, pelo campo úmido. Mantinham o queixo enterrado no peito e as mãos entrelaçadas à frente do próprio corpo. Eram tão silenciosas quanto freiras rezando, e apenas o balanço de seus vestidos denunciava a presença delas.

Entre as dez mulheres estavam cinco que lhe eram bem conhecidas: Kristina Csabai, Rosa Kiss, Anna Cser, Maria Szendi e Mari Fazekas. O pulso de Mari estava enfaixado, e ele notou que ela o segurava de um jeito que deixava o curativo à mostra. Analisou Mari em busca dos traços de Tia Suzy e encontrou o mesmo ar combativo.

Kronberg deu um passo para o lado, para deixá-las passar. Ao longe, viu os dois ajudantes de convés do rebocador.

Nem Kristina, acusada de ser cúmplice no assassinato do marido, em 1923, nem Mari, acusada de vários casos de aborto e infanticídio, tinham confessado. Kristina negara veementemente qualquer delito. Mari tinha sido mais evasiva em suas respostas. Maria Szendi admitira ter assassinado o marido e o filho único. Não tivera escolha. Havia arsênico suficiente em cada um para matar dois homens. Kronberg a analisava agora em busca de sinais de remorso.

Um gendarme correu para puxar o barco para perto. Segurou-o para que as mulheres embarcassem. Muitas sequer tinham entrado em uma embarcação como aquela, e o balanço suave da maré as assustava. Kronberg ficou observando enquanto elas se seguravam uma à outra ou apertavam o banco que ocupavam. Depois que todas as mulheres se acomodaram, dois gendarmes entraram e se sentaram, um na proa e o outro na popa. Com um remo, empurraram a margem, e então seguiram a rota que fariam rumo ao norte, para Szolnok. Aquela era a primeira leva do casebre do pregoeiro para a prisão. A jornada pelo Tisza levaria quatro horas. Kronberg ficou decepcionado ao pensar que Suzy Fazekas nunca pisaria naquele barco.

Kronberg se virou para voltar pela orla. O barco dos gendarmes tinha saído de vista, e ele estava vagamente ciente de que os trabalhadores do cais seguiam atrás dele pela margem do rio. Conseguia escutar a conversa deles, mas, da mesma forma como acontecera com os coveiros no cemitério, o dialeto era forte e impossível de compreender. Acelerou o passo. Uma série de tarefas o aguardava na câmara do vilarejo, incluindo uma reunião com o conde Molnar. O conde e o dr. Szegedy tinham terminado de revisar os registros de óbito e descoberto várias outras mortes suspeitas que desejavam lhe mostrar. Também havia a questão do progresso das investigações nos outros vilarejos. Mais corpos tinham sido exumados em Cibakháza, Tiszaföldvár e em outros locais, o que resultou em quatro prisões em Cibakháza. Kronberg enviara uma carta para o governador Almásy solicitando permissão para examinar os relatórios do legista de todos os vilarejos da região dos últimos vinte anos.

Às suas costas, a conversa brincalhona dos trabalhadores do cais acabou. As vozes deles subitamente se tornaram líricas e sedutoras, mas com um toque de violência. Kronberg virou-se a tempo de ver os homens se aproximando da cadela. Pareciam boxeadores dando voltas ao redor dela.

A cadela estava deitada de lado. Os filhotes ainda mamavam. Ela ergueu um pouco a cabeça e rosnou para os trabalhadores. *Fiquem longe.*

Os homens se aproximaram, fechando o cerco. Ela rosnou de novo, agora mostrando os dentes. Alegres com o desafio, os trabalhadores riram. Um começou a latir e uivar. O outro agachou-se e exibiu os próprios dentes quebrados e sujos para ela.

A cadela se ergueu mais um pouco, rosnando loucamente para os valentões. O trabalhador que estava agachado se levantou rápido. Andou para trás, mas apenas um pouco, porque não era homem de se sentir ameaçado por um bicho. Deu um passo largo na direção da cadela e a chutou nas costelas.

Ela saltou. Os filhotes saíram correndo por todas as direções em uma tentativa de se protegerem, mas um azarado foi cambaleando até ficar no caminho do homem.

O pequeno chamou atenção, e o homem pegou impulso e foi para a frente, chutando-o também. Um estalo soou quando sua bota acertou o cachorrinho. Era o som do ar sendo removido de seus pulmões. O recém-nascido voou em um arco alto sobre a margem, e o movimento giratório do corpo delicado fez a orla ser tomada pelo silêncio. O próximo som que Kronberg escutou foi o da água espirrando quando o filhote acertou o rio antes de afundar nas suas profundezas. Os trabalhadores gargalhavam.

A cadela correu para o rio. Kronberg nunca tinha visto pernas tão rápidas. Ela foi mais veloz do que seu corpo parecia saber se mover. Com um salto, mergulhou na água e desapareceu sob a superfície.

Kronberg correu atrás dela. Arrancou o paletó enquanto corria. A grama alta enroscava-se em suas pernas enquanto o terreno irregular o fazia desviar de buracos e pedras pelo caminho. As pernas dele pareciam pesadas e desajeitadas, incapazes de lhe oferecer a velocidade necessária. Ao chegar à beira do rio, parou de repente, ofegante, para observar a cabeça da cadela emergir. Deu um passo para trás enquanto ela sacudia a cabeça de um lado para o outro, fazendo uma chuva de água jorrar de seus pelos grossos, e foi só então que ele viu o filhote pendurado em sua boca. O cachorrinho se remexia. Ele ficou assistindo enquanto ela nadava até a margem, subia a pequena elevação e, com cuidado, colocava a cria sobre a grama. Começou a lamber a criaturinha trêmula, assustada.

Kronberg afundou na areia. Colocou o paletó sobre o colo. A respiração ainda lutava para escapar da garganta, e seu coração permanecia disparado. Ele baixou a cabeça até os joelhos.

Como uma mãe podia matar o filho?

A população se revolta, um advogado se organiza

Sábado, 24 de agosto de 1929

A investigação tinha abalado toda a Hungria. Não havia um café, uma igreja, uma praça, um clube de leitura, uma sala de estar em todo país que não estivesse fervilhando com especulações sobre as assassinas. Jornais com manchetes escandalosas como a que estampava a primeira página do *Noticiário Kunszentmárton* voavam das bancas: VISITE NAGYRÉV, O VILAREJO DA MORTE. Os entregadores de jornal tinham começado a carregar nos ombros duas bolsas cheias.

As prensas não paravam de rodar. A *Gazeta de Szolnok* tinha passado quase um ano fechada durante o regime de Horthy, mas até ela recebera permissão para voltar a publicar. Lendas da literatura como Zsigmond Móricz e Lajos Kassák também tinham se interessado pelo caso. Por enquanto, Móricz tinha analisado muito, conversado bastante, mas escrito pouco. Kassák, por outro lado, não havia mergulhado no caso da mesma forma, mas sentia-se à vontade para expressar sua opinião, que representava a opinião de praticamente todo magiar de classe média.

"Uma mulher sempre é uma mulher, não importa o que aconteça", escreveu ele. "Ela não quer só pão, mas também vestidos bonitos para atrair a atenção dos homens para sua sexualidade irresistível. Toda mulher, mesmo que viva na pura miséria, deseja conquistar. Mulheres criam suas próprias leis... válidas apenas para as participantes do seu círculo. Costumam ser tacanhas e sem nenhum senso de responsabilidade. Por outro lado, podem ser autoritárias, pois desejam ter tudo de que gostam. Mulheres cultas, em certo aspecto, estão acima disso, porém as mulheres [na região do Tisza] permanecem em um nível tão baixo que, se fossemos avaliar seus desejos e atos segundo as regras gerais da sociedade, seria correto chamá-las de animais."

As parteiras do país, no entanto, lutavam contra a forma como eram retratadas na imprensa. O *Kis Hírlap* publicou uma carta aberta assinada por um grupo de parteiras revoltadas com os ataques contra sua profissão após o escândalo de Nagyrév. O trabalho delas, segundo as mulheres, não se tratava da prática primitiva que os jornalistas insinuavam ser. Em vez disso, era uma vocação na vanguarda da vida nos vilarejos, oferecendo cuidados de qualidade para mulheres e métodos de cura que ainda não eram equiparados pelos dos doutores da medicina.

Para MacCormac, a situação tinha todas as características de um drama medieval. Em Viena e nos Bálcãs, ele investigava fascistas e comunistas, enquanto na Hungria o assunto eram mulheres usuárias de venenos que, aparentemente, tinham ressuscitado uma velha tradição do Velho Mundo. Lembravam-no da família aristocrática hispano-italiana da Idade Média que usava arsênico, entre outros meios, para assassinar pessoas indesejadas de seu caminho. MacCormac concluiu que as mulheres da planície húngara pareciam saídas do clã Bórgia, mas pobres, analfabetas e interioranas, e ficou tão intrigado por elas quanto ficava por qualquer espião balcânico ou príncipe romeno que chamava sua atenção.

Nos últimos dias, ele e Mike Fodor tinham travado longos debates sobre como pessoas de um lugar aparentemente tão simples e bucólico podiam se tornar assassinas tão obsessivas. Fodor havia nascido em Budapeste, mas a família tinha raízes no interior, e ele sabia como uma parteira caprichosa podia ser capaz de virar um vilarejo de cabeça para baixo. Fodor contara a MacCormac alguns dos mais loucos e esquisitos boatos que ouvira quando era garoto, nos quais certas curandeiras dos primórdios tinham uma tendência estranha a "aparar galhos mortos de árvores genealógicas". As histórias eram contadas com um brilho indiscernível, e MacCormac não sabia se Fodor acreditava nelas ou se apenas gostava do mistério.

O que MacCormac sabia com certeza era que a situação na planície estava se transformando em um dos maiores complôs de assassinato da história.

Szolnok

O homem usava trajes elegantes e segurava uma bandeja de prata na palma da mão enluvada. A bandeja estava coberta por uma elegante tampa de prata com formato abobadado, e tinha uma alça fina e larga o suficiente para caber um dedo. Polida até brilhar como um espelho, a prata refletia o resplendor preto de seu paletó de gala.

Ele estava parado sob as luzes fracas da entrada. Mesas animadas cheias de aristocratas o cercavam, cobertas pela fumaça de charutos e cachimbos, além do orgulho sorridente de suas palavras espertas. O *maître* abriu as portas do cassino e o garçom os guiou para o lado de fora. Piscou para afastar a inundação repentina de luz do dia, então moveu-se com graciosidade, descendo rapidamente a escada coberta por um tapete vermelho e passando para a terra e o cascalho da rua Gorove.

O desafio desse novo dever diário havia se tornado bem maior para ele nos últimos dias. Grande parte da praça Kossuth estava sob uma cobertura de lona, com várias barracas e tendas se estendendo pelos espaços livres perto da rua e ao longo das passagens. A maior feira de comércio internacional da Europa Central estava na cidade, e os vendedores tinham vindo de todo o continente: Atenas, Sarajevo, Sofia, Munique. Até mesmo de Londres.

Todo o primeiro distrito tinha sido isolado para a feira, além de boa parte do segundo e do terceiro. Havia tantos vendedores apertados em passagens e pátios quanto nas praças abertas. Salas de estar no estilo Biedermeier tinham sido montadas. Os espaços estavam cheios de espelhos lindos, poltronas acolchoadas, perfumes, garrafas de rum. Havia brinquedos de todos os tipos, e as pessoas faziam testes de direção das motocicletas Modrá exibidas na alameda Franz Joseph, perto da famosa colônia de artistas da cidade. Uma pessoa não conseguia andar nem dez metros sem encontrar um ourives ou prateiro. Até mesmo a Cooperativa Nacional Húngara do Leite tinha uma barraca. Para o garçom, todo o barulho, bagunça e alegria, normalmente contidos pelas paredes do cassino, pareciam ter se manifestado do lado de fora.

Do outro lado da praça Kossuth, diante da câmara municipal, três automóveis imponentes aguardavam, tão lindamente pretos e resplandecentes quanto o paletó de gala do garçom. Um motorista se sentava atrás do volante de cada um lendo o jornal ou descansando os olhos.

Os sinais dos varejistas estavam por todos os cantos da Kossuth, e apenas um perímetro estreito tinha sido demarcado ao redor do tribunal e da prisão. Apesar das multidões, o garçom tinha começado a gostar do seu passeio diário.

Mas, enquanto seguia rumo à rua, ele encontrou o caminho bloqueado por um ônibus vermelho-cereja e retumbante que tinha parado para buscar passageiros. Parou para pensar no que fazer. O calor da bandeja esquentava sua mão. Um rastro de umidade havia se formado na borda da tampa. Afastou-se dos passageiros e seguiu apressado para as ruas atrás do ônibus. Diminuiu a velocidade ao deparar o rugido leve de automóveis e carruagens, e esticou a mão para ordenar que parassem. Com o passo ágil, atravessou a rua Gorove com o tilintar da bandeja soando em seu ouvido.

Da janela do escritório, Kronberg analisou o homem. Observou o garçom se entremear por trás e ao redor de quiosques, passando por carrinhos, ocasionalmente erguendo a bandeja acima da cabeça para evitar uma colisão. Ele o viu entrar na área isolada na frente do tribunal e seguir andando até desaparecer dentro da prisão. Havia quase duas semanas que o garçom fazia entregas diárias para a prisão a pedido de Petra Joljart Varga.

Quando a prisão finalmente tinha sido reconstruída — com a tão esperada chegada dos empréstimos da Liga das Nações —, a capacidade dela fora aumentada de trinta detentos para setenta, em grande parte devido ao acréscimo do segundo andar. A cozinha também fora expandida. Entretanto, era raro ter mais de uma dúzia de criminosos encarcerados ao mesmo tempo, então boa parte das novas instalações não era usada.

Agora, a população carcerária era quase o dobro da capacidade da prisão. Só pelo caso de Nagyrév, havia cem mulheres detidas. E um dos problemas da superlotação repentina era a falta de comida para os prisioneiros. O café encardido do Hotel Rei da Hungria na praça havia começado a fornecer refeições para a cozinha da prisão no começo do mês, assim como alguns outros restaurantes próximos, incluindo o da rua Jardim e um dentro da câmara do condado. Mas apenas Petra recebia refeições diariamente do Cassino Nacional, o melhor restaurante que alguém poderia encontrar em Szolnok. Estava pagando do próprio bolso.

Kronberg tinha sido criterioso ao decidir os grupos que dividiriam celas. Mari Fazekas estava com duas mulheres, uma de Nagyrév e outra de um vilarejo diferente da planície, uma artista chamada Priscilla que era acusada de fraude. Priscilla já tinha contado à equipe de Kronberg tudo que Mari revelara durante suas longas conversas. Mari dera várias versões sobre o que tinha acontecido no nascimento do pequeno Stephen. Em uma, Mari nem estava presente durante o parto, encontrando-se em um hospital de Budapeste, onde se recuperava de um ferimento na perna. Em outra, tinha participado do parto de Stephen, mas apenas como assistente. E em uma terceira versão, ela admitira ter feito o parto, mas o bebê tinha nascido morto. Nesta, ela dissera para a colega de cela que Anna havia lhe dado uma orientação sombria: "Tire essa carcaça daqui!".

Embora a maioria das mulheres dividissem a cela com apenas mais uma pessoa, e outras, como Mari, eram alojadas em grupos de três, Kronberg mantinha certas detentas isoladas, incluindo Petra e Kristina Csabai. Nenhuma das duas tinha admitido matar o marido, e Kronberg sabia, por experiência própria, que um tempo em confinamento solitário podia ser um ótimo incentivo para as pessoas mudarem de ideia e confessarem.

Mas ele também sabia que outros métodos poderiam funcionar. O marido de Petra havia ficado cego durante a guerra, porém só depois de seus restos mortais serem levados para Budapeste descobriram que ele havia sido o primeiro soldado húngaro a perder a visão em uma batalha. Kronberg sabia como o público reagiria a essa informação. Não perdeu tempo em vazar a informação para Barny, e ela logo estaria estampada na capa de todos os jornais de todas as regiões do país.

A promotoria também havia contratado um psicanalista local, o dr. Feldmann, para conduzir exames psicológicos. Feldmann era seguidor do trabalho revolucionário que Sigmund Freud desenvolvia em Viena e tinha começado a explorar os sonhos que as mulheres tinham. As condições de sono delas eram tão ruins que muitas nem sonhavam, ou tinham sonhos fragmentados do tipo causado pela exaustão. Mas o dr. Feldmann logo descobriu que duas mulheres, alojadas em celas diferentes, tinham o mesmo sonho recorrente. Uma delas era Rose Holyba.

Nos sonhos, cada mulher se via caminhando pela margem do Tisza, onde o chão era macio sob seus pés. No de Rose, ela sempre carregava um tijolo na mão, que pretendia usar para construir uma casa nova. De repente, o chão começava a se remexer e a terra se transformava em areia movediça. As duas mulheres afundavam, lutando para se libertar do solo, sentindo-se sufocadas. Elas acordavam ofegantes.

Kronberg não sabia como interpretar os sonhos. Deixaria isso a cargo do dr. Feldmann. As almas e mentes delas não faziam parte do seu campo de trabalho. O sono dele estava tranquilo, tirando o desconforto cada vez maior que sentia sobre Anna.

Terças e sextas-feiras eram dias de visita na prisão. O lugar ficava lotado de gente. Muitas pessoas precisavam esperar do lado de fora até receberem permissão para entrar, e Kronberg com frequência via uma longa fila delas serpenteando na direção da estação de trem, cheias de cestas de comida e vestidos e roupas íntimas limpos. Franklin costumava vir toda terça e sexta sem falta. Ele geralmente vinha de carruagem na noite anterior e se hospedava em um hotel próximo.

A única forma razoável de acomodar tantas pessoas era deixar os detentos se reunirem com os visitantes no pátio da prisão. Tiveram alguns problemas com visitantes que davam álcool para os prisioneiros, e questões mais preocupantes de detentos enviando bilhetes para fora, orientações sobre álibis escritos em lascas grandes de ferrugem descascada dos canos que passavam pelas paredes das celas. Mais guardas, porém, foram alocados para evitar problemas.

Uma simples coincidência havia chamado a atenção de Kronberg para os atos impiedosos de Lewis Cser. O promotor tinha começado a passar na prisão no começo do seu horário de almoço para conversar com o carcereiro, e, nos dias de visita, isso significava que o homem estava no pátio. Ele vinha até a porta e trocava uma palavrinha com Kronberg por um ou dois minutos.

Sempre que Lewis falava, dava o máximo possível de volume às suas frases. A voz dele parecia sair do fundo de um barril. Era difícil não escutá-lo, mesmo no meio de uma multidão.

"Como é que eu saio desta merda de lugar?"

Kronberg tinha erguido o olhar para ver quem tinha dito aquilo. Vira Anna encolhida e Lewis se agigantando sobre ela.

"Sua vagabunda idiota. Não sabe nem onde fica a porra da porta!"

Só mais tarde, quando Anna fez um pedido formal para ser liberada mediante a fiança, foi esclarecido que Lewis tinha ido até lá naquele dia para exigir que ela voltasse para casa para cuidar das crianças.

Kronberg tinha mandado que removessem Lewis do local, dando ordens expressas para que ele nunca mais voltasse.

Semanas depois, em um dia fresco de outono, Anna, sozinha por um instante em sua cela, amarraria um lenço ao redor do pescoço e o prenderia ao aquecedor. Ela cruzaria as mãos sob as axilas e deslizaria para baixo, para baixo, para baixo, ficando pendurada por um minuto, dois minutos, o ar quase desaparecendo de seu corpo, antes que um guarda entrasse correndo e a desamarrasse.

Quando Kronberg viu a fila de automóveis finalmente ir embora da câmara do condado, era quase fim do dia. A reunião era para cargos bem maiores do que o seu, mas dizia respeito diretamente ao seu trabalho. Ele havia passado horas explicando os pormenores do caso para o presidente do tribunal real para prepará-lo para a conversa com o governador Almásy e o regente Horthy, pois seria o presidente do tribunal, não Kronberg, quem defenderia a posição de que o caso de Nagyrév deveria permanecer sob os cuidados da promotoria de Szolnok.

Aquele dia era, sem dúvida, o mais importante desde o começo das investigações. Pela primeira vez na vida de Kronberg, sua carreira estava em risco.

Ele havia repassado tudo que tinha feito desde a descoberta dos primeiros assassinatos. Criara uma linha do tempo mental dos eventos. Será que havia cometido algum erro? Tinha dado espaço para rachaduras se formarem? Poderia ser argumentado que um procurador de Budapeste seria mais capaz de levar aquelas mulheres a julgamento do que ele? O tribunal real ainda tentava abafar os murmúrios sobre o fracasso do caso Holyba. Budapeste estava louca para assumir a investigação de Nagyrév. O presidente do tribunal estava lutando para mantê-lo.

No começo daquele dia, Kronberg também havia lutado intensamente ao seu modo perspicaz.

Mais cedo naquela manhã

Barny estava no topo da margem alta do rio, onde o chão era plano e um caminho seguia pela beira de uma rua não pavimentada, cheia de pedras. Ele havia passado boa parte da manhã apoiado em uma árvore, o caderno em punho e o chapéu baixo na cabeça, para fazer sombra aos olhos.

Fazia anotações sobre a cena e desenhava nas margens quando ficava entediado, preenchendo-as com as árvores e o arbusto em seu campo de visão. O desenho era uma vista do porto maior lá embaixo e seu ancoradouro. Os mascates descarregavam seus produtos lá. O lado oeste da cidade era onde ficavam as fábricas, espalhadas ao redor da estação como um pequeno reino: a fábrica de açúcar, a fábrica de tijolos, a fábrica de vinagre, a fábrica de gelo, a fábrica de peças de trem, a fábrica das máquinas de datilografia Remington, a fábrica de papel, a tecelagem, a madeireira. Barny desenhava plumas de fumaça cobrindo as chaminés.

Era impossível para Barny não notar os rapazes do distrito Tabán, que tinham passado horas carregando pedras pela parte mais íngreme da margem. Tabán era uma das regiões mais pobres de Szolnok, e os jovens ganhavam dinheiro tirando pedras pesadas de grandes navios e carregando-as até a estrada. Barny os via, agora, a menos de um quilômetro de onde estava, perto do velho píer caindo aos pedaços. Os pés deles eram rápidos como o vento nas corridas que faziam para voltar ao navio e pegar uma nova carga, as vozes suaves e tranquilas como as de um passarinho.

Barny enfiou a mão no bolso do colete. Estava cheio de tabaco solto e pedacinhos de papel lá dentro. Pescou seu relógio de bolso surrado. A traseira estava rachada, e a frente exibia uma fratura minúscula no vidro. Curvou a mão sobre ele para afastar o brilho do sol. Era pouco mais de dez da manhã.

Kronberg havia lhe passado a informação, como sempre. Barny tinha chegado bem cedo, como era seu costume. Tinha certeza de que aquela era a hora certa, mas, ainda assim, não havia nem sinal do barco. Porém, assim que Barny guardou o relógio de volta no bolso, viu a embarcação surgir por trás de uma curva.

Foi boiando tranquilamente até o velho píer. Barny conseguia ouvir as ondulações causadas pelo trajeto calmo. Observou o gendarme na proa se inclinar para a frente e jogar uma corda com um laço na ponta sobre o cabeço de amarração. O barco se aproximou mais e emitiu um som oco ao bater no cais. O gendarme saiu para prendê-lo com mais firmeza.

As mulheres saíram lentamente do barco. Figuras de carvão desenhadas na ponta de um céu azul. Ergueram o olhar até a margem alta, piscando para o sol. Os dois gendarmes enfiaram as mãos de volta no barco para pegar seus capacetes emplumados e baionetas.

Nas últimas semanas, muitos transportes como aquele tinham acontecido, mas nenhum trouxera Tia Suzy.

Barny observou as mulheres subindo com dificuldade a ribanceira, segurando-se nas pedras e agarrando galhos baixos, usados para se impulsionar para a frente ou se salvar de uma queda. O cais tinha sido criado para pescadores amadores descalços com suas varas de pesca, não para mulheres de meia-idade usando vestidos compridos e botas com solas de madeira.

Barny ouviu uma barulheira às suas costas. Olhou para trás. Um grupo de repórteres corria na direção dele, aparentemente seguindo para o grande porto. Ele agachou tão perto do chão quanto possível. Pressionou-se contra o tronco da árvore, tentando passar despercebido. Apertou o bloco de notas contra o peito. Ouviu os passos se tornando mais e mais altos, parecendo uma debandada. Todos, sem exceção, passaram em disparada pelo velho píer de pesca sem prestar atenção no lugar nem nele. Barny riu sozinho.

Até então, Kronberg tinha informado à imprensa tudo o que queria que soubessem através de Barny. Tudo que fora escrito sobre Nagyrév tinha sido escrito por Barny primeiro. Mas o promotor havia mudado de tática. Hoje, Kronberg queria que todos os abutres dos noticiários estivessem circulando, e queria que as mulheres-corvo ficassem em evidência.

Barny via graça no fato de todos terem seguido para o porto errado. Esperavam que as mulheres chegassem no maior. Ficou observando enquanto eles percebiam o erro e voltavam.

As mulheres-corvo ainda subiam com dificuldade o barranco quando os jornalistas começaram a descer a ribanceira. Derrapavam e caíam pela colina, berrando perguntas roucas, engasgadas, para elas. Na opinião de Barny, pareciam meninos na escola apostando uma corrida.

Conforme o grupo foi se aproximando, os gendarmes se voltaram contra os jornalistas. Os policiais se impulsionaram para a frente, com a mão no capacete, a outra segurando o rifle ao seu lado.

Silêncio! Sem perguntas!

Eles ordenaram que se afastassem, e os jornalistas rapidamente obedeceram.

Quando as prisioneiras por fim terminaram de subir o barranco e chegaram à rua, os gendarmes as organizaram em uma fila, e então cada policial se posicionou em um lado. A comitiva de repórteres seguiu atrás da fileira de mulheres como uma rabiola de pipa embolada.

A rota que Kronberg instruíra os gendarmes a tomar não era direta. O caminho mais simples seria seguir ao longo do rio e virar para a prisão na rua Verde ou em suas proximidades. Mas eles dariam uma volta pelo centro da cidade.

A sola dos velhos sapatos de Barny estava finíssima, e ele conseguia sentir as pedras como se estivesse apenas de meias. Tinha notado as botas surradas que as mulheres usavam, o couro ressecado, os cadarços esfarrapados, as solas recolocadas, e tinha se identificado.

Por muito tempo, não se ouvia nenhum barulho além dos passos esmagando as pedrinhas. Para ele, era o som da morte em movimento. A morte, pensou ele, tinha acordado para dar um passeio matinal.

Ele olhou para trás. A rabiola da pipa tinha aumentado. Um grupo de adolescentes havia se juntado à procissão atrás do último jornalista.

Conforme as mulheres avançavam, observadores começaram a surgir pelo caminho. Uma lavadeira abriu uma janela e se inclinou para fora, a fim de ver melhor. Um padre que fazia uma caminhada com o cachorro silenciou o animal, que devia ter detectado o cheiro do drama e latia. Um entregador parou sua bicicleta para encarar.

Quase todas as portas começaram a se encher com um mascate, um barbeador, um cozinheiro, um banqueiro, um joalheiro, um tipógrafo, um advogado, que assistiam ao desfile sombrio boquiabertos. Quando as mulheres-corvo passaram por um café de esquina, os clientes sentados do lado de fora começaram a chiar e vaiar. Uma arrumadeira lançou sua vassoura como uma flecha contra elas. Um dos gendarmes esticou a mão e jogou-a de volta contra a mulher.

Quando os gendarmes chegaram com as prisioneiras ao entorno da feira de comércio, pararam por um instante para planejar o que fazer. Decidiram guiar a fila de mulheres-corvo por trás de uma fileira de tendas e ao redor de uma série de quiosques de madeira, então marchá-las diretamente pelo corredor central da feira. As pessoas lançavam olhares duros para as mulheres. Algumas gritavam e chiavam.

O grupo chegou à rua Baross. A rabiola de jornalistas continuava grudada na fila de mulheres e tinha ganhado mais participantes, que pareciam determinados a acompanhá-las até o fim. Alguns, mais atrás, nem conseguiam enxergá-las. Seguiam os capacetes elegantemente emplumados dos gendarmes como se fossem faróis emplumados.

Barny ocupava o lugar mais vantajoso atrás da última mulher-corvo na fila. Tinha analisado o passo pesado dela, os ombros curvados para a frente. Pelos mais discretos movimentos de cabeça, ele havia descoberto quais obscenidades a faziam olhar para o lado e quais ela conseguia ignorar solenemente.

O ritmo era lento e exagerado, e ele achava que tinham percorrido bem menos de um quilômetro e meio no que parecia mais de uma hora. Os gendarmes tinham parado a procissão uma vez para responder às perguntas do prefeito, que tinha se posicionado ao longo da rota apenas para a ocasião.

Na rua Baross, um grupo diferente de repórteres se agrupava perto de uma barraca de sucos cobrindo outro evento. Um dos jornalistas mais baixos, um pouco atrás do grupo, estava nas pontas dos pés e acenando, implorando para o pequeno mar se abrir para ele também conseguir olhar.

E foi então que isso aconteceu.

Barny era amigo de longa data de Tibor Pólya. Havia poucos lugares no país, e nenhum em Szolnok, em que Pólya conseguisse ir sem ser reconhecido. Era um dos artistas mais famosos da Europa Central, um homem sobre quem Barny escrevera em muitos dos seus artigos e que Kronberg passara a conhecer muito bem por meio da colônia artística de Szolnok, que atraía muitos artistas conhecidos de toda a Europa. Kronberg era um artista amador e com frequência ia à colônia. Barny não se surpreendia com a presença de Pólya ali. Pelo contrário, ele a esperava. Agora que o grupo de jornalistas havia se afastado, Barny via o artista provando uma calda de abacaxi com o regente Horthy, que estava ladeado pelo governador e o superintendente. A cena havia sido orquestrada por Pólya e Kronberg.

Os gendarmes guiaram as prisioneiras devagar, de propósito, pelo regente. Os gritos direcionados à multidão se tornaram mais altos, e ainda podiam ser escutados quando eles chegaram aos portões da prisão.

Em poucos dias, Kronberg liberaria quase metade das mulheres sendo detidas agora. Tinha passado sua mensagem para Horthy.

Seu maior arrependimento, é claro, era não poder levar Tia Suzy a julgamento. Mas tinha em custódia, naquela altura, quase todas as outras suspeitas de que precisava para começar o caso, entre as quais estavam a irmã da parteira, Lidia, e sua cúmplice, Rose Holyba.

Talvez isso jamais tivesse acontecido se não fosse por seu homem de confiança em Nagyrév, o policial Bartók, que, no fim das contas, também tinha seus próprios truques.

Em segredo, embaixo da cama
Cinco semanas antes...

Sábado, 20 de julho de 1929

A cama do pregoeiro era bem baixa. O espaço entre o chão e as cordas entrelaçadas que sustentavam o colchão não passava de quarenta centímetros. Bartók havia se esquecido de apertar as cordas antes de se arrastar para baixo da cama, e, agora, elas se afundavam diante dele. Ele conseguia enxergar as fibras ásperas e os fios finos nos pontos em que esfarrapavam. Sentia-se aprisionado por elas.

O velho colchão estufado de palha precisava desesperadamente ser arejado ao ar livre. Bartók mal conseguia respirar por causa do cheiro mofado, sufocante. Pressionava-se contra a parede, repleta de poeira, e isso também fazia com que desejasse um ar limpo.

Seus braços estavam apertados contra o peito em uma pose de boxeador. Ele encolheu os joelhos. O pregoeiro guardava suas cobertas de inverno embaixo da cama, e Bartók as jogou para perto dos pés, tirando-as do caminho.

Tinha uma visão bem reduzida do quarto. Havia uma rachadura torta na parede. Parte do tapete, tecido com restos de pano, era visível, assim como parte da perna de uma mesa. A porta estava fora do prumo, e, no espaço entre ela e o chão, ele via a sombra forte de um sapato, que presumiu ser de Fricska. Diretamente à sua frente, via um par de botas pretas. Os cadarços caíam para os lados. Ele enxergava apenas calcanhares e tornozelos, que eram bem largos. Lidia tinha tornozelos artríticos grossos, como a irmã.

Ele sentia o peso dela no colchão. Rose Holyba se sentava ao lado de Lidia.

Uma poça de suor tinha se formado diante dele, pingava de sua testa e havia encharcado sua camisa. A umidade que sentia contra a parede fria oferecia certo alívio. Fazia pelo menos vinte minutos que ele estava embaixo da cama. Ficara naquela posição na hora em que as suspeitas tinham sido levadas à latrina, no intervalo que tinham para usar o banheiro. Elas sempre iam em grupo, e Fricska o ajudara a se acomodar antes de todas voltarem e antes de Lidia e Rose serem levadas para o interrogatório no quarto do pregoeiro.

As duas mulheres-corvo ficaram sentadas sem falar nada por um tempo, esperando os gendarmes chegarem. O procedimento normal, que já conheciam, era os gendarmes e a testemunha entrarem no quarto com a suspeita. A testemunha geralmente se sentava na cama enquanto os gendarmes permaneciam de pé. Elas tinham sido interrogadas várias vezes, mas nunca juntas. Aquela situação era novidade. As duas estavam sozinhas, sem ninguém por perto. Mesmo à noite, na hospedaria, um gendarme ou um conselheiro ficava de guarda.

Lidia falou primeiro.

"Deveríamos contar tudo. Não vão nos deixar em paz se não fizermos isso."

"O que devo dizer?"

"Diga que comprou o veneno em uma loja."

A voz de Lidia era tão parecida com a de Tia Suzy que ouvi-la era inquietante para Bartók. Os acontecimentos do dia anterior ainda estavam frescos em sua mente, e, por um instante, parecia que era Tia Suzy quem estava sentada na cama.

"Não quero fazer isso! Prefiro dizer que comprei com a Tia Suzy."

"Não diga isso, porque se disser, vai me causar problemas."

Bartók conseguia ouvir seu parceiro Fricska se pressionando contra a porta. Ele ouvia o estalo e a pressão contra a madeira. Conhecia Fricska como um irmão, e sabia que ele estava se esforçando para permanecer imóvel.

E ele também. Todos os músculos estavam travados, tensos como um elástico. A única coisa que exigia se mover eram seus pulmões.

"Escute. Confesse tudo aqui e negue no tribunal. Isso deu certo para a nossa Suzy no julgamento dos abortos e vai dar certo de novo", Lidia aconselhou Rose.

Bartók precisou se lembrar de que ela estava falando com a mulher que era praticamente sua nora, a mãe de seus dois netos pequenos.

"Tenho amigos no tribunal. Eles vão ajudar você. Mas não mencione o meu nome. Se decidir confessar agora, prometo que vou criar as crianças."

Será que Fricska também estava escutando aquilo tudo? Bartók não tinha certeza.

Era como se ele estivesse de volta à guerra. Escondido em uma trincheira enlameada. Paralisado pelo choque. Pronto para atacar.

Rose começou a falar da sopa, o último alimento contaminado que Charles consumira, preparado por Lidia. Sugeriu contar aos gendarmes que devia haver alguma coisa na sopa. Lidia não gostou nem um pouco disso.

"Por que você diria uma coisa dessas?! Por que contaria que ele tomou a sopa que eu preparei?!"

Bartók sabia que estava na hora. Tinha tudo de que precisava.

Pronto. Na mira. Atirar.

Bartók impulsionou os braços para fora da cama. Agarrou os tornozelos gordos de Lidia com as duas mãos. Os pés dele tinham se embolado na pilha de cobertores, e ele os chutou com força para se libertar. Permaneceu agarrado aos tornozelos dela como um homem que precisava ser salvo.

Lidia berrou. Depois Rose fez o mesmo.

"Vocês estão presas! Vocês estão presas!", berrava Bartók sob a cama. "Vocês duas estão presas!"

Lidia se debateu para libertar a perna, mas Bartók a segurou firme. Ele se arrastou para fora da cama ainda segurando o tornozelo dela. A cabeça dele estava virada para o chão, e abraçava a bota como se a beijasse.

Fricska já tinha entrado correndo. Juiz e conde Molnar vieram apressados atrás dele.

Rose se levantou com um pulo da cama. Ficou tremendo no lado mais distante do quarto, desejando algo para se agarrar.

Uma corrida desesperada

No dia anterior...

Sexta-feira, 19 de julho de 1929

O arame tinha criado um vinco na palma da parteira. Ele praticamente se enterrara em sua pele carnuda. Quando a alça era nova, tinha o formato de um círculo perfeito, uma auréola de metal que se arqueava belamente sobre a lamparina. Mas agora o arame estava torto, endurecido e enferrujado. Quando ela abriu a mão e a flexionou, viu a marca vermelha. Pedacinhos de ferrugem do arame envelhecido brilhavam em sua pele.

Ela ergueu a luminária até o rosto e apertou os olhos para enxergar através da fuligem no vidro. O brilho da chama era pequeno, mal restava uma centelha. E não valeria a pena reacendê-la. Baixou a lamparina de volta para o lado do corpo e olhou para o ponto em que o nascer do sol se formava.

A noite tinha sido calma. Em algum momento, ela havia começado a se sentir no controle de tudo. Fazia horas que não ouvia passos, e os últimos tinham sido de um fazendeiro indo até o estábulo. O guarda noturno também não havia aparecido. Fora reposicionado nos limiares do vilarejo para ajudar a vigiar as mulheres que tentavam fugir. E ela não escutara o tambor do pregoeiro durante toda noite.

A cabeça dela estava tensa e irritadiça quando começara a vigília. Seus pensamentos eram como pequenos projéteis batendo de um lado para o outro no crânio, e havia muitos deles: sua irmã no casebre do pregoeiro. A boca caprichosa de Rose. Maria. Portas não atendidas. O tambor do pregoeiro. O tambor do pregoeiro. O tambor do pregoeiro. Tudo aquilo a deixava mais do que preocupada, fazendo com que desse tantas voltas pela rua que quase tinha criado buracos novos na terra.

Chegara um momento em que o som arranhado do medo tinha sido um pouco aliviado pela calmaria da noite. A exaustão removera o restante da tensão. Ninguém viera buscá-la. Por que não tinham vindo buscá-la?

A linha fina e cor-de-rosa do dia começou a se expandir, fazendo Tia Suzy abandonar seu posto e levar a vigília para dentro de casa.

Desde o começo das investigações, o conde chegava à câmara mais cedo do que o normal toda manhã. Geralmente, começava o expediente às oito, bem mais cedo do que Ébner jamais aparecera, mas, agora, havia dias em que chegava até às seis, e mesmo assim nunca conseguia lidar com todo o trabalho que se acumulava. O dr. Szegedy às vezes chegava logo depois, mas agora estava analisando os registros de óbito de outros vilarejos, Tiszaföldvár ou Tiszakürt, o conde não se lembrava qual.

O começo da manhã na câmara havia se tornado quase um horário sagrado para ele, um momento de restaurar o mínimo de ordem à uma situação tomada pela desordem, sem ser interrompido por investigadores, gendarmes ou conselheiros.

Os conselheiros eram a maior pedra em seu sapato desde que ele assumira o cargo, e, não fosse pela investigação, o conde tinha certeza de que já teriam tentado revogar sua nomeação. Acreditava, sentindo-se bem satisfeito consigo mesmo, que os atos das mulheres poderiam ter passado despercebidos por mais vinte anos se ele não tivesse insistido e persistido constantemente para que algo fosse feito.

Antes de chegar à câmara, tinha passado no casebre do pregoeiro para dar uma olhada. Era a primeira chance que o conde tinha de ver por conta própria o que as rondas de Tia Suzy no dia anterior tinham causado. A cena o desalentara. Mulheres se sentavam lado a lado em bancos emprestados da igreja. Algumas eram jovens, com no máximo vinte e cinco anos, e outras eram velhas, com cerca de setenta. A cabeça delas estava baixa, e muitas choravam. Para o conde, parecia que um ritual peculiar estava sendo executado.

Em sua sala, mantinha o telefone castiçal no canto direito da mesa. Esticou a mão até ele, deslizando-o sobre a mesa até colocá-lo bem na sua frente. Removeu o fone e o levou até a orelha. O resultado das capturas ainda não tinha sido transmitido a Kronberg. Ele se inclinou sobre o bocal. Discou 24, o número direto da promotoria.

Tia Suzy sempre tinha gostado de como a luz matinal iluminava sua cozinha. Atravessava a trama das cortinas de renda, estampando as paredes e o aparador. Cada manhã brilhante da sua vida naquela casa tinha sido coberta de sol.

Ela se sentou no raio de luz. Os dedos dela cercavam uma tigela quente de café, que levou com cuidado aos lábios, depois tomou um gole generoso. Sempre bebia café como se tentasse apagar pequenos incêndios em sua garganta, e preferia tomá-lo de uma tigela, como seus pais e avós faziam. Até os *gadjos* bebiam assim no passado. A parteira não queria quebrar a tradição.

Em algum lugar, ela ouvia um carneiro balindo. Provavelmente era do sr. Tuba. Ela havia feito o parto do animal na primavera. Por trás do balido vinha o rufo do tambor, que ela ainda não conseguia escutar.

A casa dormia e acordava como ela. Era sua companheira. As duas sentiam falta de Mari. A filha sempre começava a falar assim que acordava, e continuava tagarelando ao longo do dia; o silêncio desde sua mudança era uma perda dolorida. Tia Suzy tinha pensado muito nela durante a noite. Imaginava que ela também tivesse sido detida.

Malditos gendarmes. Que o diabo devore suas almas.

As flores que havia colhido semanas antes continuavam nos jarros sobre o peitoril. A água dentro deles estava turva, com espuma bege boiando na superfície. O cheiro era podre. As pétalas estavam marrons e curvadas.

A parteira mal tinha passado uma noite em casa desde a Festa de São Pedro e São Paulo, e quase tudo permanecia da forma como deixara naquele dia. Esticou a mão para pegar uma pétala, que se desfez em seus dedos como cinza, e a deixou cair sobre a mesa. Ela se sentia esvaziada de toda capacidade física e mental.

Desconsiderando a soneca que tirara na tarde anterior, quando chegara de Szolnok, fazia quarenta e oito horas que ela não dormia. Também estava exausta por ter passado horas andando na chuva, e ficara a noite inteira remoendo possíveis planos de fuga durante sua vigília. Baixou a mão para o bolso do avental e puxou um lenço que guardava ali. Amassou-o em uma bola e o esfregou pela testa e o pescoço antes de guardá-lo de novo.

Ela se esticou para pegar outra pétala, e, ao fazer isso, observou por entre a cortina o topo dos capacetes emplumados que apareciam sobre a cerca.

Tia Suzy empurrou o banco para trás. Bateu a tigela sobre a mesa, fazendo o café espirrar e respingar em suas mãos e avental. Ela se levantou. O banco caiu no chão com um baque alto.

Suzannah Fazeeeeekas! Saia, por favor!

Ela ouvia o tambor agora.

Fodam-se aqueles demônios!

Tia Suzy se jogou de joelhos no chão e foi até a porta. Esticou a mão até a maçaneta e a pressionou de leve. O pregoeiro gritou seu nome de novo.

Suzaaaannaahhh Fazeeeekas! Saia, por favor!

A porta rangeu ao abrir uma fresta. Tia Suzy ficou parada no meio feito um cachorro indeciso, as mãos na varanda, os joelhos ainda dentro da casa. Conseguia sentir o cheiro do próprio corpo. Mechas de cabelo estavam grudadas no seu rosto com o suor. A boca estava aberta. A respiração era ofegante.

Um estrondo alto no portão a fez recuar.

Suzy Fazekas! SAIA AGORA!

Desta vez, um gendarme gritava.

SAIA AGORA, SUZY, OU NÓS VAMOS ENTRAR!

Ela se sentou sobre os calcanhares. Olhou para trás, para dentro da casa. Desviou o olhar para o portão, analisando a distância até o estábulo. Qualquer movimento parecia fatalmente fadado ao fracasso.

Ela observou o portão sacolejar para a frente e para trás. Ele rangia e batia com sacudidas violentas. Os dois gendarmes gritavam. Tia Suzy olhou para o trinco do portão, para o nó triplo preso ao redor dele. Tinha fechado o portão após voltar de sua patrulha. A pele dela ainda exibia sinais da batalha com a corda áspera.

Pelas frestas na cerca, via uma pequena multidão se reunindo. As vozes dela começaram a se misturar em um grito de cacofonia.

O portão rangeu de novo, o som claro da madeira se partindo. Tia Suzy se levantou do chão tão rápido quanto sua idade e seu peso permitiam. Quando ficou de pé, virou-se, tão confusa quanto uma criança em uma brincadeira. Outro estalo alto soou, e o portão desabou no chão.

Quase todo mundo que estava em casa na rua Órfão, e qualquer um que tivesse visto ou escutado a barulheira da Jókai ou da Kossuth, ou até da Árpád, veio ver os gendarmes prendendo a parteira. Alguns entraram correndo atrás deles, enquanto o restante se aglomerava no espaço aberto que o portão ocupava.

Sob a calha estava o grande tronco sobre o qual a parteira frequentemente se sentava. Ela o pegou e o jogou na direção dos gendarmes.

Correu rumo ao seu poço. Agarrou o balde de madeira e o jogou no caminho deles.

"Menj a fenébe!"

Quando chegou ao estábulo, foi direto para a panela de ferro sob a bancada. Não havia tempo para fechar a porta, mas, quando os gendarmes entraram correndo, ela já tinha tomado quatro ou cinco goles do líquido que balançava no fundo da panela.

Entre os vizinhos agora no quintal estavam várias crianças muito pequenas. Tinham vindo com as mães. Observavam tudo em meio à densa multidão de pernas.

Danielovitz e Császár eram os policiais encarregados das prisões desta vez, e ambos tinham sido atrapalhados em sua perseguição pelos pesados capacetes e baionetas. Agora, os jogaram para longe. O capacete de Császár bateu embaixo da bancada, onde Tia Suzy havia se enfiado. Ele se inclinou diante do rosto desvairado e carrancudo dela.

Ele se ajoelhou. Abaixou a cabeça para evitar a bancada e se esticou para pegar a parteira. Estava encolhida, com as pernas dobradas contra o peito. Seu vestido ensopado de suor fedia. Ele tentou segurar o braço dela, mas a parteira foi mais ágil. Esticou as pernas como uma mola e o acertou no peito. Ele caiu esparramado no chão.

Rápido, endireitou-se. Ela conseguira afastá-lo por alguns metros com o empurrão, e ele agilmente se enfiara embaixo da bancada de novo para fazer outra tentativa. Danielovitz se agachou do outro lado. Cada gendarme agarrou um braço e puxou.

A porta aberta deixava entrar um largo raio de luz, mas estava parcialmente bloqueada pelos vizinhos. Da mesma forma que tinham assistido à cena boquiabertos diante da cerca, agora assistiam boquiabertos da porta do estábulo.

Császár soube imediatamente qual veneno Tia Suzy havia entornado na garganta. Também tinha potassa em uma panela no seu estábulo em casa, assim como todo mundo que conhecia. Era uma mistura extraída de legumes que usava para produzir sabão, alvejante e fertilizante.

Os gendarmes conseguiram tirar Tia Suzy debaixo da bancada. A luz que vinha da porta batia direto no rosto dela, endurecendo ainda mais sua expressão. Os olhos dela estavam parcialmente cobertos por uma cortina de cabelo oleoso, mas Császár ainda conseguia enxergá-los. Iam de um lado para o outro, freneticamente. Ela começou a gorgolejar e a respirar com a boca aberta. Császár havia jogado o corpo contra o dela, segurando suas mãos. Seus pés chutavam o ar. Ela parecia uma vaca raivosa.

"Quem aqui tem uma carroça? Precisamos levá-la a um médico."

Ninguém respondeu.

"Quem tem uma carroça? Quem aqui tem uma carroça? Um boi também serve! Podemos colocá-la em cima de um boi, ou de uma mula, ou seja lá do que alguém tiver, e levá-la!"

Ninguém falou.

A parteira deixava um balde de leite sobre a bancada. Quando o velho sr. Ambrusz era vivo, sempre lhe dava leite, porém, depois da morte dele, era mais difícil conseguir um abastecimento estável, generoso. Mas, desde que ela havia passado a morar sozinha, um balde era suficiente.

Danielovitz pegou o balde e o jogou ao lado de Császár. O leite se esparramou pelo chão.

As costas de Tia Suzy se arquearam de repente. Császár pressionou o peito contra o dela, tentando imobilizá-la. O pescoço dela se alongou lentamente. Suas mãos enrijeceram nas dele.

Danielovitz enfiou as mãos em concha dentro do balde de leite frio. Obrigá-la a beber leite era a única esperança de neutralizar seu sangue envenenado. Ele jogou no rosto da parteira todo o leite que conseguiu pegar.

Os vizinhos permaneceram na porta, arfando e se esticando para enxergar melhor. As crianças que começaram a chorar foram levadas embora.

Danielovitz tentou abrir a boca dela, mas sua mandíbula estava trincada. Ele pegou o balde e o levou até os lábios dela. Inclinou-o para a frente, fazendo o leite jorrar em seu rosto, de onde escorria pelo pescoço e formava uma poça no chão. Nem uma gota entrou em sua boca fechada.

Császár havia sentido o corpo dela enrijecer, e agora o sentia estremecer. Era como tentar segurar um trem que vinha a toda velocidade embaixo dele. A parteira tremeu com uma força elétrica que o assustou. Seu torso arremetia e arremetia. Sua cabeça martelava o chão, e ele notou uma mancha crescente de sangue em seu cabelo. Ele a pressionou mais, ainda tentando imobilizá-la.

Em menos de um minuto, a velha parteira estava morta.

"Perdoai os pecados daquelas que deram ouvidos a Satanás"

Domingo, 1º de setembro de 1929

O calor dentro da capela era sufocante. As portas tinham sido abertas para ventilar um pouco, e para que as pessoas lá fora conseguissem escutar o sermão. Dezenas estavam reunidas nos degraus perto da entrada, apesar de algumas terem dado a volta para as laterais para escutar próximo a uma janela.

Cento e vinte fiéis estavam apertados nos bancos. Dividiam hinários, já que não havia o suficiente para todos. Abanavam o rosto com as mãos. A maioria tinha vindo de outros vilarejos, Abony, Nagykőrös, Szentes, e até de lugares mais longes, como Debrecen, uma cidade a quase cento e sessenta quilômetros de Nagyrév.

Em algum momento durante o verão, o bispo local havia tomado uma rápida atitude para suprimir as acusações de que a falta de liderança espiritual havia levado as mulheres a sucumbirem ao mal. O episcopado calvinista tinha sido soterrado de cartas e telegramas culpando a igreja pelos assassinatos e insistindo que uma atitude fosse tomada.

O pastor Toth também recebera cartas raivosas. "Senhor, os pecados das assassinas são culpa sua", escreveu um cidadão. "Se um pastor não sabe que as pessoas de sua paróquia cometem pecados, ele é cúmplice. Exigimos que o senhor seja responsabilizado. O senhor será punido." O escritor encerrava com uma ameaça. "Nós iremos nos encontrar." O texto havia sido impresso em um cartão-postal e enviado da estação ferroviária de Szolnok, oferecendo poucas pistas sobre a identidade do remetente.

O bispo tinha ordenado um frenesi de demissões na região, removendo vários professores e membros do clero, nomeando homens "confiáveis" em seu lugar. O pastor Toth fora o primeiro a ser dispensado. Um novo pastor o substituíra, e ele trazia o fogo do inferno em seu encalço.

Aquele era o primeiro culto do fervoroso clérigo em Nagyrév. Ele havia passado dias preparando a homilia. Praticara várias vezes na frente da esposa. Ao chegar à igreja naquela manhã, havia ignorado um grupo de jornalistas que berravam perguntas.

Passou horas pregando. Caminhava de um lado para o outro da nave.

"Deus, perdoai os pecados daquelas que deram ouvidos a Satanás e agora esperam por justiça", gritou ele. "Sei que as mulheres que cometeram crimes se arrependeram e que, agora, cavariam o túmulo das pessoas assassinadas com suas próprias mãos para tirá-las de lá."

Ele jogou uma das mãos para cima e a congregação se levantou. O organista começou a tocar um hino conhecido.

Enquanto os fiéis cantavam, mais corpos eram exumados no cemitério. Vinte e nove restos mortais tinham sido retirados do chão daquela vez. Dezessete tinham sido examinados. Todos continham arsênico.

No casebre do pregoeiro, outras seis suspeitas esperavam para serem interrogadas.

Faíscas voavam da ferraria, enquanto o ferreiro produzia mais caixões de metal.

Desfecho
Cartolas e vestidos, e lá vai ela para a forca

Terça-feira, 13 de janeiro de 1931

Maria estava completamente vestida quando Franklin chegou. Tinha colocado um vestido cinza e meias pretas, além de um par de sapatos pretos simples. Seu cabelo grisalho estava preso sobre os ombros.

Ela havia chamado o pastor momentos antes da chegada de Franklin, e os dois homens estavam lado a lado na porta.

O reverendo Loos tinha sido a última pessoa que ela vira na noite anterior. Tinha comido uma porção farta de *goulash* enquanto o esperava vir buscá-la. O carcereiro tinha prometido que ficaria com ela para não deixá-la sozinha, e sentava-se ao seu lado à mesa baixa de madeira que tinha sido apertada dentro da cela. O *goulash*, temperado com agrião assado, seu favorito, era acompanhado de uma porção de arroz doce, outro prato que ela gostava muito.

A noite transcorreu com o reverendo lendo passagens da Bíblia. Eles tinham sido interrompidos uma vez, pelo médico da prisão, que viera oferecer um sedativo para Maria, que recusara. À meia-noite, ela pediu que o reverendo Loos fosse embora, e, ao ficar sozinha, comeu o que restava do arroz doce. Depois, deitou na sua cama de prisão para dormir.

Ela estava sentada na cama baixa agora. Agarrava a borda dela com as duas mãos. Balançava-se para a frente e para trás, para a frente e para trás.

Olhou para o chão enquanto falava com Franklin.

"Sua irmã não quis se dar ao trabalho de vir? Fiz dela minha filha, mas onde ela esteve esse tempo todo? Não do meu lado."

Era verdade que Marcella não visitara Maria na prisão. Maria não a via nem tinha notícias dela desde que fora levada para o casebre do pregoeiro.

Franklin usava seu *szür* pesado, o que tinha sido de Alex Junior, que o ganhara de herança do pai. A peça era tão pesada quanto vários cobertores, e Franklin se sentia esmagado por baixo dela. Sob o *szür*, usava um traje formal, como era exigido, e pelo qual Maria pagara uma generosa quantia.

Havia dias que ele não dormia nem comia.

Enfiou a mão no bolso e pegou um frasco de conhaque. Tirou a tampa e entregou o frasco, que também pertencera a Alex Junior, para Maria. Ela o aceitou e tomou vários goles.

Pouco após sete da manhã, o promotor Kronberg entrou no pátio da prisão seguido por outros membros do tribunal. Agora era a vez de Maria entrar no pátio. Estava ladeada por dois guardas. Havia recusado um casaco. O cabelo dela ainda estava preso, apesar de algumas mechas terem escapado. Cheirava a suor e conhaque. Suas pernas estavam bambas demais para permanecer de pé sozinha, e ela caiu no vão da porta. Os dois guardas seguraram seus cotovelos e a ergueram, levando-a pelo pátio cheio de neve. Os convidados, vestidos em suas melhores roupas — um costume sombrio — afastaram-se para deixá-la passar.

O carrasco se adiantou. Tinha vindo de Budapeste com sua equipe no começo da semana para montar o patíbulo e preparar a forca. Na tarde anterior, tinha medido a altura e o peso da condenada, para determinar a grossura e o comprimento da corda que usaria, assim como o tamanho exato do banco.

Maria gritou no pátio, seu longo lamento misturado a uma prece. A multidão reunida nos telhados do outro lado da rua também conseguiu escutar sua voz, apesar da barulheira das milhares de pessoas na praça. Olhavam para a cena como se estivessem na galeria de um teatro.

O juiz se levantou.

"Confirmo que Maria Szendi Kardos foi condenada à morte e que a sentença foi aprovada pelo almirante Horthy, o regente do Reino da Hungria, pelo assassinato de seu filho e de seu marido."

Ele gesticulou para que outros membros do tribunal se levantassem.

"Agora, deixo a prisioneira sob os cuidados do promotor real."

Kronberg deu um passo em direção ao patíbulo. Empertigou-se diante do carrasco, que também usava cartola e fraque. A barulheira que vinha da praça era ensurdecedora, e Kronberg teve que gritar para ser ouvido.

"Senhor executor, cumpra seu dever."

O carrasco foi até o patíbulo. Os guardas seguravam os braços de Maria enquanto os dois assistentes do carrasco amarravam suas pernas com corda. Juntos, eles a equilibraram sobre o banco, pressionando seus pés sobre a madeira. O carrasco parou atrás dela e, com cuidado, colocou a corda ao redor de seu pescoço. Ela encarou a multidão reunida no pátio da prisão.

"Cubra meu rosto!", gritou Maria. O carrasco obedeceu, posicionando a mão sobre o rosto dela.

Ele tateou o pescoço dela com o dedão.

"Deus tenha piedade de mim!", gritou ela. "Deus tenha piedade de mim!"

O carrasco cobriu a cabeça dela com um pano de algodão preto. Maria gritou. Ele assentiu para um dos assistentes, que se inclinou e puxou o banco, fazendo o laço na corda se apertar no pescoço de Maria. Em um gesto ágil, ele agarrou os pés dela e os puxou com força.

O corpo de Maria se debateu violentamente. O assistente permaneceu puxando seus pés. O segundo assistente se juntou a ele.

Continuaram segurando os pés, enquanto o corpo de Maria balançava.

Após oito minutos, a luta acabou. Os assistentes soltaram os pés e afastaram-se, dando espaço ao carrasco.

Agora, o corpo de Maria balançava levemente sob o ar frio de janeiro. O carrasco chegou mais perto. Levou uma orelha ao peito dela e escutou. Acenou para os médicos da prisão se aproximarem. Cada um escutou em busca dos batimentos cardíacos.

O carrasco caminhou solenemente até Kronberg, que se levantou.

"Relato ao advogado do poderoso rei que cumpri meu dever."

Franklin, o único enlutado entre os reunidos, soltou um grito agudo.

Às nove da manhã, a multidão na praça já havia se dispersado. O Hotel Rei da Hungria tinha aberto. O boticário tinha aberto. O correio e a agência de telégrafo tinham aberto. O ônibus voltava a seguir sua rota.

No pátio da prisão, o corpo de Maria permanecia pendurado na forca enquanto a neve começava a cair.

Consequências

Até meados de setembro de 1929, Kronberg ordenaria a exumação de mais cinquenta corpos. Até o fim do ano, 162 corpos seriam desenterrados.

O pedido de Kronberg pela análise dos registros de óbito nos últimos vinte anos foi negado. Ele acreditava que havia centenas de outras vítimas.

O Tribunal Real de Szolnok declararia que 82 mortes teriam ocorrido sob condições suspeitas.

Acusações foram feitas contra 66 mulheres e sete homens (como cúmplices) de Nagyrév, Tiszakürt e Cibakháza. Vinte e nove mulheres e dois homens foram a julgamento pelo assassinato de 42 homens. Dezesseis mulheres foram condenadas.

Os dois homens que foram julgados, Lawrence Szabó, por participar do assassinato do tio, Stephen Szabó, e Joseph Madarász Junior, pela morte do pai, Joseph, foram condenados. Receberam prisão perpétua.

Anna Cser foi condenada por homicídio qualificado devido ao seu envolvimento na morte do sogro, e sentenciada a quinze anos de prisão. A pena foi reduzida a oito anos por um tribunal superior. Tinha 45 anos ao ser presa. Lewis morreu em 1936, dois anos após ela ser solta.

Mari Fazekas foi condenada a dez anos pela morte do bebê Stephen Cser. Kronberg havia pedido pela pena de morte. Após dois anos de prisão, a sentença dela foi revogada pelo Supremo Tribunal da Hungria. Fazekas voltou para Nagyrév em 1932. Foi oficialmente dispensada do cargo de parteira do vilarejo em julho do mesmo ano. Apelou contra a decisão e entrou com um pedido de compensação pelo tempo de trabalho perdido, que foi negado. Em 1935, ela perdeu a batalha para ser reinstaurada no cargo.

Kristina Csabai foi condenada pelo assassinato do marido, Julius, e sentenciada a quinze anos, pena mantida pelos tribunais superiores. Apesar de ela ter confessado uma vez, após um longo período em confinamento solitário, havia insistido na própria inocência em todos os outros momentos. Ela morreu sob custódia.

A sra. Madarász recebeu pena de oito anos por conspirar pelo homicídio do sogro, Joseph.

Petra Joljart Varga foi condenada pelo assassinato do marido, Stephen Joljart, recebendo prisão perpétua. A decisão foi anulada por um tribunal superior no ano seguinte, inocentando-a da acusação.

Lidia Sebestyen foi considerada culpada de ser cúmplice no homicídio de Charles Holyba e sentenciada a prisão perpétua. O Supremo Tribunal reduziu a pena para quinze anos.

Rose Holyba recebeu prisão perpétua pelo assassinato de Charles Holyba, e a condenação foi mantida pelo Supremo Tribunal.

Esther Szabó foi condenada à morte pelo assassinato de Stephen Szabó. Quando foi enviada para a forca, já tinha dado à luz uma menina na prisão. A criança tinha 11 meses de idade quando a mãe foi enforcada. Esther recebeu permissão de cuidar da menina até uma hora antes da sua morte, e relatos contam de que ela manteve a compostura até quase o final. Ao ver o patíbulo, desmaiou e precisou ser carregada até lá.

Kristina Csordás recebeu pena de morte pelo assassinato de Stephen Szabó.

Maria Szendi foi a primeira mulher a ser enforcada na Hungria em um período de oito anos. Foi enterrada em um cemitério público de Szolnok. No dia antes da execução, ditou seu testamento para Kronberg. Deixou tudo para Franklin.

Assim como Tia Suzy e sua vizinha, Julianna Petyus, outras duas mulheres cometeram suicídio, uma delas na prisão em Szolnok, na véspera do início do seu julgamento; e outra cujo advogado chegou à sua casa a tempo de ver o corpo dela sendo levado embora. Fora dar a notícia de que ela havia sido declarada inocente, já que não foram encontrados traços de arsênico nos restos mortais de seu marido. Outra mulher foi declarada mentalmente incapaz de ser julgada e internada em um hospital psiquiátrico.

O ex-marido de Mari, Daniel, nunca foi acusado de crimes e ajudou os gendarmes na investigação.

Tirando os abortos, Tia Suzy nunca foi formalmente acusada de qualquer crime.

No começo da década de 1930, aldeões desconhecidos incendiaram a propriedade do conde Molnar. Depois dessa e de outras tentativas de intimidação, ele foi embora do vilarejo.

Em 1935, Kronberg foi nomeado presidente temporário do Tribunal Real de Szolnok, sendo a nomeação oficializada em 1937. Em junho de 1945, foi nomeado vice-presidente da promotoria de Budapeste, e, dois anos depois, tornou-se presidente-geral. Aposentou-se em 1953 e faleceu em 1955, aos 69 anos. Seu filho, John Junior, seguiu seus passos e se tornou promotor em Szolnok.

Barny Szabó foi capturado pelos nazistas e, junto a outros judeus de Szolnok, foi levado para o pátio da sinagoga, situado próximo à casa de seu amigo Kronberg. Depois, foi transferido para um campo de concentração montado dentro da fábrica de açúcar, sendo mantido lá em péssimas condições. No dia 29 de junho de 1944, estava entre os 2.038 judeus enviados para Auschwitz. Não sobreviveu.

Jack MacCormac se mudou de Viena em 1931 e voltou brevemente para o Canadá, seu país natal, antes de ser transferido para cobrir as notícias de Washington, capital. Quando a Segunda Guerra Mundial estourou, MacCormac, já um veterano da Grande Guerra, serviu com o Nono Exército. Foi transferido de volta para a redação de Viena após a guerra e permaneceu lá até a sua morte, causada por um ataque cardíaco fulminante enquanto pescava salmão na Noruega, em 1956. Tinha 68 anos.

Algumas pessoas argumentariam que Nagyrév permanece tão miserável hoje quanto era cem anos atrás. O vilarejo encontrou relativa prosperidade durante o regime comunista, quando fazendas coletivas ofereciam estabilidade financeira e todos recebiam uma pensão, mesmo que pequena. Durante o começo da década de 1990, a economia local sofreu muito com a mudança para o livre mercado, e muitos residentes trocaram o vilarejo por cidades maiores. No fim da década, alguns dos "novos ricos" de Budapeste criaram esperanças de um *boom* econômico e compraram casebres lá, pretendendo usá-los como casas de veraneio. Eles nunca as ocupariam. Por um tempo, a casa de Tia Suzy pertenceu a um padre. No início da década de 2000, sua sobrinha-neta era a bibliotecária local.

Ainda não existe força policial no vilarejo.

Posfácio

London, Ontário

Por volta de uma da manhã do domingo, 16 de fevereiro de 1986, Tamara Chapman pegou o drinque que um cliente deixara para ela. O protocolo do bar Christos II, onde a jovem de 19 anos tinha começado a trabalhar recentemente, era que a equipe colocasse todas as bebidas compradas por clientes para as atendentes em uma bandeja na prateleira atrás do bar. Após fecharem as portas, a equipe poderia tomá-las se ainda quisesse.

Ao se preparar para tomar um gole, uma mistura contendo uísque irlandês chamada B-52, ela sentiu um cheiro forte de amônia antes mesmo de o copo chegar aos seus lábios. Parecia emanar da bebida. O odor era horrível, e Tamara rapidamente devolveu o drinque à mesa. Quem, perguntou ela à bartender, tinha deixado o B-52 para ela? A bartender naquela noite era Marsha Veercamp, que contou à Tamara que uma moça pequena de cabelos castanhos usando casaco e uma boina escura havia aparecido quarenta minutos antes e pedido o B-52, logo depois devolvendo-o para Marsha e pedindo para ela "garantir que Tammy receba isso". Fora então que Marsha colocara o copo na bandeja das bebidas. Quando Tamara escutou aquilo, soube exatamente quem tentara matá-la.

Aquela era a segunda tentativa da semana.

Dois dias antes, Tamara havia sido convidada ao Joe Kool's, um novo restaurante na rua Richmond, por uma mulher chamada Diane. Tamara a conhecia. Diane era a ex do namorado dela e estava tentando de tudo para reconquistá-lo, incluindo inventar uma gravidez. Quando Tamara ouvira a mensagem de Diane em sua secretária eletrônica convidando-a para se encontrarem no Joe Kool's, não soubera o que pensar. Ela afirmava que Ken, o namorado em questão, também estaria lá, e que os dois queriam conversar com ela. Mas Tamara sabia que Ken passaria a semana toda fora da cidade, em Windsor. Ou pelo menos era lá que ele deveria estar. Da última vez que se falaram, ele não dera qualquer sinal de que havia algo errado. E ela esperava ter notícias dele no dia seguinte, Dia dos Namorados. Estava torcendo para que ele mandasse flores.

Ao entrar no restaurante, Tamara tinha visto Diane sentada sozinha à mesa. "O Ken vai se atrasar", dissera a mulher quando Tamara se aproximara. "Ele pediu para a gente esperar no apartamento dele."

Sem saber o que pensar, Tamara havia concordado em ir de carro com Diane para o apartamento na rua Piccadilly. As duas mulheres entraram pela porta principal do prédio e Tamara observara Diane desencavar uma chave debaixo da escada e usá-la para abrir o apartamento de Ken.

Lá dentro, Diane fora direto para a cozinha. "Vou pegar alguma coisa para você beber", dissera ela, mas Tamara havia recusado a oferta. Diane então começara a falar sobre Ken. "Ele não te ama. Ele me ama. Está na hora de você terminar tudo", tinha dito ela. Tamara havia resistido às palavras. De repente, como se tivesse se materializado ali, uma garrafa de uísque irlandês estava na bancada. Tamara ficara se perguntando de onde ela havia saído, já que Ken preferia tomar cerveja. Nem sabia que ele tinha uísque irlandês em casa. "Bebe isso. Para você relaxar."

Tamara havia se sentido pressionada a beber. Assim que tomara um gole, sentira a boca ficar dormente. Um cheiro de amônia vinha da bebida. Diane a observava. Tranquilamente, Tamara havia colocado o copo sobre a mesa, ido até a pia e se servido de um copo de água. Estava apavorada.

"Pensando melhor, eu não devia beber nada", dissera ela para Diane. "Preciso ir para o trabalho."

No dia seguinte ao incidente com o segundo drinque, Tamara e Ken, agora de volta de Windsor, levaram a bebida até uma delegacia. Lá foi determinado que o B-52 continha cianeto suficiente para matar Tamara seis vezes.

Os sargentos Dave King e Mike Overdulve foram designados para o caso. O talento de King para trabalhar como detetive era bem útil em sua vida pessoal, e ele era conhecido entre os parentes e amigos por ser um historiador bem versado, alguém que gostava bastante de estudar casos há muito tempo esquecidos pela história.

Quanto mais o sargento King descobria sobre Diane, mais convencido ficava de sua identidade real. Em seus dias de folga, ele começou a viajar até Ottawa, um trajeto que levava seis horas de London, para investigar ainda mais seu passado, passando horas entretido com microfichas.

"O veneno é uma arma invisível usada contra uma vítima indefesa", disse o promotor-assistente David Arntfield no julgamento de Diane. Ela foi condenada por tentativa de homicídio e sentenciada a sete anos de prisão. Quando o veredito foi anunciado, o pai de Diane, Julius Fazekas, chorou abertamente na galeria do tribunal.

A essa altura, King já sabia muito bem quem era Julius. Por causa de sua pesquisa, acreditava que Julius fosse neto da infame parteira de Nagyrév, e Diane Fazekas, sua bisneta. Se aquilo fosse verdade, Diane havia usado o mesmo método que sua ancestral do Velho Mundo aplicava sessenta, setenta, oitenta anos antes dela, para livrar o mundo das pessoas que ficavam em seu caminho.

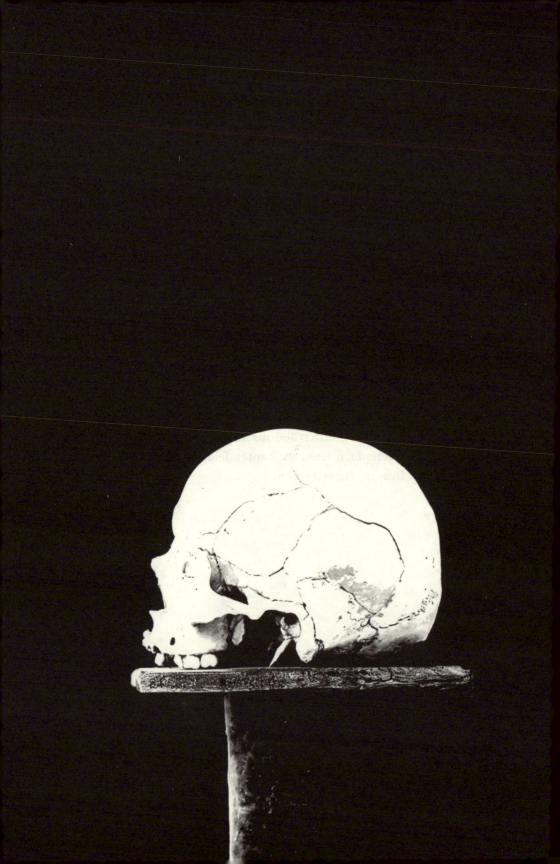

Notas e materiais

Sobre as mulheres, seus julgamentos e tudo mais...

Lidia e Rose foram julgadas juntas, e o julgamento foi adiado de uma data anterior para sexta-feira, 13 de dezembro de 1929. Não apenas era sexta-feira treze, como também — talvez não por coincidência — Dia de Luca, conhecido regionalmente como o dia dos perversos. A tradição mandava que, nesse dia, garotos e homens subissem em cadeiras feitas especialmente para a ocasião para, do alto, conseguirem identificar todas as bruxas que se escondiam entre eles.

As mulheres contrataram dois advogados principais para seus julgamentos, o sr. Kovacs e um homem chamado Julius (Gyula) Virag. O desempenho de Virag no tribunal parecia inspirado no de Clarence Darrow, o advogado americano que fizera pedidos comoventes para salvar a vida de seus dois clientes no infame julgamento de Leopold e Loeb em 1924. No entanto, Virag era interrompido bruscamente sempre que tentava fazer súplicas veementes em nome das clientes. Também quase foi preso por desacato ao tribunal por interferir com testemunhas ao ir para Nagyrév para conversar com possíveis aliados.

Antes do julgamento, e provavelmente muito antes de sua execução, Maria Szendi escreveu apelos desesperados para seus antigos contatos em Budapeste, os membros do parlamento e semelhantes que antes a enchiam de presentes e favores. Ela implorou para que lhe ajudassem a ser absolvida. Nenhuma resposta foi recebida.

No fim de setembro de 1930, a filha de Mari, Lidia, fez uma visita ao fabricante de barris, Henry Toth, para sondar se ele diria algo sobre a noite em que Mari e Tia Suzy foram ao seu estábulo após o batizado do bebê Stephen (que também acabaria sendo a noite de sua morte). No meio-tempo, Mari escrevia cartas da prisão, usando a ferrugem descascada do cano em sua cela, para instruir amigos e parentes sobre o que dizer ao serem interrogados. As cartas foram interceptadas pelos guardas e entregues para a promotoria. O promotor considerou os dois atos como tentativas de interferir com testemunhas.

Petra Joljart Varga processou o tribunal real após sua condenação ser revertida. Queria ser compensada pelo tempo de trabalho perdido, reembolsada pelas despesas durante o cárcere e indenizada por sua dor e sofrimento. Após o tribunal receber a petição, o conde Molnar a chamou na câmara do vilarejo. Ao chegar, ela notou um capacete de gendarme sobre a mesa e um rifle em um canto. Sentindo-se devidamente intimidada, foi embora da câmara imediatamente. Molnar havia conversado sobre o processo dela com o presidente do tribunal, Joseph Borsos. A resposta dele? "O que essa mulher quer? Ela devia era ficar feliz por estar em casa e permanecer com a bunda sentada na cadeira." O caso acabou sendo rejeitado com o argumento de que ela fora absolvida pela falta de provas, não por inocência.

Quatro anos depois da execução de Maria, sua casa finalmente foi vendida. Logo após os novos donos se mudarem, encontraram um estoque de arsênico escondido em um armário secreto. A notícia virou manchete nos jornais regionais.

Sobre o vilarejo e tudo mais...

Nagyrév significa "grande porto". O vilarejo recebeu esse nome em 1901.

Além do bar dos Cser, também existia o bar dos Novak, perto da casa de Anna e Lewis. Na cidade, o sr. Novak era conhecido como "Kiskalap", que significa "pequeno chapéu", por usar um chapéu especial de aba redonda de Tiszaföldvár, onde havia nascido. Também havia um bar e mercearia chamado Sárai, que ficava mais afastado do centro do vilarejo.

Na década de 1930, o vilarejo era formado por menos de 500 casas. Havia 329 cavalos, 414 vacas, 1.274 porcos e 49 ovelhas. Havia quatro marceneiros, um fabricante de carroças, um barbeiro, nove sapateiros, três ferreiros, dois alfaiates, um moleiro, um fabricante de barris, três donos de mercearia, dois donos de armarinho e dois vendedores de tecido.

As estradas de Nagyrév só receberam nomes em algum momento após a Grande Guerra, possivelmente na década de 1920.

O sr. Kodash, o padeiro, carregava os filões de pão nas costas.

Crianças frequentemente faziam brinquedos com galhos. Meninos soltavam pipa ou brincavam de um tipo de boliche improvisado.

Na década de 1920, um cinema foi aberto em Tiszakécske, e as crianças de Nagyrév costumavam ir até lá de balsa.

Após a Grande Guerra, os homens húngaros do interior passaram a usar calças e macacões, porém, antes disso, era comum usarem blusas de linho e kilts. Suas roupas pareciam camisões de dormir presos com um cinto.

A maioria dos aldeões da planície húngara, apesar de trabalharem nos campos, eram obcecados por higiene. Tomavam banho até nas águas mais geladas se essa fosse a única forma de se limpar.

Roupas costumavam ser lavadas nas segundas ou terças-feiras.

Os fazendeiros com frequência dormiam de botas, para o caso de algum animal precisar deles durante a madrugada. Muitos, talvez até a maioria, dormiam nos estábulos com eles, onde tinham um quarto improvisado.

O sineiro soava o sino pequeno 150 vezes, e o sino grande mais 150 vezes, totalizando trezentas batidas, para anunciar a morte de um homem. Mortes de mulheres eram anunciadas com cem toques de cada sino.

A maioria das meninas frequentava a escola até a segunda série, educação o suficiente para aprender a ler, escrever e fazer contas básicas. A maioria dos meninos estudava até a terceira. Crianças anotavam as lições na terra ou areia lodosa que o professor despejava sobre mesas. Maria tinha estudado até a quinta série e era considerada bem-instruída.

No geral, bebês eram levados para o batismo envoltos no xale de casamento das suas mães. Se a família tivesse um poço no quintal, a água batismal era retirada de lá, colocada em um jarro e levada até a igreja. Após o batismo, era tradição que a parteira ou madrinha dissesse: "Levamos um pequeno pecador e trouxemos de volta um anjo".

Nem sempre era seguro consumir a água dos poços, então bebidas alcoólicas eram ingeridas em seu lugar. Acreditava-se que o álcool protegia de doenças, portanto crianças também recebiam pequenas doses. Infelizmente, a ingestão tão difundida de álcool com frequência causava dependência.

Em um enterro tradicional no vilarejo, após a cova ser aberta, galhos com folhas eram colocados por cima para impedir espíritos malignos de entrar antes de o caixão ser baixado. Após o caixão ser pregado, ele era removido da casa primeiro pelos pés. As pessoas que o carregavam o batiam três vezes no batente, para que o falecido não encontrasse o caminho de volta.

Perto do Natal e do Ano-Novo, era tradição assar um porco para a cidade toda. Em alguns vilarejos, o porco era abatido no dia 19 de novembro, Dia de Santa Isabel da Hungria, mas apenas se nevasse (ou "se Isabel balançar a anágua").

Muitos aldeões de Nagyrév tinham pequenos vinhedos em Tiszaföldvár, onde ficava a estação de trem. Em geral, o terreno era alugado, provavelmente da pequena nobreza.

Etc...

O povo romani não tem relação com os romenos, apesar de esse ser um mito comum.

Fazia muito tempo que parteiras eram essenciais para o planejamento familiar. As mulheres contavam com elas para encerrar gestações indesejadas da forma mais segura possível. Havia muitos métodos para isso, mas ervas eram usadas com frequência, e Tia Suzy as usava para a maioria dos abortos que realizava. Os efeitos colaterais podiam ser graves, até fatais, e teria sido um desafio para ela garantir que as ervas fossem usadas conforme sua prescrição, já que, em muitos casos, a dosagem em si era difícil. Por exemplo, uma tintura de trinta gotas, ingerida três a quatro vezes por dia; ou três colheres de chá por xícara, um quarto diariamente. A menor variação poderia ter graves consequências.

O arsênico branco, o "veneno dos venenos", pode ter uma série de efeitos, e é tóxico até nas menores dosagens. Os sintomas de envenenamento podem incluir uma dor aguda e ardente no estômago e no esôfago; boca seca; aperto na garganta; vômito e diarreia intensos; soluços fortes; fezes leitosas/líquidas ou de um tom forte de verde; danos ao coração e às veias; pressão baixa; problemas de circulação, que deixam a pele azulada; mãos e pés frios ou suados; e convulsões.

Se administrado em doses menores por um período, a vítima pode sofrer de dores de cabeça fortes, tonturas, câimbras musculares, insuficiência renal, danos nos nervos, queda de cabelo, atrofia muscular, hidrocefalia, paralisia, náusea, vômitos e diarreia.

Sobre a Hungria...

A Maldição de Turan supostamente foi lançada em 1000 a.C., quando o rei Estêvão declarou que a Hungria se converteria ao cristianismo. Reza a lenda que, como forma de protesto contra o regime cristão, um xamã poderoso lançou uma maldição que duraria mil anos.

Após o Terror Vermelho, veio a reação do Terror Branco, quando contrarrevolucionários começaram uma busca por vingança, principalmente contra judeus e camponeses inocentes.

Depois da Grande Guerra — e do Terror Vermelho e Branco que se seguiram —, veio a pergunta: o que a Hungria deveria ser? A maioria dos magiares queria que o país voltasse a ser um reino. Mas as Potências Centrais deixaram claro que a volta de um Habsburgo ao trono não seria tolerada. Nomes de outros nobres foram cogitados, inclusive o do conde László Széchenyi, principalmente por ser casado com a rica aristocrata americana Gladys Vanderbilt. O reino foi reestabelecido com o almirante Horthy agindo como regente. Ele recebeu praticamente todos os poderes da coroa. Sob seu comando, a Hungria se tornou um "reino sem rei, governado por um almirante sem frota em um país sem acesso ao mar".

A hiperinflação se instaurou no começo da década de 1920, chegando a taxas de 98% entre 1922 e 1924.

A gripe espanhola atingiu a Hungria em setembro de 1918, durando 18 meses. Metade da população adoeceu com o vírus, e estima-se que cem mil tenham morrido em decorrência dele (em uma população com menos de oito milhões de pessoas após a guerra). Metade dos mortos tinha idade entre 25 e 45 anos. A mortalidade entre trabalhadores da saúde foi extremamente alta.

Presume-se que todos os legistas contemporâneos — que os húngaros chamavam de "sineiros" — sejam médicos, mas até hoje nem sempre é o caso. Por exemplo, dezesseis mil condados americanos contratam legistas sem qualquer experiência médica. Eles não podem executar autópsias, mas podem anunciar mortes e assinar certidões de óbito. Esses cargos costumam ser determinados por eleição e recebem um salário-mínimo.

Sobre Szolnok e tudo o mais...

O governador Almásy era parente de László Almásy, o protagonista de *O Paciente Inglês.*

O avô de Nicolas Sarkozy, o antigo primeiro-ministro da França, era vice-prefeito de Szolnok na época dos julgamentos.

O Hotel Nacional foi planejado e construído por dois irmãos, que, por um acaso, eram o pai e o tio de Mike (cujo nome de batismo era "Marcel") Fodor e sua irmã Elizabeth (Erzsébet em húngaro, ou Erzsi). Mais tarde, o Hotel Nacional seria rebatizado de Hotel Grand e usado como hospital na Segunda Guerra Mundial.

O Hotel Tisza foi erguido com dinheiro recebido para reconstruções após a Primeira Guerra Mundial. Tornou-se um lugar em que a aristocracia se reunia para chás da tarde às cinco. Na década de 1930, tornou-se um ponto de encontro para músicos de jazz, e há boatos de que Louis Armstrong tenha se hospedado lá quando visitou a cidade.

A colônia de artistas em Szolnok, frequentada por Kronberg, é sem dúvida a mais antiga da Hungria. No fim da década de 1920, houve uma tentativa de estabelecer uma coalizão com uma academia de artes americana. A proposta era encabeçada pelo renomado artista Tibor Pólya, que passou três anos nos Estados Unidos tentando concretizar a ideia.

Além da atleta olímpica Gisella Tary, que participou dos Jogos de 1924, Szolnok levou outro esgrimista às Olimpíadas de 1928, Gyula

Glykais. Glykais e sua equipe venceram medalhas de ouro em 1928 e 1932. Ele treinava no porão da câmara municipal. Não se sabe onde Tary treinava.

Os julgamentos do arsênico foram cobertos por praticamente todos os grandes jornais da Europa, Reino Unido e Estados Unidos, e ainda chamavam atenção em 1937, quando o *Oakland Tribune* publicou uma matéria de duas páginas sobre os assassinatos. A série de livros *Acredite se Quiser* falou sobre o caso na edição de 1933. O julgamento em Nova York de Ruth Snyder, acusada de assassinar o marido, chamou a mesma atenção em 1927 que o julgamento de Maria em 1930 na região central da Hungria. As duas mulheres foram julgadas diante de multidões, e ambas foram horrivelmente depreciadas pela imprensa (assim como todas as mulheres envolvidas nos julgamentos do arsênico). O jornal *Daily Mirror* contratou um frenólogo, que descreveu as pálpebras e a boca de Ruth como "duras, insensíveis, tão rachadas quanto um limão seco". Ele afirmou que a personalidade dela era de uma "hedonista fútil, acostumada em satisfazer excessivamente os próprios desejos [...]". Quanto a Maria, escritores famosos se incumbiram de escrever sobre sua personalidade horrenda.

O reverenciado escritor Zsigmond Móricz, que se sentou na primeira fileira do julgamento de Maria, descreveu-a como "nojenta", dizendo que ela parecia e se comportava como "uma mulher corrupta da classe trabalhadora [...] ela fala no pior dialeto da capital, usando palavras fora de contexto ou inesperadas para uma camponesa". Todas as mulheres sendo julgadas eram "meretrizes dissolutas, vagabundas do vilarejo, pervertidas" e "prisioneiras do próprio desejo sexual".

Móricz visitou Nagyrév na época dos julgamentos e recebeu um tour feito pela irmã de Michael Kardos. Mais tarde, ele descreveria o vilarejo como "ilha de ninguém".

Entre os dias 2 de junho e 9 de setembro de 1944, ocorreram os ataques da "Operação Frantic" na região pelas forças americanas e britânicas. Szolnok foi bombardeada doze vezes, o que causou danos devastadores e a perda de muitas vidas. A estação de trem também foi bombardeada diversas vezes. Quando tropas soviéticas entraram na cidade, encontraram apenas alguns milhares de habitantes restantes.

O filho de Kronberg, John Junior, em uma carta para as autoridades de Budapeste, descreveu as dificuldades da família durante os ataques. Nessa época, John Junior era promotor no Tribunal Real de Szolnok. (Na carta, ele não menciona que a casa de John e Irene Kronberg foi invadida pelos nazistas. A preciosa coleção de arte do seu pai foi roubada na ocasião.)

Os americanos bombardearam Szolnok pela primeira vez em 2 de junho de 1944. Consegui escapar para os vinhedos [próximos] com permissão do presidente do tribunal. Mais tarde, seguimos para Tószeg [a doze quilômetros ao sul de Szolnok], de onde viajava para o escritório com meu pai de bicicleta. Meu pai já estava doente, com problemas cardíacos. Era perigoso para ele andar vinte e dois quilômetros por dia de bicicleta. No fim de setembro, ele já não conseguia mais ir ao escritório.

No dia 7 de outubro, o presidente do tribunal declarou que a cidade logo seria evacuada. Enviei uma carruagem para buscar meus pais em Tószeg, porém meu pai sofreu um infarto e foi transferido para o hospital. Minha mãe também foi internada porque estava doente. Um médico militar — que estava de férias e era sogro de um dos funcionários do hospital — deu uma injeção em meu pai. Eles não podiam oferecer almoço ao meu pai no hospital, nem aos outros pacientes, porque não havia comida suficiente. Eu só conseguia comprar algumas maçãs cheias de minhocas na mercearia mais próxima. Meu pai só podia comer frutas, e não podia ingerir fluidos. Finalmente, conseguimos transferir ele e minha mãe para Budapeste, para o hospital Szt. Rókus [...] Precisei encontrar trabalho para pagar por isso, então me inscrevi em uma vaga no ministério. Em novembro, finalmente consegui emprego no Tribunal Criminal de Budapeste, mas não pude continuar trabalhando devido ao governo "Nyilas".* Durante

---

* O partido Nyilaskeresztes, também conhecido como Cruz Flechada, foi um partido de extrema-direita que permaneceu no poder entre outubro de 1944 e março de 1945. Sob seu breve governo, até quinze mil cidadãos foram assassinados pelas autoridades.

o bombardeio de Budapeste, tivemos que nos esconder. Depois disso, eu e minha esposa voltamos a Szolnok a pé [uma distância de cento e dez quilômetros].

Sobre os jornalistas e as jornalistas da época...

A correspondente Dorothy Thompson chegou em Viena em 1921 e chamou a cidade de "uma favelinha bonita". Na opinião dela, a cidade no pós-guerra, antes o epicentro de um império poderoso, era "uma cidade pavorosa", à beira da fome, lotada de refugiados, soldados, assistentes sociais, aproveitadores, saqueadores, camponeses desabrigados e uma variedade de "nobres passando fome com elegância nos salões de estilo Biedermeier".

Muitas informações podem ser encontradas na internet sobre a produtiva carreira de Mike Fodor e sua generosidade extraordinária com os colegas de profissão. O texto "Vienna's Café Louvre in the 1920s and 1930s" [O Café Louvre de Viena nas décadas de 1920 e 1930], de Dan Durning, oferece uma visão fascinante do papel dos cafés na vida de jornalistas da época.

Em 1934, Fodor e John Gunther foram os primeiros jornalistas a entrevistar parentes de Hitler e mostrar a relativa pobreza em que ele havia crescido. A revelação enfureceu o Partido Nazista, e Fodor e Gunther foram colocados na "lista da morte" da Gestapo. Em 1938, Fodor escapou por pouco dos nazistas que o retiraram da Áustria após a Anschluss da Tchecoslováquia, Bélgica e então França, antes de encontrar abrigo nos Estados Unidos em 1940, onde permaneceria pelo restante da guerra.

A irmã de Fodor, Elizabeth, era casada com Andor de Pünkösti, um soldado extremamente condecorado de um regimento de elite que lutou contra o regime de Béla Kun no caos após a Primeira Guerra. Ele se tornou um horthista ferrenho, e, quando Horthy finalmente cedeu aos nazistas húngaros, a Cruz Flechada, ele também fez oposição ao grupo. De acordo com o filho de Mike Fodor, Denis — que fez carreira como jornalista da revista *Time* —, quando uma equipe da polícia secreta bateu à porta da casa de Elizabeth e Andor, o homem matou a todos e depois se suicidou, tendo jurado que jamais seria derrotado por fascistas.

Elizabeth morreu de infarto em 1953. Os comunistas haviam invadido todos os cômodos de sua casa, com exceção de seu quarto e do quarto de sua criada.

Jack MacCormac provavelmente foi o correspondente internacional menos renomado da "era de ouro do jornalismo", e talvez isso tenha sido por escolha própria. Ele era canadense, nascido e criado em Ottawa. Era o segundo de dez filhos, apesar de sua irmã mais velha ter morrido jovem. Aos 23 anos, tornou-se o membro mais novo da galeria de imprensa do Parlamento de Ottawa, e, em 1916, aos 24, tornou-se oficial da Oitava Artilharia de Cerco Canadense. Enquanto servia na França, recebeu a Cruz Militar por "atos de bravura exemplar durante operações ativas contra o inimigo".

(Acredita-se que o pai de MacCormac tenha salvado a biblioteca do parlamento no dia 3 de fevereiro de 1916, quando ele, bibliotecário, correu para fechar os portões de ferro após um incêndio começar na Sala de Leitura da Câmara dos Comuns. O pensamento rápido dele preservou a biblioteca e seu conteúdo inestimável, enquanto o restante do Parlamento foi tomado pelas chamas. Isso também preservou o lugar de Conny MacCormac na história canadense.)

Em 1929, Jack e Molly moravam no número oito da Rosenbursenstrasse, em Viena, onde também ficava a redação do *The New York Times*. Para contexto, Sigmund Freud morava a alguns quilômetros de distância dali.

Jack foi transferido de Viena em 1933 e voltou para Londres, então foi para Washington, capital, e, por fim, como membro do corpo jornalístico, juntou-se à marcha do Nono Exército americano no avanço para a Alemanha em 1944. No ano seguinte, ele voltou para Viena, que mais uma vez havia sido arrasada pela guerra.

Pouco mais de uma década depois, ele foi expulso de Budapeste durante a revolta de 1956, mas não antes de se refugiar por duas semanas na missão diplomática americana local. O tempo que passou cobrindo a crise deixou marcas profundas. Em novembro de 1956, escreveu o seguinte para Simon Bourgin, colega de profissão: "Pelo restante da vida, nunca conseguirei pensar na [Revolução Húngara] sem um bolo na garganta. Passei metade do tempo lá com os olhos marejados. Duvido que um jornalista já tenha coberto uma matéria que afetasse tanto suas emoções. Foi terrível ver o fracasso e saber que você fazia parte do Ocidente que os deixou na mão". Kati Marton escreve sobre o tempo de Jack em Budapeste durante a revolta em seu livro *Enemies of the People* [Inimigos do povo].

MacCormac era tão reverenciado pelos colegas que o jornalista C. L. Sulzberger, cuja família era dona do *The New York Times,* escreveu um tributo sobre ele além do obituário publicado no jornal. No texto, ele elogia MacCormac como "um dos repórteres mais educados, decentes, corajosos e honestos que já viveu". Sulzberger deu provas da coragem: "Apenas alguns anos atrás [...] ele foi a um baile de máscaras gay em Viena, e quando um valentão agitado, um pouco bêbado, atacou um amigo seu, ele dispensou o indivíduo com graciosidade e eficiência, posando depois (em uma imagem bem-iluminada, com um sorriso bondoso e uma fantasia ornamentada), com um pé no pescoço da vítima humilhada".

Paul Lendvai, uma presença antiga e poderosa na mídia austríaca, era protegido de Jack MacCormac, que o contratou após ele fugir da tomada soviética em 1956. Lendvai disse o seguinte sobre seu mentor: ele era um "cavalheiro contido, tranquilo. Era muito distinto, e muito prestativo. Para mim, ele era um símbolo do que há de melhor no jornalismo".

Sobre Diane Fazekas...

A pena dela foi reduzida para cinco anos. Foi liberada para um centro de recuperação logo depois, onde serviu o restante da pena. Tamara e Ken se casaram. Tamara reviu Diane apenas uma vez, por acaso, em uma pista de patinação, dez anos após a condenação.

BIBLIOGRAFIA

Aqui, listo apenas as principais fontes usadas para conectar os eventos, assim como monografias que me ajudaram a entender a vida nos vilarejos da região (chamada localmente de Tiszazug).

Esta bibliografia não é, de forma alguma, um registro completo de todos os trabalhos e fontes que consultei, nem das entrevistas que conduzi. O objetivo dela é ajudar aqueles que quiserem mais informações sobre os "julgamentos do arsênico" e as circunstâncias sob as quais eles ocorreram.

BODÓ, Béla, Ph.D. *Tiszazug: A Social History of a Murder Epidemic*, 1ª ed. East European Monographs, 2002.

DURNING, Dan, Ph.D. *Vienna's Café Louvre in the 1920s and 1930s: Meeting Place for Foreign Correspondents*, versão 1.0. www.academia.edu. 2012.

FÉL, Edit e HOFER, Tamás. *Proper Peasants: Traditional Life in a Hungarian Village*. Ed. de assinantes. Viking Fund Publications in Anthropology 46, 1969.

Arquivos Nacionais Húngaros, arquivos do condado de Jász-Nagykun-Szolnok. Todos os materiais relacionados aos julgamentos do arsênico — HU-MNLJNSZML-VII.1.a.-1929.-13, et al.

Kis Hírlap, artigos selecionados. 1929.

Kis Újság, artigos selecionados. 1929, 1930.

Magyar Telegráfiai Hirügynökségmti (Agência Húngara de Notícias Telegráficas). *Texts of Reports Made About the Trials of the Tiszazug Arsenic Women*. 1930.

The New York Times, artigos selecionados. 1929, 1930, 1931.

Pesti Napló, artigos selecionados. 1929.

Szolnok Újság, artigos selecionados. 1929, 1930, 1931.

AGRADECIMENTOS

Pouco depois que terminei a proposta deste livro, que é meu primeiro, recebi a notícia de que meu pai estava morrendo. Estava em meio a um processo ativo de morte, termo que aprendi recentemente. Permanecia muito acordado e alerta, mas, com apenas 5% do seu coração funcionando, restavam-lhe poucas horas conosco. Da minha casa, na Áustria, fiz uma ligação por Skype para o quarto dele de hospital em Jacksonville, na Flórida, para trocarmos nossas últimas palavras. "Quero que saiba", falei em determinado ponto da conversa, "que vou dedicar meu livro a você."

"Ah, nossa", respondeu ele. Dava para ver a emoção dele. Recostou a cabeça na parede enquanto assimilava a notícia. Então fez uma pausa e lentamente voltou a erguer a cabeça. "Espera aí", disse ele, depois de digerir meu gesto por um instante. "Esse não é o livro sobre aquelas moças que mataram um monte de homens?" Dava para ouvir os médicos e enfermeiros rindo no quarto. Meu pai ficou todo prosa. Falei para ele que aquela era minha única oferta, porque talvez eu nunca mais escrevesse outro livro. "Eu aceito", disse ele, sorrindo.

Na época, eu não sabia quanto tempo este livro demoraria para nascer nem que eu teria que escrevê-lo em três países diferentes e em dois estados americanos, incluindo, em algum momento durante isso tudo, uma sala emprestada em uma igreja. Conforme o meu prazo aumentava, o mesmo aconteceu com a generosidade das pessoas ao meu redor. Tenho uma imensa dívida de gratidão, em primeiro lugar, com meu agente, Joe Veltre, da Gersh Agency, por permanecer ao meu lado e defender este livro. Meus editores, Mauro DiPreta e Andrew Yackira, ofereceram a habilidade e os incentivos de que eu precisava. Um agradecimento especial à Sociedade Americana de Jornalistas e Escritores pela bolsa que me salvou.

Como agradecer ao meu assistente extraordinário, o historiador inigualável e com o nome tão justo, Attila Tokai, que compreendeu de cara o que eu queria? Se você precisar passar meses em uma sala quente, abafada e mal iluminada analisando documentos centenários escritos à mão, faça isso com Attila. Com todo o meu coração, eu lhe agradeço, Attila.

Um agradecimento profundo para minha irmã Jude por segurar minha mão virtualmente, por suas muitas, muitas jornadas altruístas, e, principalmente, por me lembrar de dançar na areia. Para meus outros irmãos — Steve, John, Sarah e Joellyn — que torcem por mim de forma impressionante. Para meu "quase" avô, Worth Kidd, o primeiro escritor de verdade que conheci, que vive aparecendo em meus sonhos. Para mamãe, para Rosamund e Candy.

Para o meu primeiro leitor, Jon Dathen, por sua alma romani e sua capacidade de me convencer a sair do abismo. Obrigada a todos os meus primeiros leitores: não apenas Jon, mas Andie Warren, Carolyn

McSparren, Janine Latus. Obrigada a Jon Krasnoff e Wendi Sugarman, por seu amor. Obrigada a Eric e Robin Turner, por Martha's Vineyard; a Lisa Stillman e Jessie Songco, pelo caminhão Pinkie e todas as suas maravilhas; a Lizzy Schule, por guardar espaço para mim quando eu mais precisava.

Agradeço de coração ao pessoal dos Arquivos Nacionais Húngaros em Szolnok, que foram sempre pacientes comigo e Attila por meses a fio, e tão receptivos quanto poderiam ser. Tenho uma dívida eterna com vocês. Um obrigada especial para os drs. Benedek Varga e László Magyar, da Biblioteca Semmelweis de História da Medicina; ao Museu Geográfico de Tiszazug; ao Tribunal do Condado de Szolnok, especialmente ao promotor Árpád Varga; ao pessoal da penitenciária de Szolnok, que me deixou fazer um tour extenso; ao psiquiatra criminalista dr. Max Friedrich, da Universidade de Viena; à Igreja de Jesus Cristo dos Santos dos Últimos Dias, pela ajuda para localizar registros essenciais; às minhas tradutoras, Ildikó Terenyei e Maria Szurmai; à família Kronberg; a Paul Lendvai, Mollie MacCormac e Denis Fodor, por me contarem quem Jack MacCormac realmente era; e para Tamara Chapman e Mike Overdulve, pela cooperação. Obrigada a todas as pessoas em Szolnok e Nagyrév que me ajudaram de inúmeras formas.

Vielen Dank para meu antigo vizinho na Áustria, Harald Leban, que fez a primeira viagem a Nagyrév comigo, e a Milojka Gindl, por ser Milojka. Obrigada ao meu querido Remi, meu amado amigo, que viveu esta vida como um cachorro. E por último, meu mais sincero obrigada a Eduardo, o Mágico.

PATTI MCCRACKEN é jornalista premiada cujo trabalho foi destaque no *Smithsonian, Wall Street Journal, Columbia Journalism Review, San Francisco Chronicle, Baltimore Sun, Christian Science Monitor, Chicago Tribune, Guardian* e inúmeras outras publicações. McCracken escreveu a respeito deste caso pela primeira vez no *Guardian* e ficou tão assombrada com tudo que encontrou que se dedicou exaustivamente para compor este livro.

CHICAGO

MONDA

of husband
young as 2
all of whom
influenced t
habit the ist

Three Pri

During th
the alleged
committed s
among these
idwife, who
nplicated in
isonings.
ath when t
er. Her si
er, will be b
Similar tria
ar future i
t and Guyl
re women a
rges.

rs in f Grain"

e figures will free
ed of worry about a
artime.

ops Beaten.

grain crop is the
ced in Italy. Pre-
averaged around

eded in effecting
through drastic
nd by encourag-
ic methods. Six
agricultural ex-
into caravans,
e country in-
e best methods

DAILY TRIBUNE: M

40 'WITCH' WIVES ACE TRIAL FOR USBAND MURDER

Ask Death; Cases for Friday, Dec. 13.

BY ROBERT SAGE.

CRIME SCENE®
DARKSIDE

"Vou espalhar a morte em toda
a comida deles e vê-los morrer."

— SHIRLEY JACKSON,
SEMPRE VIVEMOS NO CASTELO —

DARKSIDEBOOKS.COM